ausgesondert

NOTHELFER – PATRONE IN ALLEN LEBENSLAGEN

BIBLIOGRAFISCHE INFORMATION DER DEUTSCHEN BIBLIOTHEK
Die Deutsche Bibliothek verzeichnet diese Publikation in der
Deutschen Nationalbibliografie; detaillierte bibliografische
Daten sind im Internet über <http://dnb.ddb.de> abrufbar.

*Titelbild: Ölgemälde der hll. Vierzehn Nothelfer,*
*Museum Leutkirch, 18. Jh., unbekanner Meister*
*Rücktitel: Vignette aus einer Südtiroler Kapelle*

1. Auflage 2003

© Kunstverlag Josef Fink, Lindenberg
Alle Rechte vorbehalten
Gestaltung: Georg Mader, Weiler im Allgäu
Gesamtherstellung: Druckerei Joh. Walch GmbH & Co KG, Augsburg

Kunstverlag Josef Fink, Lindenberg, ISBN 3-89870-074-7
Beuroner Kunstverlag, ISBN 3-87071-095-0

Rosel Termolen / P. Dominik Lutz

# Nothelfer

## Patrone in allen Lebenslagen

Kunstverlag Josef Fink

Beuroner Kunstverlag

Dieses Buch ist P. Dominik Lutz, OFM, in großer Dankbarkeit gewidmet, der mich nicht nur zu dieser Arbeit animierte und mir mit fundierten Ratschlägen weiterhalf, sondern auch immer wieder Mut machte, wenn mich die Fülle des Materials zu überfordern drohte. Er hat in den zwanzig Jahren seiner Tätigkeit in Vierzehnheiligen eine einzigartige Nothelfer-Dokumentation geschaffen, in die er mir stets bereitwilligst Einblick gewährte und aus der viele Details in dieses Buch einflossen.

Nicht minder Dank sagen möchte ich meiner Tochter Daniela, die mit viel Geduld und Können eine Fülle von Recherchen durchführte und technische Probleme löste.

*Das Erscheinen dieses Buches
wurde durch die Förderung
des Erzbischöflichen Ordinariates Bamberg
und des Bischöflichen Ordinariates Würzburg
ermöglicht.*

# Inhaltsverzeichnis

Vorwort .................................................................................................. 7

Heilige, was bedeuten sie für uns? .................................................... 9

„Wir sind die vierzehn Nothelfer" ..................................................... 15

Suche nach verborgenen Schätze ..................................................... 41

Ein Baum, tief verwurzelt und weit verzweigt ................................ 45

Warum gerade vierzehn? ................................................................... 61

Christologie: Auf die Mitte kommt es an ........................................ 64

Gemeinsam geht vieles besser .......................................................... 71

Mehr als Märchen und Sagen ........................................................... 76

„Pilger sind wir in der Welt" ............................................................. 81

Denkzettel statt „wunderbarer Hilf" ................................................. 89

Blasiussegen, Georgiritte und Kathreintanz ................................... 94

Aus den Katakomben zur Sixtinischen Madonna .......................... 107

Wenn Luther Sankt Christopherus preist ........................................ 123

Nothelfer kennen keine Grenzen ...................................................... 129

Literarische Kostbarkeiten ................................................................. 138

Alte Gebete und neue Lieder ............................................................. 160

Verwendete und weiterführende Literatur ...................................... 184

Gruppendarstellungen der Nothelfer ............................................... 185

Haussegen ............................................................................................ 208

# Vorwort

Nothelferverehrung kennt keine Grenzen:

Nicht persönliche Ansicht, sondern begründete Einsicht führt zu dieser Aussage.

Das Resultat langjähriger Forschungsarbeit wird nun der Öffentlichkeit vorgelegt, dazu einschlägiges Quellenmaterial.

Das bedeutet (zwar) nicht, daß die Geschichte der Nothelferverehrung neu geschrieben werden muß, doch wesentliche Korrekturen sind längst überfällig. Besonders Fragen nach der Herkunft, nach Entstehungsorten und nach der Zahl der Verehrungsstätten sind neu zu stellen.

Die Nothelferverehrung war im Spätmittelalter die populärste Volksandacht, eine kernige, „urige" Frömmigkeitsübung. Der Glaube vergangener Generationen ist nicht nur in frommen Büchern und Traktaten nachlesbar. Er ist in bildgewordenen Zeugnissen auf uns gekommen.

Bildgewordene Glaubenserfahrung lenkt auch heute noch, mehr noch: heute wieder unseren Blick auf die himmlischen Helfer. Zuversicht im Alltag, Hoffnung in der Angst, Vertrauen in der Ohnmacht: so vermag auch heute ein Glaubensstil vergangener Tage den Glauben wieder mit Leben zu erfüllen.

„Die Nothelfer kommen wieder..."

Immer mehr Wallfahrten bezeugen es. Aber auch neue Bildstöcke, Kapellen und Wallfahrtsbilder bringen die Kunde sichtbar ins Land:

„Helfer in der Not hat uns Gott der Herr gegeben,

wenn Gefahr uns droht in diesem kurzen Erdenleben."

Dank ist Rosel Termolen und ihrer treuen Gehilfin Daniela zu sagen. Sie haben sich mühevolle Arbeit gemacht und das „Wunder" vollbracht, sich durch einen Berg von Daten und Fakten, Legenden und Sagen, Bildern und Kunstwerken, Liedern und Gebeten zu wühlen, zu sichten und auszuwählen. Nun liegt das Ergebnis vor und macht neugierig.

Dem Buch wäre ein großer Leserkreis zu wünschen.

Am Fest des Nothelfers Cyriakus,
8. August 2003

P. Dominik Lutz

*Spätbarockes Schnitzwerk; Marienkrönung, umgeben von den Nothelfern; Marktkirche St. Vitus, Dorfen bei Erding*

*Seite 6: Wallfahrer aus Nüdlingen auf dem Heimweg von Vierzehnheiligen*

*Erscheinungsstelle der Nothelfer unter dem Gnadenaltar in der Basilika Vierzehnheiligen*

# Heilige, was bedeuten sie für uns?

Heilig, Heil, Heilung – wie oft nehmen wir diese Worte in den Mund, ohne über ihren eigentlichen Sinn nachzudenken. „Heilig" kommt vom altnordischen Wort heilagr, bzw. dem altsächsichen Helag, das bedeutet: „jemand anderem angehörig sein, einer Gottheit geweiht", das lateinische *Sanctus* bedeutet abtrennen und bezeichnet den Unterschied zwischen dem göttlichen Bereich (*fanum*) und dem den Menschen zugänglichen Bereich (*profanum*). Die meisten Heiligen und Martyrer, deren Namen uns heute allen vertraut sind, waren zunächst nur von lokaler Bedeutung. Was ihr Leben betrifft, so bezeugen die Akten aus der Zeit der Christenverfolgung nur ganz nüchtern und deshalb emotional unbefriedigend die Grausamkeiten des Martyriums. Weil das aber weder für die Verkündigung noch für die Verehrung besonders ansprechend war, erfolgte bald eine volkstümliche Überhöhung durch die Legenden: alle Martyrer sind also jung, schön und heldenhaft stark.

Nach anfänglicher Befolgung des jüdischen und damit auch des frühchristlichen Bilderverbots finden sich schon Mitte des zweiten Jahrhunderts die ersten Heiligendarstellungen. Die offene Verehrung der Martyrer beginnt spätestens mit dem Toleranzedikt Kaiser Konstantins ab dem vierten Jahrhundert. Um diese Zeit, ab 313, sind bereits mehr als 1000 Martyrer aktenkundig. Nach Auffindung der Kreuzreliquie durch Kaiserinmutter Helena gibt es die ersten Wallfahrten. Die früheste Beschreibung einer solchen Wallfahrt nach Jerusalem und Bethlehem gibt die Nonne Aetheria um 391. Der Kirchenvater Chrysostomus empfiehlt schließlich, Kindern die Namen von Martyrern zu geben, damit man „sich ein Leben lang an den Heiligen ein Beispiel der Tugend" nähme.

Um 405 entsteht die Bibelübersetzung Vulgata durch Kirchenvater Hieronymus. Malereien und Mosaiken wurden von 330 an üblich, erste Standbilder von Heiligen sind als Reliquiare bekannt, Bilder gelten als Anschauungsmaterial für die Gläubigen, die ja oft des Lesens unkundig waren. Die Reliquienverehrung wird bald allgemein üblich. Gegenstände, die in direktem Bezug zu den Heiligen standen, wie Knochen, Haare, Kleiderfetzen, Grabtücher, Marterwerkzeuge sind Reliquien erster Ordnung, *Corpora Sancta* oder *Sanctuaria* genannt. Reliquien zweiter Ordnung sind Gegenstände, die mit den Reliquien der ersten Ordnung in Berührung gekommen waren, zum Beispiel bei Umbettungen im Mittelalter, Reliquien dritter Ordnung sind dann entsprechend Gegenstände, die mit Reliquien zweiter Ordnung in Berührung kamen. Vertraut wurden den Gläubigen auch Attribute der Heiligen, wie die Schlüssel des Petrus, die Pfeile des Sebastian. 1179 wurde das Kirchengesetz erlassen, daß der Todestag der Heiligen als *Dies natalis* gefeiert wird, das heißt als „Geburtstag des ewigen Lebens".

Die meisten unserer Kenntnisse über den Lebenslauf und das Marytrium von Heiligen kommen nicht aus historisch zuverlässigen Quellen, sondern aus den Apokryphen, den seit dem fünften Jahrhundert unterdrückten Legendenschriften. Trotz aller Verbote blieben diese frühen Legenden in der Volksfrömmigkeit lebendig und wurden dann im neunten Jahrhundert gesammelt und niedergeschrieben. Die Inhalte dieser Legenden und die Patronate der Heiligen müssen immer als Spiegel der Zeit und ihrer Nöte verstanden werden. Als im Mittelalter eine strikte Trennung zwischen den Klöstern und dem Gemeindeleben erfolgte, auch zwischen Kloster- und Pfarrkirche, erschien Gott zu weit vom Alltag der kleinen Leute entfernt. Man brauchte Helfer als „Verbindungsleute".

Die ersten Patrone kommen verständlicherweise aus dem medizinischen Bereich, zum Beispiel die Ärztezwillinge Kosmas und Damian, die etwa 303 das Martyrium erlitten. Es war eine Zeit, in der der Glaube höher geschätzt wurde als Wissen – und das Wissen war wohl auch nicht allzuweit verbreitet. Während der Leibfeindlichkeit des 15. Jahrhunderts wurde dann auch noch der Glaube an Magie und übernatürliche Phänomene von Kirche und Klöstern weidlich genährt, wurde auch zur Verstärkung des Patronatsglaubens.

Die „Missionierung mit der eisernen Zunge", das heißt die christliche Land-

*Christophorus-Statue an der Pfarrkirche von Riquier/Elsaß*

übernahm traditionelle Rituale, baute Klöster an geheiligten Orten, imitierte das Licht der einst als Götter oder Gottesgaben verehrten Bäume durch die Glasfenster in den Kirchen. Und in die Legenden wurde das mythische Erbe der bekehrten Völker übernommen. So wurde beispielsweise der Drache, der in vorchristlicher Zeit wertfreier Gegenpol im dualen Denken war (hell-dunkel, Werden und Vergehen), im Christentum zum Symbol des Bösen. Die Schlange des Paradieses wurde zum Synonym für den Satan. Alle tierischen Attribute der heidnischen Götter konnte man in das Teufelsbild integrieren: Ziegenbart und Bocksleib des Dionysos, Hörner und Flügel des Hermes.

Langsam entsagten die „Heiden" ihren Naturgöttern, ordneten ihre Erfahrungen mit den Elementen den christlichen Heiligen zu. Da gab es Heilige, die gesteinigt wurden und deshalb vor Hagel schützten, die Schlangen und Ungeziefer aus den Weinbergen vertrieben, weil sie einen Drachen besiegt hatten, die gegen Feuer, Pest und Fieber helfen konnten, weil sie verbrannt worden waren. Die Enthaupteten standen bei Kopfweh bei, gegen Wasserschäden und die Gicht halfen diejenigen, die ertränkt worden waren.

Durch das Pilgerwesen, vor allem aber durch die Einfälle der Normannen, der Sarazenen, der kriegerischen Araber im achten und neunten Jahrhundert, nahm die Heiligenverehrung stark zu. Durch die von den Klöstern geförderte Urbarmachung des Landes – die den Mönchen natürlich gute wirtschaftliche Erträge sicherte – wurde die Bedeutung der Wetterregeln und damit der Wetterpatrone rasch populär, bekam der Heiligenhimmel hierarchische Struktur: Maria, die himmlische Beschützerin, stand an der Spitze, ihr folgten die Apostel, dann kamen die Martyrer und schließlich Bekenner und Jungfrauen.

Langsam entwickelte sich auch die protokollarische Festlegung der Heiligsprechung: es bedurfte eines Antrages durch das Bistum, eines „Buches des Lebens", des Nachweises von Wundern, Zeugenaussagen unter Eid, schließlich eines „advocatus diaboli", dessen Aufgabe es war, alle guten Zeugnisse zu widerlegen, Negatives herauszufinden. Man verzeichnete offiziell rund 600 Heilige und 1800 Selige, es gab aber Aufzeichnungen über mehr als weitere 1000 Verehrungs-

nahme und die Kämpfe während der Kreuzzüge, kosteten vielen Ungläubigen das Leben. Während der Völkerwanderung und in den Hunnenkriegen gab es – man kann es nicht verleugnen – mehr Martyrer als in den Christenverfolgungen Roms. Nicht wenige Opfer gab es aber auch bei den Auseinandersetzungen innerhalb der gespaltenen christlichen Gruppierungen.

Erst durch Bonifatius im achten Jahrhundert lernten die Missionare auf Gewalt zu verzichten, heidnische Heiligtümer nicht zu zerstören, sondern „umzuwandeln". Über den Quellenheiligtümern entstanden Marienkapellen, auf alten Opferplätzen wurden Altäre gebaut. Man

würdige. Erste „offizielle" Heilige waren – 993 – der Augsburger Bischof Ulrich als Sieger gegen die Ungarn sowie – 1047 – Wiborada, eine Erzieherin des Klosters St. Gallen, die die wertvolle Klosterbibliothek rettete und von den Ungarn ermordet wurde. Heilige erklärte man zu Besitzern der Kirchen, die ihnen geweiht waren.

Entscheidende Veränderungen brachte schließlich die strikte Trennung von Kirche und Medizin. Unter Friedrich II. von Hohenstaufen wurde von der Kirche den Priestern und Mönchen jede Arztfunktion verboten. Kurpfuscherei und Scharlatanerie breiteten sich aus, umso wichtiger wurde die Hilfe der Heiligen, vor allem bei Ausbruch der Pest, gegen die nicht nur die Kurpfuscher, sondern auch die Ärzte hilflos waren. Der Pestgestank galt als „Atem der Dämonen", man beobachtete, daß es im Winter weniger Infektionen gab. Dies war zwar auf die Winterstarre der übertragenden Flöhe zurückzuführen, man schrieb es aber der Hilfe von Heiligen zu, weil man im bäuerlichen Alltag weniger Arbeit und somit mehr Zeit zum Beten hatte, während im Sommer, wenn die Flöhe wieder aufwachten, die Heiligen wegen der Feldarbeit „vernachlässigt" wurden.

Aus China kam über Kairo, Spanien, Italien und Frankreich Ende des 12. Jahrhunderts das Papier zu uns. Im 15. Jahrhundert fanden mit der Erfindung der Buchdruckerkunst Heiligenbildchen weite Verbreitung. Ablaßzettel, Legenden und Zitate aus den Mirakelbüchern der Wallfahrtsorte und Legenden kamen in Umlauf. Jacobus von Voragine verfaßte zwischen 1263 und 1273 die „Legenda aurea". Zusammen mit anderen Legendensammlungen waren deren Angaben so detailliert, daß sich Patronate für alle zeitgenössischen und lokalen Bedürfnisse herauslesen ließen. Soldatenheilige wie Sebastian oder Georg wurden vor allem während der Kreuzzüge (1076 – 1291) populär. Gleichzeitig wurden durch die Kreuzfahrer wieder Pest und Lepra eingeschleppt, Heilige, die sich schon früher in Pestzeiten bewährt hatten, wurden nun auch Wetter-, Bauern- und Winzerpatrone.

Um deren Hilfe zu verstärken, kam es zur Gruppenbildung: Drei Madel, vier Marschälle, die Siebenschläfer oder die Vierzehn Nothelfer. Vierzehn wird oft als Verdoppelung der heiligen Zahl Sieben gedeutet. Ihre Verehrung hat vermutlich viele Wurzeln, nicht nur, wie lange vermutet, in Regensburg, Bamberg und Würzburg.

Das späte Mittelalter war Höhepunkt des Reliquienkults und trieb, nach unserem heutigen Empfinden, oft höchst kuriose Blüten. Beispielsweise nahm 1319 die Stadt Genua eine Hypothek auf die Schale des Heiligen Grals auf, Pisa finanzierte durch Verpfändung der Haare Mariens mehrere Kriegszüge. Der reiche Reliquienschatz Konstantinopels wurde durch Zerstückelung und Überbringung nach Europa „aus dem Türkenland" gerettet. Ludwig IX. baute einen 600 qm großen Reliquienschrein für die Dornenkrone Christi, die er dem bankrotten Byzanz abgekauft hatte. Nach dem Tod Ludwigs 1270 wurde die Dornenkrone gegen einen Stachel ausgetauscht, der Rest verschenkt, verkauft und verteilt.

1578 brach in Rom ein Weinberg ein, die Gebeine der darunterliegenden Toten wurden „getauft", benannt und mit Zertifikaten verteilt. Kein Wunder, daß es nicht nur dabei wunderbare Vermehrungen gab. Zum Beispiel wurden 17 voll-

*Bildstock in Haßlach bei Teuschnitz/Oberfranken*

ständige Arme des hl. Andreas verehrt. Glaubenssymbolik war (nicht nur im Mittelalter) wichtiger als die Überprüfbarkeit der Historie. In den Reliquien sah man einen Schimmer der Ewigkeit Gottes, neben der Bildersymbolik für das analphabetische Volk war die Anschaubarkeit der Leiden der Martyrer Hilfe in den kleinen Nöten des Alltags.

Einflüsse der Kunst werden deutlich: Rosen beispielsweise wurden im 13. Jahrhundert von den maurischen Ornamenten in Spanien übernommen, Fabelwesen wie Drachen wurden nach Marco Polos China-Reise verbreitet. Durch die Einfügung in zeitgemäße Kulissen wurden die Heiligen sozusagen wiederbelebt, gleichzeitig wurde damit aber auch eine zeitgeschichtliche Dokumentation geschaffen.

Das Glaubensleben des Mittelalters war eine enge Verflechtung zwischen Frömmigkeit und Magiehörigkeit, Wundersucht und Angst. Die rituellen Zwänge der Kirche nährten nicht nur die Ängste, sondern auch die Einbindung durch Ablaß, Buße und Pilgerschaft. Seit dem elften Jahrhundert gab es immer deutlichere Grundsatzdiskussionen um Glaubensinhalte. Das brachte auch Machtkämpfe innerhalb der Kirche, Auseinandersetzungen zwischen Kirche und Staat. Inquisition, Katharerverfolgung, Hexenverbrennungen, Ablaßhandel waren Wurzeln der Reformen und der Reformation. Im 16. Jahrhundert wurde der erste Index zusammengestellt, 1600 wurde Giordano Bruno verbrannt. 1633 mußte Galilei seine Thesen widerrufen, um dem Scheiterhaufen zu entgehen.

Angst vor Überfällen und Kriegen, Not und Elend, Hunger, zerstörte Dörfer und Krankheiten kennzeichnen das Mittelalter. Die sanften Heiligen, die Haus, Hof und Felder beschützten, Viehseuchen verhinderten, wurden immer deutlicher durch intensive Verehrung „zur Hilfe verpflichtet". Von Konzil zu Konzil wurde zwar das Abrücken von liebgewordenen Traditionen schärfer gefordert, ohne aber die Volksfrömmigkeit wirklich einschneidend gefährden zu können. 1969 wurde ein neuer Namenskalender eingeführt, wobei beispielsweise Barbara und Christophorus aus dem Heiligenkalender gestrichen und ins allgemeine Martyrologum eingegliedert wurden. Fahrzeugsegnungen am Christophorustag, Barbarafeiern der Bergleute, Barbarazweige – sie sind dennoch geblieben und bis heute lebendig wie eh und je.

*Altarblatt mit den Vierzehn Nothelfern um 1700. Alte Galerie im Joanneum, Graz*

*Barockes Hochaltarbild aus der Nothelferkirche Dischingen mit der Darstellung der 14 Nothelfer. Der Künstler ist unbekannt*

# „Wir sind die vierzehn Nothelfer"

## Sankt Achatius

*Dornen brachten dir viel Qual
Achatius, Mann der Schmerzen;
Ängste, Sorgen ohne Zahl
quälen unsre Herzen.
Christus ist's, der uns befreit
verleiht uns Ruh und Sicherheit.*

Der heilige Achatius (sein aus dem Griechischen stammender Name bedeutet „der Unschuldige") macht es seinen Verehrern wahrlich nicht leicht.

Der heilige Achatius? Das ist eben das Problem – es gibt drei Heilige dieses Namens und deren Lebensgeschichten sind ebenso durcheinander geraten wie die Legenden, die sich um ihr Dasein ranken.

Da ist zum einen Achatius, der Bischof von Melitene in Kleinasien, für den zumeist das Jahr 250 als Todesjahr angegeben wird, in dem er unter Kaiser Decius hingerichtet wurde, es wird aber auch das Todesjahr 499 genannt.

Eine besonders bildhafte Legende, entstanden im 12. Jahrhundert, um den Mut der Kreuzfahrer zu stärken, umrankt die Vita des Achatius von Armenien, der zwischen 117 und 135 unter Kaiser Hadrian hingerichtet wurde. Die eine Geschichte erzählt, Achatius sei Hauptmann im Heer Hadrians gewesen. Als der Kaiser in Kleinasien eine Schlacht verlor und fliehen mußte, sei dem tapferen Hauptmann ein Engel erschienen. Dieser wies auf ein Kreuz und versprach Achatius, in diesem Zeichen werde er siegen. Ergänzt wird diese Legende durch einen Bericht, Achatius sei zusammen mit 10 000 Gefährten auf dem Berg Ararat hingerichtet worden, weil keiner von ihnen bereit war, seinem christlichen Glauben abzuschwören.

Eben diese Legende wurde auf den dritten Achatius übertragen, auf Achatius von Konstantinopel, der von Papst Gregor XIII. im 16. Jahrhundert ins Martyrologium aufgenommen wurde und als einer der Vierzehn Nothelfer verehrt wird.

Auch der Nothelfer Achatius soll Hauptmann und Oberst, *Primicerius* im kaiserlich-römischen Heer gewesen sein und starb nach 300 unter Diokletian den Martertod durch Enthaupten. Der Sarg mit den sterblichen Überresten wurde ins Meer geworfen, aber statt unterzugehen, wurde er von den Wellen unbeschadet nach Süditalien, nach Kalabrien, getragen, wo Achatius zum Stadtpatron von Chale gewählt wurde.

An der Hinrichtungsstätte vor den Mauern Konstantinopels wurde bald eine Kirche errichtet, die unter Kaiser Konstantin erneuert und erweitert wurde. Als besondere Auszeichnung erhielt diese Kirche die Reliquien des Martyrers. Nach manchen Berichten war es aber Konstantin, der diese erste Kirche baute, in dieser Fassung wurde sie von Kaiser Justinian erneuert.

Der Darstellung des Nothelfers Achatius gibt man als Attribute eine Dornenkrone, ein Kreuz oder einen dürren Ast, die sich eigentlich auf das Martyrium des auf dem Ararat ermordeten Achatius beziehen.

Die früheste Darstellung aus der Mitte des 13. Jahrhunderts findet sich in der Marienkirche zu Bergen auf der Insel Rügen; ein Glasfenster im Straßburger Münster, Anfang des 14. Jahrhunderts entstanden, zeigt den *Dux Achatius*. In Atteln wurde die zwischen 1120 und 1123 erbaute Pfarrkirche dem heiligen Achatius gewidmet. Aus dem 12. Jahrhundert ist aus dem schweizerischen Engelberg auf einer Achatius-Darstellung eine Inschrift erhalten *multum valet contra ignem* – weswegen der Heilige dort auch als Patron gegen Feuersnot verehrt wird. Wichtige Stationen der Verehrung gibt es außerdem in Hirsau, Lorch und Weingarten. In den schlesischen Bergwerken gilt Achatius neben Barbara und Katharina als Beschützer der Bergleute. In Vilsbiburg gibt es seit dem 16. Jahrhundert ein Achatius-Benefizium. Mittelalterliche Sterbebilder tragen oft seinen Namen mit der Bitte um Hilfe in Todesangst. Achatius und Eustachius galten zudem als „Kriegsgefährten" von St. Georg, ihre Abbildungen wurden auf Medaillen geprägt, die man bei Feldzügen als Amulette mit sich führte. In der Gruppierung der Nothelfer werden diese drei entsprechend als die „Drei Rittersleut" bezeichnet.

*Figuren des Gnadenaltares in der Basilika Vierzehnheiligen*

*Liedstrophen zu Ehren der Nothelfer von Friedrich Dörr (1982/89) jeweils oben links*

*Seite 14:
Blick auf die Basilika Vierzehnheiligen*

## Sankt Ägidius

*Heute leiden bittre Not*
*Tiere, Fluren, Wälder*
*und vom Unheil sind bedroht*
*unsre besten Felder.*
*Nimm Natur in deinen Schutz,*
*Freund der Tiere, Ägidius.*

St. Ägidius – dessen Name meist als „Schildhalter" übersetzt wird – ist der einzige Nicht-Martyrer unter den Nothelfern. Nach der Legende soll er aus der Provence stammen oder aber ein Athener Königssohn gewesen sein, der dem königlichen Glanz entfliehen wollte. Als er am Ufer betend ein in Seenot geratenes Schiff rettete, kamen die Schiffsleute an Land, um ihm zu danken. Als sie hörten, Ägidius wolle nach Rom, brachten sie ihn kostenlos dorthin. Weiter geht seine Reise nach Arles, wo er zwei Jahre am Hofe des Bischofs Cäsarius lebt, aber wieder die ersehnte Ruhe vermißt. So zieht er sich in die Wälder zurück, lebt von Wasser und Wurzeln und bekommt täglich Milch von einer Hirschkuh.

Als eine Jagdgesellschaft des Gotenkönigs Flavius auf die Hirschkuh schießt, stellt sich Ägidius vor das Tier und wird an seiner statt vom Pfeil getroffen. Er bittet Gott, ihm seine Gesundheit nicht zurückzugeben, weil er glaubt, freiwilliges Leiden sei der beste Weg zum Heil. Nach einer anderen Fassung der Legende pflegt er das getroffene Tier gesund. Eine Einladung an den Hof des Königs lehnt Ägidius ab, stattdessen sammelt er fromme Männer um sich und lebt mit ihnen in einer klösterlichen Gemeinschaft, in der er auffallende Wunder wirkt.

Nach einer anderen Legende soll Karl Martell den Einsiedler um seine Fürbitte ersucht haben, weil er eine Sünde begangen habe, so schwer, daß er sie nicht zu beichten wage. Ein Engel brachte Ägidius einen Zettel, auf dem die Untat geschrieben stand, Vergebung wurde zugesagt, wenn es Ägidius gelänge, den König zum Geständnis und zur Reue zu bewegen.

Eine dritte Legende erzählt, er habe auf einer Pilgerreise nach Rom vom Papst zwei Türen aus Zypressenholz geschenkt bekommen, die er in den Tiber warf. Von dort sollen sie durch die Strömung an die Rhonemündung getragen worden sein, die damals beim heutigen St. Gilles lag.

Um 680 soll Ägidius – in Frankreich St. Gilles genannt, in England St. Giles, in Österreich St. Gilgen – dort sein Kloster gegründet haben. Es lag am Jakobsweg und wurde so zu einer wichtigen Station der Pilger auf dem Weg nach Santiago de Compostela, zumal man im Mittelalter auch das Grab des Ägidius besuchen konnte. Heute befinden sich die Reliquien in Saint Sernin in Toulouse. Die heutige Anlage stammt aus dem 11./12. Jahrhundert.

Die allgemeine Verehrung wurde von Papst Urban IV. gefördert, aber auch andere Päpste wie Clemens IV., Urban II. oder Gelasius II. kamen nach St. Gilles. Eine Pfarrei in Münster wurde schon 1184 Ägidius gewidmet, 1230 folgte Heiligenstadt, 1240 Wiedenbrück. Ägidienklöster gab es in Nürnberg, Braunschweig, Minden und Halberstadt. Rund 160 Kirchen tragen in England seinen Namen St. Giles, in Österreich ist Gilgen (oder Ilgen) als Ortname verbreitet, Kärnten und die Steiermark wählten ihn zum Landespatron. Auch ein erst in unserer Zeit freigelegtes Fresko in der Krypta von Chartres bezeugt die frühe Verehrung des Heiligen.

Die Patrizier und die Fernkaufleute von Lübeck gründeten 1436 eine Ägidien-Bruderschaft, in Schwendt bei St. Johann ist eine solche für 1737 verbürgt. Als Helfer bei Viehseuchen wird Ägidius angerufen, weil ein kranker Bettler, den er in seinen Mantel hüllte, sofort gesundete. Patron ist er für die stillenden Mütter. Bauern und Winzer erbitten von ihm Fruchtbarkeit für ihre Äcker und Weinberge, weil Ägidius, als ein junger Mönch an der Jungfräulichkeit Mariens zweifelte, mit einer Handbewegung drei blühende Lilien aus dem Sand sprießen ließ. Und die Transporteure schließlich beziehen sich für ihr Ägidien-Patronat auf die Legende von den schwimmenden Türen.

# Das jungfräuliche Dreigestirn

*Sankt Margareta, Barbara
und Katharina, seid uns nah!
Es zeig uns eures Lichtes Strahl
den Weg zum ew'gen Hochzeitsmahl.*

Die „drei heiligen Madl", die „drei Unzertrennlichen" nennt man sie, Barbara, Katharina und Margareta. Nicht nur in Mittel- und Nordeuropa, auch im osteuropäischen Raum wurden die Martyrinnen, die *Virgines capitales*, seit Jahrhunderten verehrt. Im 14. Jahrhundert kam Dorothea dazu, wurde auch zu den Vierzehn Nothelfern gerechnet, denn auch ihr wurde, laut Passio, vor ihrer Hinrichtung versprochen, daß alle Bitten, die Gläubige an sie richten, Erfüllung finden sollten. Warum Dorothea letztlich aus der Nothelfergruppe ausgeschieden wurde, ist bis heute ungeklärt.

Auf vielen mittelalterlichen Altarbildern sind die Jungfrauen einzeln oder als Gruppe zu finden, so auf dem um 1400 entstandenen Berswordt-Altar in Bielefeld, in Klosterneuburg, auf einer in der Prager Nationalgalerie befindlichen Tafel, im Amsterdamer Rijksmuseum. Ganz besonders reizend sind die Porträtmedaillons der Drei in dem slowenischen Kirchlein von Hrastolje, das seiner großartigen gotischen Fresken, vor allem aber des Totentanzes wegen weithin berühmt ist. Selbst im kleinen, aber feinen Musée Rolin in Autun finden sich aus dem 15. Jahrhundert ausdrucksstarke Plastiken der Drei. Abbildungen der drei Jungfrauen sind auch unter den im Krieg zerstörten und jetzt wieder restaurierten Schlußsteinen im gotischen Kreuzrippengewölbe der Münchner Frauenkirche.

Oft werden sie um die Madonna gruppiert, die *Regina virginum*. Auch in den Texten der Jungfrauenweihe und der Ordensprofeß sind sie oft genannt. Regional unterscheidet sich die Zusammenstellung der Gruppe: Agnes kommt dazu, Cäcilia auch oder Lucia. Die besondere Verehrung von Gruppen weiblicher Heiligen wird oft mit dem biblischen Text über die klugen und törichten Jungfrauen in Verbindung gebracht.

Man hat die frühe Verehrung der heiligen Martyrinnen lange Zeit dahingehend interpretiert, daß einfach der Kult der drei Nornen oder der germanischen Muttergöttinnen auf sie übertragen worden sei. Diese Deutung hat sich längst als falsch erwiesen – nicht zuletzt der Kult in Osteuropa spricht ja dagegen.

Im übrigen werden andernorts auch noch andere Gruppierungen heiliger Frauen verehrt, beispielsweise Ainbet, Wilbet und Warbet im Elsaß. Dieses Dreigespann soll im 14. Jahrhundert dort aus dem Gefolge der heiligen Ursula herausgelöst worden und in den Alpenraum transferiert worden sein. In Südtirol findet sich der „Dreijungfrauenkult" in Obsaurs und Latzfons, von wo aus die Baum-, Quell- und Regenpatroninnen nach Meransen gekommen sein sollen. Dort sind die drei Meransener Jungfrauen in Zeittracht dargestellt: Aubet, Cubet und Guere. Auch im Südtiroler Schildthurn gibt es eine weitverbreitete Wallfahrt zu ihnen.

*Aus: Graduale Cisterciense 1496 im Kloster Langheim durch den Mönch Amandus gestaltet*

# Sankt Barbara

*Dunkel wie des Kerkers Nacht
ist oft unser Leben,
daß dem Geist es Mühe macht,
himmelwärts zu streben.
Zeig uns Christus, der uns nah,
du, des Lichts Botin, Barbara.*

Die „drei heiligen Madl" – Barbara, Katharina und Margareta – sind, neben Christophorus, Georg und Blasius, zweifellos die populärsten unter den Nothelfern. Schon die Häufigkeit der Namensgebung bis heute mag als Beweis dafür dienen, aber auch die Vielzahl der Darstellungen in großen wie in kleinen, in alten wie in neuen Kirchen – wobei die originellste Figur wohl in Stuttgart-Hofen zu finden sein dürfte, wo eine ehemalige Agatha mit entblößten Brüsten ganz einfach durch die Attribute in eine Barbara umgewidmet wurde.

Barbara – „die Fremde" – stammte aus dem kleinasiatischen Nikodemien. Dioskur, ihr Vater, war ein vornehmer Heide, der jede Berührung seiner Tochter mit dem noch jungen Christentum verhindern wollte. So ließ er für sie einen unzugänglichen Turm als Wohnung bauen, in dem sie nur durch zwei Fenster mit der Außenwelt in Kontakt treten konnte. Dennoch gelang es dem Kirchenlehrer Origenes aus Alexandria, als Arzt verkleidet mit der begabten jungen Frau Kontakt aufzunehmen, sie zum Christentum zu führen und zu taufen.

Als der Vater nach einer längeren Reise zurückkehrte, fand er den Turm verändert: Barbara hatte ein drittes Fenster eingebaut als Symbol der Dreifaltigkeit, der unterste Raum des Turmes war zur Taufkapelle geworden. Dioskur wollte das Mädchen nun zwingen, die Werbung eines reichen Heiden anzunehmen, Barbara aber weigerte sich auch unter der Androhung härtester Strafen, sie hatte bei ihrer Taufe Jungfräulichkeit gelobt. Es gelingt ihr schließlich zu fliehen, aber sie wird verraten, wieder eingefangen und in den Kerker geworfen. Obwohl ihr der Vater mit dem Tod droht, bleibt sie standhaft und ist nicht bereit, dem Christentum abzuschwören. Die tiefen, blutigen Wunden, die ihr geschlagen werden, heilen auf wunderbare Weise über Nacht, Engel bringen ihr das Abendmahl in den Kerker zur Speise und zur Stärkung. Abermals wird sie gefoltert, angeblich werden ihr glühende Zangen in die Brüste gebohrt und sie wird nackt durch die Straßen gejagt. Als sie dann immer noch nicht bereit ist, Christus zu verleugnen, enthauptet sie der Vater mit eigener Hand. Im gleichen Moment soll Feuer vom Himmel gefallen sein und Dioskur getötet haben.

Barbaras Todesjahr wird unterschiedlich angegeben, es muß aber um 250 gewesen sein, denn zum einen existiert ein Briefwechsel mit Origenes, der von 185 bis 254 lebte – was alle Datierungen nach 300 ausschließt – zum anderen starb Kaiser Decius, der die Christen so grausam verfolgte, im Jahr 251.

Die früheste Verehrung der hl. Barbara ist in der Bekaa-Ebene im Libanon-Gebirge nachweisbar. In Baalbek, dem seit der ersten Jahrtausendwende existierenden „Paradies der Götter" mit seinen grandiosen Tempelanlagen, gibt es schon seit Mitte des vierten Jahrhunderts eine Barbarakirche: ein zierliches Tempelchen, zu dem 14 Stufen hinauf führen. Wem das siebeneckige, reich verzierte und feingliedrige Bauwerk vor seiner Umwidmung auf Barbara geweiht gewesen war, ist umstritten: Venus vielleicht, Fortuna oder einer lokalen Fruchtbarkeitsgöttin. Heute findet sich an der Innenwand ein Kreuzsymbol mit den Worten der Konstantins-Vision „In diesem Zeichen..."

Zu den berühmtesten Darstellungen gehört das Barbara-Bildnis in San Maria Formosa in Venedig, geschaffen von Palma Vecchio. Als angeblich „schönste", vielleicht sollte man lieber sagen, als „originellste" Barbara-Kirche schuf Friedensreich Hundertwasser in unserer Zeit eine Andachtsstätte in Bärnbach in der Steiermark. Aus dem frühen 14. Jahrhundert, aus der Bauzeit der Kirche von Heiligkreuzthal stammen die großartigen Fresken der heiligen Barbara und des heiligen Christophorus im Chorraum. Später dürften die Fresken mit der Barbara-Legende im Kreuzgang des Klosters entstanden sein, im Bildaufbau und in der Farbgebung erinnern sie ein wenig an Giotto.

In Le Conquet an der französischen Atlantikküste heißt der Leuchtturm schlicht „St. Barbe", in der Stiftskirche von Champaex, in der dortigen Grabkapelle des Claude d'Epinay, zeigt ein Glasfenster aus dem 16. Jahrhundert das Martyrium der Heiligen. In Morlaix über dem Fluß Elle ist eine um 1489 entstandene schmale Kapelle Sainte Barbe gewidmet, deren Fenster an das Martyrium der Schutzpatronin aller Seeleute, Bergarbeiter und Feuerwehrmänner erinnern.

Gegensätzlich und vielfältig sind die Patronate der Heiligen. Auf die Turmlegende beziehen sich Architekten, Bauarbeiter und Wächter, als Schützerin vor Blitz und Feuer wird sie des himmlischen Feuers wegen angerufen, das den Vater vernichtete. Auf französischen Kriegsschiffen benannte man die gefahrbringenden, hochexplosiven Pulverkammern „Sainte Barbe" in der Hoffnung auf ihren besonderen Schutz. Die Bergleute schließlich, die sich in ganz besonderem Maße der Heiligen anvertrauen, weisen auf einen unterirdischen Gang hin, der sich vor der flüchtenden Barbara aufgetan und hinter ihr wieder geschlossen haben soll. Viele Gruben und Stollen tragen ihren Namen und man vertraute darauf, daß bei Sauerstoffmangel vor Ort die Barbara-Lichter erloschen, sodaß die Bergleute sich noch rechtzeitig in Sicherheit bringen können. Schließlich wird sie auch als Patronin gegen den jähen und unbußfertigen Tod angerufen.

Reliquien aus dem 11. Jahrhundert besitzt das Stift Schildesche bei Bielefeld, in der „Wunderblutkirche" in Bad Wilsnack verehrte man einst als kostbarste Reliquie einen Arm der heiligen Barbara.

*Vierzehn-Nothelfer-Gruppe in der Pfarrkirche Seifriedsberg i. Allgäu*

# Sankt Blasius

*Wer schon fast ersticken muß
und wen Leiden quälen,
ruft dich an, Sankt Blasius,
Freund der kranken Seelen.
schütz uns vor dem jähen Tod
befrei die Kranken aus ihrer Not.*

Blasius war Arzt in Sebaste, einer kleinen Stadt in Armenien, und bekannt wegen seiner Hilfsbereitschaft gegen jedermann ohne Rücksicht auf Stand, Geld oder Glauben. Die Bedeutung des Namens ist unklar. Nach der Legenda aurea stecken in dem Namen *blandus*, das heißt süß, denn seine Rede war süß, und *bella*, das heißt Kleid, denn er war bekleidet mit dem Gewand der Tugend. Zitiert wird auch der Begriff *syor*, was rein bedeutet.

Als der Bischof von Sebaste starb, wählte die kleine Christengemeinde Blasius zu ihrem Oberhirten. Als kurze Zeit später unter dem römischen Kaiser Diokletian die Christenverfolgung einsetzte, bat die Gemeinde Blasius, sich in einer Höhle im Gebirge zu verstecken, um sein Leben nicht zu gefährden. Dort betreute er – wie zuvor die Menschen – kranke, verletzte oder in Fallen gefangene Tiere und wurde von ihnen mit Nahrung versorgt. Während einer Jagd, die der Statthalter Licius in der Gegend veranstaltete, entdeckten Jäger den versteckten Bischof und schleppten ihn vor den Statthalter, der ihn einkerkern ließ und durch allerlei Versprechungen zum Abfall vom Christentum zu bewegen suchte.

Nachdem man den Heiligen mit Knüppelschlägen gefoltert hatte, wurde er erneut vor den Statthalter geführt, der ihn aufforderte, die Götter Roms anzubeten oder zu sterben. Blasius antwortete: „Tu, was du willst, ich werde meinem Herrn und Gott treu bleiben". Da wurde er in einen Teich geworfen, als aber Blasius über dem Wasser das Kreuzzeichen machte, wurde es fest wie Erdreich. Blasius stand auf und sagte: „Wenn eure Götter wahre Götter sind, möchte ich ihre Macht sehen. Kommt her zu mir auf das Wasser". 65 Männer folgten der Aufforderung und ertranken. Blasius erlitt das Martyrium durch Enthauptung. Als Todesjahr werden 316 und 287 angegeben, erstere Datierung erscheint aber unwahrscheinlich, da Diokletian bereits 305 von seinem Amt zurückgetreten war.

Die Verehrung des Heiligen ist im Orient seit dem 6. Jahrhundert verbreitet, im Abendland seit dem neunten Jahrhundert. Seit dem 12. Jahrhundert sind am Blasiustag Kerzenopfer üblich, im 14. Jahrhundert ist er in die Schar der volkstümlichen Nothelfer aufgenommen, seit dem 16. Jahrhundert wird am Festtag des Heiligen, dem 3. Februar, in den Kirchen der Blasiussegen erteilt, der vor Halskrankheiten schützen soll. Wie hoch das Vertrauen zu St. Blasius noch heute ist, beweist das öffentliche Bekenntnis des Startenors Placido Domingo 1997 in einer Sendung des Bayerischen Rundfunks, er bete täglich zu dem Heiligen um Erhaltung seiner Stimme.

In das römische Martyrologium wurde Blasius im 15. Jahrhundert aufgenommen, seine Reliquien kamen im 9. Jahrhundert zunächst in das württembergische Kloster Rheinau, dann 858 in das Schwarzwaldkloster St. Blasien, das sich um die Verehrung des Heiligen große Verdienste erwarb. Das Kopfreliquiar gehörte zum Welfenschatz im Braunschweiger Blasius-Dom, den Heinrich der Löwe erbaute. Die älteste Abbildung findet sich auf einem Tragaltar im Paderborner Kloster Abdinghof, ein Teil der Reliquien wurde im 11. Jahrhundert durch den Paderborner Bischof Meinwerk in das Busdorfstift geholt.

Große Verehrung genießt St. Blasius auch in Italien, wo er San Biagio genannt wird, in Tirol wird die heute noch lebendige Wallfahrt zum Blasienberg von den Prämonstratensern betreut. Während der Kreuzzüge wurde er neben Georg, Theodor und Demetrius häufig auf den Kriegsfahnen als „Siegbringer" abgebildet.

Die Patronate des Heiligen wurden weitgehend von der Verbindung zu seinem Namen abgeleitet, der „Wolkenbläser" sollte den Glasbläsern, der Musikern der Blasinstrumente, den Orgelpfeifenbauern und den Turmbläsern zu Seite stehen. In Italien und in den slawischen Ländern gilt er auch als Tierpatron und Beschützer der Seifensieder. Die Stadt Ragusa – heute Dubrovnik – wählte „Sveti Blasi" zum Stadtpatron.

Eine Fülle von Erzählungen umrankt das Leben und den Tod des Heiligen. Unter den populärsten ist zweifellos die, daß Blasius im Kerker durch sein Gebet das Leben eines kleinen Buben rettete, der an einer Fischgräte zu ersticken drohte. Eine schöne Legende erzählt von einer armen Witwe, der ein Wolf das einzige Schwein gestohlen hatte. Auf ihre Bitte hin befahl Blasius dem Raubtier, sein Opfer unversehrt zurückzubringen. Als Blasius dann im Kerker lag, schlachtete die Witwe ihr Schwein und brachte dem Heiligen den Kopf und die Füße gebraten zur Speise.

*Detail aus einem Flügelaltar um 1480 (Nürnberger Arbeit, Wolgemut-Werkstatt?), Osternohe/Mittelfranken*

# Sankt Christophorus

*Gott, der uns hineingestellt
in den Strom der Zeiten,
hat uns Freunde beigesellt,
daß sie uns begleiten.
Durch der Welt bewegten Fluß
Führ uns, Gottes Fährmann,
Christophorus.*

Wer in der Frühe das Bild des Christusträgers ansieht, darf sicher sein, den Tag zu überleben und guten Mutes wieder heimzukommen. Durch das ganze Mittelalter war das Vertrauen in den Schutz des Christophorus ungebrochen und ist es bis heute geblieben, auch wenn seine Vita so wenig faßbar ist, daß er nach dem II. Vatikanischen Konzil sogar aus dem Heiligenkalender gestrichen werden sollte. Eine der Legenden beschreibt ihn als *genere canineo*, was bedeutet, er sei ein Mensch mit hundeähnlichem Kopf gewesen. Wahrscheinlich handelt es sich dabei allerdings um einen Lese- oder Abschreibfehler und es hätte richtig heißen müssen, er sei ein *genere cananeo* gewesen, ein Mensch aus Kanaan, der um 250 unter Kaiser Decius durch das Schwert hingerichtet wurde.

Die Vorstellung des menschenfressenden, hundsköpfigen Riesen reicht weit zurück, er soll dem Volk der Kynokephalen entstammt sein und erst bei seiner Bekehrung menschliche Züge und menschliche Sprache erlangt haben. Ein Fresko im spanischen Segoria erinnert noch heute daran. Desgleichen eine hervorragend erhaltene griechische Ikone im Museum zu Recklinghausen.

Christophorus gilt als Bewahrer der Lebenskraft, deswegen wurden die Kampfschilde der Ritter innen mit seinem Bildnis bemalt, prangen vor allem in den Alpenländern von zahllosen Kirchenfassaden und -türmen riesenhafte Darstellungen. Riesig muß er sein, nicht nur als Statue, sondern auch als Fresko, ob an den Außenwänden ungezählter Kirchen im Alpenraum, ob im romanischen Gotteshaus zu Altenstadt, wo man jüngst bei Restaurierungsarbeiten sein fünf Meter hohes, ungewöhnlich fein gemaltes Bildnis entdeckte, das im zwölften Jahrhundert entstanden sein soll.

Riesenhaft wohl nicht nur, weil ein Riese dargestellt wird, sondern vor allem, damit man ihn von weither sehen, sich ihm anvertrauen kann. Denn – so formulierte Martin Luther – „Christophorus genießt mehr Ansehen als alle Apostel".

Schon um 450 wurde sein Name ins Martyrologium Hieronymianum aufgenommen, seine Verehrung verbreitete sich rasch – die Germanen sollen ihn besonders leicht angenommen haben, weil sie seinen angeblichen Hundekopf mit Wotans Wolf in Verbindung brachten. Bereits 412 wurde ihm in Chalkedon eine Kirche gewidmet, 613 entstand zu seinen Ehren ein Frauenkloster in Galatien. Im Bistum Freising ist 772 bei Sindelhausen eine Christophoruskirche dokumentiert, im 13. Jahrhundert gibt es eine in St. Christoph bei Wasserburg, zwei in München, auch ein Schlußstein in der Münchner Liebfrauenkirche trägt sein Antlitz. Um 1320 entstand das Fresko in der Garmischer Martinskirche, 1386 die Kapelle auf dem Arlberg. Romanische Einflüsse zeigen noch die Fresken in Inning, in Burghausen, in Wasserburg, in Seeon, in Rain am Lech. Schon 1054 weiht Papst Leo IX. in St. Arnulf in Metz Altäre zu Ehren von St. Georg und St. Christophorus, 1117 wird ihm im belgischen St. Trond ein Altar gewidmet. Kaiser Friedrich III. ließ sich für den Grazer Dom als Christophorus porträtieren, er besuchte als Wallfahrer übrigens auch das fränkische Vierzehnheiligen und bedachte die damals noch kleine Kirche mit großzügigen Stiftungen.

*Reprobus*, der Riese, wurde er genannt und riesenhaft sind die Statuen, ob in Zwiefalten, im Münchner Dom, an der Echelsbacher Hochbrücke, auf der Prager Karlsbrücke, in einer modernen Kapelle über der Europabrücke bei Innsbruck, am Arlberg. Die uralte Kolossalstatue, eine bäuerliche Arbeit aus dem frühen 16. Jahrhundert, muß wohl vor Fertigstellung der Kapelle installiert worden sein, sie wäre mit ihren vier Metern Höhe durch keinen Durchschlupf gekommen. Jahrhundertelang schnitzten Reisende Splitter davon ab, um sie als Glücksbringer mitzunehmen. Beim Regierungsjubiläum Kaiser Franz Josefs anno 1908 wurde die Statue im Wiener Festzug mitgeführt. 1957 zerstörte ein Brand Hospiz und Kapelle auf dem Arlberg samt der Christophorus-Statue, und auch die neue, aus dem Grödnertal stammende Figur des Heiligen mußte durch einen Mauerdurchbruch ins Kirchenschiff transportiert werden.

Von einem Riesen erzählt die Legende, der nur dem mächtigsten Herrscher dienen wollte. Als der König, an dessen Hof er gekommen war, sich bei der Nennung des Satans angstvoll bekreuzigte, zog Christophorus weiter, um dem Teufel zu dienen. Doch auch der erwies sich als schwach, als er einen Umweg einschlug, um nicht an einem Wegkreuz vorbeigehen zu müssen. Der Riese bat einen Einsiedler um Rat, der ihm empfahl, zu fasten, zu beten und als Fährmann Menschen durch einen reißenden Fluß zu tragen, dann werde er den mächtigsten Herrscher schon finden. Als dort ein Kind den Riesen bat, es überzusetzen, drohte er an dieser Aufgabe zu scheitern, bis das Kind sich als Weltenherrscher zu erkennen gab, den Riesen untertauchte, taufte und ihm den Namen Christophorus gab, Christusträger. Zur Bestätigung sollen zwei in den Boden gerammte Eisenstangen geblüht und gleichzeitig Früchte getragen haben.

Ob in Italien, Spanien, Frankreich, in Tschechien, im ganzen deutschsprachigen Alpenraum: die Christophorus-Verehrung ist lebendig wie eh und je. In den Autos soll seine Plakette vor Unfällen schützen, in immer mehr Großstadtpfarreien werden, wie auf dem Land, am Christophorus-Tag Fahrzeuge gesegnet, vom Kinderroller über Pferdekutschen bis zum LKW. Schiffer und Flößer haben ihn zum Patron gewählt, die Reisenden, die Lastenträger, die Kraftfahrer, aber auch Wöchnerinnen und Schwangere, Frauen also, die ebenfalls „ein Kind tragen". Im Südtiroler Meransen wurden jahrhundertelang winzige Mauerstückchen aus einem Fresko gebrochen und ins Brot der Schwan0geren, der Wöchnerinnen eingebacken. Christophorus hilft gegen Hagel und Unwetter, gegen Hungersnöte, Zahnschmerzen und Pest, des Stabwunders wegen verehren ihn auch Obstbauern und Blumenhändler, in Weinbaugebieten wurden an die Rebpfosten Votivbilder gemalt. Lebendig ist bis heute die wohl im 13. Jahrhundert entstandene Christophorus-Wallfahrt auf den Felsen von Pointre, wo die Kapelle einer Burgruine dem Christusträger geweiht ist und eine Statue aus dem 15. Jahrhundert, sie sie auch für Kunstfreunde interessant macht.

Als Namensgeber ist Christophorus in ganz Europa populär, bis hinauf in die skandinavischen Länder. Auch in den evangelischen Gegenden Ostdeutschlands ist er bis heute bekannt und beliebt – nicht weniger als rund 3000 Verehrungsstätten zählt man heute in Europa. Selbst der ökumenischen Andachtsstätte im neuen Münchner Flughafen hat man seinen Namen gegeben: Christophorus-Kapelle.

*Holzschnitt eines unbekannten Meisters, 15. Jh. (Plakat zu einer Christophorus-Ausstellung in Altomünster)*

# Sankt Cyriakus

*Du, Cyriakus, warst geweiht,*
*unserem Herrn und Meister,*
*mach auch uns zum Kampf bereit*
*gegen böse Geister,*
*daß wir, aller Sünde fern,*
*gehören Christus, unserem Herrn.*

Unter mehreren Heiligen gleichen Namens gilt jener Cyriakus, den Papst Marcellus um 300 zum Diakon weihte und der unter Maximian den Martertod starb, als Nothelfer. Sein Name Kyriakos bedeutet „der dem Herrn Geweihte". Seine Lebensgeschichte ist weithin unbekannt, umso zahlreicher sind die Legenden, die von ihm erzählen. So heißt es etwa: Als beim Bau der Thermen des Diokletian Sklaven und Gefangene unter unmenschlichen Arbeitsbedingungen litten, schickte ein reicher römischer Bürger Cyriakus in die Lehmgruben, um die Not der Arbeiter ein wenig zu lindern. Cyriakus freilich wird rasch als Christ entlarvt und ebenfalls zur Fronarbeit gezwungen. Er und seine christlichen Mitgefangenen, die ebenfalls als Sklaven schufteten, versuchten die Leidensgefährten so gut wie möglich zu trösten, ihnen zu helfen und sie sangen zur Arbeit Loblieder.

Die Aufseher berichteten dem Regenten Maximian davon, der Cyriakus in den Kerker werfen ließ. Dort wiederum wurde die Heilung mehrerer blinder Mithäftlinge bekannt. Als Kaiser Diokletians Tochter Artemia von einem bösen Geist befallen wurde, läßt der Kaiser Cyriakus holen in der Hoffnung, daß er das Mädchen heilen kann. Der bei dem Exorzismus entfliehende Teufel prophezeit Cyriakus eine baldige Berufung nach Babylon. Tatsächlich soll er auch dort die Tochter des Perserkönigs von einem Dämon befreit, sie, ihre Eltern und „viel Volk" getauft haben, ehe er nach Rom zurückkehrte. Zunächst bleibt er von weiterer Verfolgung verschont, als dann aber Maximian auf den Kaiserthron kommt, versucht er unverzüglich, den „unverbesserlichen Christen" zum Götzenopfer zu zwingen. Als der sich weigert, wird er verspottet, mit siedendem Pech übergossen und schließlich zusammen mit zwanzig Gefährten vor der Stadtmauer enthauptet. Als Todesjahr gilt 309, über der Begräbnisstätte an der Via Ostia läßt Papst Honorius später eine Kirche bauen. Schon 354 wird Cyriakus als wundertätiger Heiliger verehrt, bereits im ältesten römischen Festkalender wird sein Name genannt.

Im 10. Jahrhundert bringt Kaiser Otto I. Cyriakus-Reliquien nach Deutschland, eine Armreliquie kommt nach Bamberg, eine andere ins Elsaß nach Altdorf. Weitere Reliquien werden dem Kollegiatsstift St. Cyriak in Neuhausen bei Worms und 952 dem Stift Geseke in Westfalen überlassen. In Gernrode im Harz läßt Markgraf Gero eine romanische Kirche errichten und holt 963 eine Cyriakus-Reliquie aus Rom, die bis zur Säkularisation in Gernrode verehrt wird. Im 922 geweihten Dom zu Halberstadt gibt es einen Altar zu Ehren von Vitus, Justin und Cyriakus. Vom 12. Jahrhundert an wird Cyriakus als Wetterpatron verehrt, auch als Patron der Pfälzer Winzer. Im württembergischen Stift Wiesensteig sorgen die Stifter, die Grafen von Helfenstein und ihre Nachfolger (die Rechbergs), in ihren Eigenkirchen für seine Verehrung. In Neuhausen bei Worms entstand später eine Cyriakus-Waage, auf der die Kinder reicher Bürger zugunsten der Armen mit Getreide aufgewogen wurden.

Uralte Nothelfer-Darstellungen finden sich im Schweizer Kanton Uri, in Silenen, wo (so die Bildzeile) Cyriakus gegen den „Malefitz" angerufen wird, den „Malefitzdeifi", wie man im Alpenraum den Satan manchmal nennt. Und den hält Cyriakus ja denn auch fest an der Kette.

1266, vor der Schlacht am Mühlberg, sammelt das Hochstift Würzburg seine Gewappneten unter dem Cyriakusbanner, dem ältesten erhaltenen Feldzeichen, das heute in der Halle der Würzburger Feste ausgestellt ist. Als am Cyriakustag die Schlacht gegen die Grafen von Henneberg gewonnen wird, wächst vor allem in Franken sein Ansehen rasch und dauerhaft. Allein das Bistum Würzburg, wo heute noch eine Cyriakus-Prozession abgehalten wird, zählt elf Patrozinien zu seinen Ehren. Der Cyriakusberg bei Sulzfeld bringt einen der köstlichsten Frankenweine hervor, kein Wunder, daß man – wie auch in Lindenberg bei Deidesheim – alljährlich dem Schutzherrn die ersten Trauben bringt.

Auf einem seiner Erdenbesuche aus den himmlischen Gefilden soll der Winzerpatron denn auch Lindenberg besucht und als Stütze bei Glatteis einen Wingertbalken genommen haben. Doch das Stadttor öffnete sich nicht vor ihm, wie er es gewohnt war, sondern erst, als er den Stock in den Weinberg zurückgebracht hatte.

*Votivkapelle in der Basilika Vierzehnheiligen*

# Dionysius

*Schwer drückt uns des Alltags Last,
daß wir fast ermüden;
doch bei euch in stiller Rast
finden wir den Frieden.
Mach uns stark fürs Gottesreich,
Apostel, du im Frankenreich.*

Sein Name bedeutet „der dem Gott Dionysos geweihte". Auch unter diesem Namen sind mehrere Heilige bekannt. So wurde beispielsweise ein Patriarch von Alexandria genannt, vor allem aber Dionysius von Athen. Der soll ein Mitglied des Areopags gewesen sein, dann ein Schüler des Paulus, den er nach Rom begleitete. Seine hochgeschätzten Schriften wurden – in lateinischer Übersetzung – noch im 9. Jahrhundert weit verbreitet. Noch Franz von Sales folgte der üblichen Verwechslung mit dem Nothelfer Dionysius.

Entsprechend dieser Verwechslung soll nach einer der Legenden Dionysius um das Jahr 90 von Papst Clemens nach Frankreich geschickt worden sein oder auch schon 85 das Martyrium erlitten haben.

Über den wirklichen Nothelfer Dionysius berichtet der hl. Gregor von Tours, sodaß die Vita weitgehend historisch, wenn auch natürlich ebenfalls von Legenden umrahmt ist. Um 225 soll Dionysius mit seinem Gefährten Trophinus nach Gallien gekommen sein. Während Trophinus als Bischof in Arles blieb, zog Dionysius im Auftrag des Papstes Fabianus weiter nach Norden, um zu missionieren. In Antricium, dem heutigen Chartres, soll er über einem alten Druiden-Heiligtum eine Kapelle gebaut haben, die der „Jungfrau, die gebären wird" gewidmet war. In Paris gründete Dionysius eine Christengemeinde und errichtete auf der Seine-Insel die erste Kirche.

Zusammen mit seinen Gefährten, dem Priester Rustikus und dem Diakon Eleutherius, wurde er um 285 auf dem Montmartre enthauptet. Von Licht umgeben und von Engeln gestützt soll er sein Haupt zu der Stelle getragen haben, an der er begraben sein wollte. Dort entstand zunächst eine hölzerne Kapelle, im 5. Jahrhundert erbaute die hl. Genoveva auf dem „Martyrerhügel", dem Montmartre, zu seiner Ehre eine Kirche. Bei dem Bau gingen die Getränke aus. Genoveva ließ ein Faß aufstellen, das bis zum Ende der Bauarbeiten niemals leer wurde. Wer sich beim Schöpfen bekreuzigte, schmeckte Wein, die anderen tranken Wasser. Aus dieser Legende entstand das Winzerpatronat der beiden Heiligen.

König Dagobert ließ die Reliquien des hl. Dionysius in die Benediktinerabtei St. Denis übertragen, in der später fast alle französischen Könige begraben wurden. Die dortige Kirchenfahne wurde als „Oriflamm" ihre Siegesfahne, deren Anblick viele Feinde „sanft und still" gemacht oder zum Christentum bekehrt haben soll. Dionysius, in Frankreich St. Denis genannt, wurde Schutzpatron der Karolinger. Aufgrund einer gefälschten Bulle soll bei den Normannen-Einfällen der Leib des Heiligen aus St. Denis nach Regensburg gekommen, aber von selbst nach Frankreich zurückgekehrt sein. Noch heute erinnert am Portal von St. Emmeram eine Bronzeplastik aus dem Jahr 1052 daran. Auch am rechten Seitenflügel des Bamberger Domes, an der linken Wand, findet sich eine Steinskulptur des Heiligen, ein Engel lächelt ihm zu.

Als Karl der Große nach Sachsen zog, ließ er sich von Abt Fardulf von St. Denis begleiten, der Dionysius-Reliquien mit sich führte. Schon um 740 ist im oberbayerischen Schlehdorf eine Dionysius-Kirche verbürgt, 1091 werden im Kloster Hirschau bei Speyer Reliquien von Blasius, Georg und Dionysius erwähnt, 1160 wird ihm im Kloster Schäftlarn bei München ein Altar gewidmet. In Igel wird eine silberne Kopfreliquie verehrt, und die Dionysius-Glocke von 1742 läutet noch heute. Vor allem aber machte sich seit frühester Zeit das westfälische Kloster Corvey, St. Denis eng verbunden, um die Dionysius-Verehrung im deutschsprachigen Raum verdient.

*Seite 27:
Maria mit dem Kind,
umgeben von den vierzehn
Nothelfern, Ölgemälde in
der Expositurkirche St. Martin
in Baad/Kleinwalsertal*

# Sankt Erasmus

*Uns dem Lockruf dieser Welt*
*mutig zu entwinden*
*Und das Herz, vom Geist erhellt,*
*fest an Gott zu binden,*
*steh, Erasmus, uns zur Seit,*
*gib uns Erdenkindern Schutz*
*und Geleit.*

Grausamkeiten gehörten wohl nicht nur im Altertum, sondern weit hin ins Mittelalter zu den alltäglichen Erfahrungen. Man braucht gar nicht an die Zeit der Kreuzigungen, der tödlichen „Spiele" in den Arenen zu denken – Folterungen, unmenschliche Hinrichtungspraktiken, Ketzer- und Hexenverbrennungen waren lange genug an der Tagesordnung. Was Wunder, wenn die Maler sich nicht scheuten, auch die schlimmsten Details mit Akribie darzustellen, die Henkersknechte mit abscheulichen Fratzen versahen, den Betrachter sozusagen aufforderten, die Qualen der Gemarterten zu verinnerlichen, mitzuerleben. So gehörte denn auch neben Apollonia, in deren Brüste glühende Zangen gedrückt wurden, die Hinrichtung des Nothelfers Erasmus zu den beliebtesten Darstellungen: die Gedärme bei lebendigem Leib herausgerissen zu bekommen – das konnte sich wohl kaum jemand vorstellen.

Daß man dabei einer falschen Interpretation der Legende aufsaß, das kümmerte vor allem die Bauernmaler wenig, die diese Szene in so mancher kleinen Wallfahrtskapelle festhielten, wie etwa in Ensmad, versteckt in den schwäbischen Wäldern. Matthias Grünewald kommt der Vita schon näher, wenn er Erasmus im festlichen Bischofsornat darstellt – daß dieser, entgegen mancher Legendenfassung, dem hl. Mauritius nie begegnet ist, wußte Grünewald sicherlich nicht, hätte er die beiden sonst miteinander auf ein Bild gebracht?

Ob Erasmus, der „Liebenswürdige", in Armenien, in Antiochia oder in Illyrien, dem heutigen Jugoslawien, geboren wurde, ist umstritten. In Antiochia jedenfalls wirkte er segensreich als Bischof, bis er unter der diokletianischen Verfolgung in die Berge des Libanon fliehen mußte. Sieben Jahre lebte er dort in der Einsamkeit, nur in der Gesellschaft von Tieren. Dann befahl ihm ein Engel, in sein Bistum zurückzukehren, wo er um 303 von den Häschern des Diokletian aufgegriffen und gefoltert wurde. Wieder ergriff er die Flucht, kam nach Formio – einen kleinen Hafen zwischen Rom und Neapel, dort starb er schließlich den Martertod.

Als das Schiff während der Überfahrt bei einem Sturm in Seenot geriet, betete Erasmus mit ausgebreiteten Armen, Schiff und Besatzung wurden gerettet. So wurde die Ankerwinde – die die Binnenländer nicht kannten und deshalb als Marterwerkzeug mißdeuteten – zu seinem Attribut. Während des 9. Jahrhunderts kamen seine sterblichen Überreste von Formio nach Gaeta. In den Briefen Papst Gregor I. wird Erasmus als Martyrer erwähnt, dem Kirchen und Klöster gewidmet werden.

Erasmus ist ein „Küstenheiliger", als Patron der Seeleute wanderte seine Verehrung – lange vor der Aufnahme in die Nothelferschar – von Hafen zu Hafen, von Süden nach Norden, wobei sich schließlich der Namen in St. Elmo änderte. Elmsfeuer nennen die Seeleute noch heute jene Lichterscheinung, die etwa bei Gewittern entsteht als Folge eines elektrischen Ladungsausgleichs, an Leuchttürmen, an Schiffsmasten.

Vielfältig sind landauf, landab die Zeugnisse für die Erasmus-Verehrung: im Erasmus-Dom in Gaeta ist in 24 Reliefs die Vita des Martyrers auf dem Osterleuchter dargestellt. Nicht nur Grünewald, dessen Bild heute in der Münchner Pinakothek hängt, stellt ihn dar, sondern auch Lukas Cranach, der das Gedärme-Martyrium ebenso aufzeigt wie das Mosaik über dem Erasmus-Altar im Petersdom. In Gries bei Bozen steht eine großartige Plastik von Michael Pacher, nicht weniger berühmt sind das Tafelbild im Stift Göttweig, die Fresken in Ulm, in Limburg, in Köttingwörth bei Dietfurt. In Silenen findet sich sein Bild, ebenso in der Mindelheimer Gruftkapelle mit einem ähnlichen Wortlaut: „für Därm und Leibschmerzen". Ein wunderbares Schicksal hatte das Erasmus-Bild der kleinen Kirche von Steinach an der alten Brennerstraße: als das Gotteshaus 1854 bis auf die Grundmauern niederbrannte, blieb nichts erhalten außer den drei Altarbildern, darunter das sogenannte „klassische Erasmus-bild" des berühmten Martin Knoller. Selbst in Bayern gibt den Ortsnamen St. Erasmus, und zwar für einen Ortsteil von Waldkraiburg. In der spätgotischen Erasmus-Kirche wurden 1985 uralte Fresken freigelegt.

Nicht nur die Schiffsleute verehren Erasmus als ihren Patron, sondern auch die Drechsler, gegen Unterleibsschmerzen wird er angerufen, gegen Krämpfe und Koliken. In Regensburg wurde Erasmus einst als Diözesanpatron verehrt. Und die Frankenthaler Bruderschaft betet: „Dein Herz bewohnte Gott, drum konnt es ihn nur lieben – hilf, daß auch wir uns stets in dieser Tugend üben".

*Ausschnitt aus einem Nothelfer-Altar in Mitterolang/Südtirol*

# Eustachius

*Einst bist du, Eustachius,
Gottes Huld begegnet,
der den schönen Hirsch erschuf
und die Schöpfung segnet.
Hilf uns die Natur verstehen,
in ihr die Spur des Schöpfers sehen.*

Eustachius, dessen griechischer Name „der Fruchtbare" bedeutet, wurde wohl schon in frühester Zeit verehrt, er gilt als der älteste Nothelfer. Als hochgeschätzter Patron der Jäger wurde er im späten Mittelalter vielerorts durch St. Hubertus abgelöst – die „Akademische Jägerschaft St. Eustachius" in Würzburg trägt aber noch heute stolz seinen Namen.

Nach der Legende war Eustachius, der ursprünglich Placidus hieß, unter Kaiser Trajan Offizier im römischen Heer, ehe er zum Befehlshaber einer Legion in Kleinasien befördert wurde und einen wichtigen Sieg über das persische Heer erringen konnte. Bei seinen Truppen wie bei den Bewohnern der besetzten Gebiete war er wegen seiner Gerechtigkeit, Mildtätigkeit und Hilfsbereitschaft hoch geachtet. Mit seiner Frau und zwei Söhnen lebte er reich begütert auf einem eigenen Hof und pflegte, so oft er konnte, das Jagdvergnügen.

Als er einmal einem gewaltigen Hirsch nachstellte, entkam ihm dieser immer wieder, bis er sich auf einem Felsplateau dem Jäger entgegenstellte. Placidus sah im Geweih des prächtigen Tieres ein Kreuz aufleuchten und hörte eine Stimme: „Placidus, warum verfolgst du mich, ich bin Christus, dem du unwissentlich dienst". Placidus kniet nieder und schließt die Augen – der Hirsch ist verschwunden. Gemeinsam mit seiner Frau Theopista und den Söhnen Agapitus und Theopistus läßt sich Placidus auf den Namen Eustachius taufen. Bald darauf erfährt er in einer Vision, daß ihm bald ein ähnliches Schicksal drohe wie einst dem Hiob. Eine Seuche löscht die Herden aus, das Gesinde erliegt einer Fieberepedemie, Hagel vernichtet die Ernte. Und schließlich brennt eine Räuberbande Haus und Hof nieder.

In Ägypten will die Familie einen neuen Anfang machen, Eustachius verdingt sich als Arbeiter auf einem Schiff, weil er die Fährkosten nicht bezahlen kann. Der Schiffsführer verliebt sich in Theopista und behält sie bei der Anlandung gewaltsam bei sich. Eustachius wandert landeinwärts, Tiere verschleppen die beiden Buben. Mit Gott hadernd verdingt sich Eustachius als Knecht und arbeitet 15 Jahre, ohne zu ahnen, daß seine Söhne von Hirten gerettet worden waren und seine Frau nach dem Tod des Schiffsführers in großer Armut in einer Hafenstadt lebt.

Als Rom wiederum von Feinden bedroht wird, entsinnt man sich des einst erfolgreichen Heerführers, holt ihn aus Ägypten zurück. Auf wundersame Weise findet nun die Familie wieder zusammen: die erwachsenen Söhne dienen im römischen Heer, werden bei einer alten Frau ins Quartier gewiesen und erkennen sich, als man sich gegenseitig die Lebensgeschichten erzählt, als Mutter und Söhne. Eustachius, der Feldhauptmann, wird gerufen und kann die Seinen in die Arme schließen. Unter Kaiser Hadrian erlebt er eine triumphale Heimkehr, weigert sich aber bei der Siegesfeier, den römischen Göttern zu opfern. Erzürnt läßt Hadrian Eustachius den wilden Tieren vorwerfen, als diese sich vor ihrem Opfer verneigen, wird die ganze Familie um das Jahr 120 in einem stierförmigen Eisenofen verbrannt.

Erste Kultbezeugungen sind in frühester Zeit im Orient verbürgt, seit dem vierten Jahrhundert ist Eustachius im Abendland bekannt, die römische Kirche nennt ihn im achten Jahrhundert. Nur wenige Kirchen, aber viele Altäre sind ihm gewidmet. Reliquien finden sich in San Eustachio in Rom und Saint Eustache in Paris. Berühmt sind die Darstellungen in den Glasfenstern von Chartres und Erfurt. Als das kostbarste Eustachiusbild darf aber wohl die Darstellung des Heiligen auf Albrecht Dürers Paumgartner-Altar gelten, eines der Prunkstücke der Alten Pinakothek in München.

# St. Georg

*Menschen leben, die gehaßt
und mißhandelt werden;
andren bringt der Armut Last
Mühsal und Beschwerden.
Ritter Georg, stark im Streit,
schafft den Unterdrückten
Gerechtigkeit.*

Sankt Georg, dessen Name von *geras* (heilig) und von *gyon* (Kampf) abgeleitet wird, ist eine historische Gestalt. Obwohl er schon 325 im Konzil von Nicäa anerkannt wurde, wird seine Existenz der vielen Legenden wegen heute gelegentlich angezweifelt. Georg stammt aus der östlichen Türkei, aus Kappadokien. Nach einer christlichen Erziehung wird er Offizier im römischen Heer, später Militärtribun in Palästina. Als ihn weder das Versprechen einer glänzenden Laufbahn noch Foltern vom Glauben abbringen, wurde er enthauptet, so nach einer Fassung der Vita Mitte des 3. Jahrhunderts unter Dazian, nach einer anderen, wahrscheinlicheren um 305 unter Diokletian. In Lydda, nahe Jaffa in Palästina, wurde das Georgs-Grab schon früh zur Kultstätte und 503 in einem Pilgerbuch erwähnt. Die im vierten Jahrhundert entstandene Basilika – wohl die erste im Orient – wurde allerdings um 1010 zerstört.

Von Ägypten, Äthiopien und Syrien aus – wo ebenfalls ein Georgs-Grab verehrt wird – breitete sich der Kult rasch aus. In der Ostkirche gilt Georg bereits um 324 als Großmartyrer und Siegbringer. Georgskirchen entstehen früh im ganzen römischen Reich. In einem Fresko in einem koptischen Kloster in Mittelägypten ist er als Krieger zu Fuß abgebildet. Im sechsten Jahrhundert entstehen Georgs-Kirchen in Jerusalem, in Rom, in Regensburg und Magdeburg. Die erste offizielle Erwähnung in der römischen Kirche datiert aus dem neunten Jahrhundert.

Die Merowingerkönige führen ihren Stammbaum auf Sankt Georg zurück. Kaiser Lothar zog sich 855 an seinem Lebensabend in die Eifel-Abtei Prüm zurück und nahm Teile des karolingischen Reliquienschatzes mit sich, darunter einen Arm des Heiligen. Zu einem ersten Höhepunkt in der Georgsverehrung kam es, als Bischof Hatto von Mainz 896 eine Kopfreliquie auf die Reichenau brachte. Vor allem aber wurde Georg während der Kreuzfahrerzeit in ganz Europa populär, nicht zuletzt durch Richard Löwenherz. Fast alle deutschen Ritter, die ins Heilige Land zogen, trugen eine Georgsdarstellung mit sich, als Medaille oder Amulett, auf die Innenseite ihres Schildes gemalt, oder als Siegesbanner. Von dieser Zeit an wird Georg als Reiter, als Ritter mit Rüstung, Schwert und Schild dargestellt.

Nach der Eroberung Konstantinopels wurde das Abendland förmlich mit Reliquien überschwemmt. Neben der Reichenau besitzt auch Prag bedeutende Georgs-Reliquien, in Blankenheim in der Eifel verehrt man ein Büstenreliquiar mit der Hirnschale Georgs, das noch Ende des 19. Jahrhunderts an jedem Festtag den Gläubigen gezeigt wurde. 1111 soll Graf Robert von Flandern einen Arm des Heiligen an ein Kloster seiner Heimat geschenkt haben, das Kloster Zwiefalten erhielt einen Anteil, ebenso König Stephan von Ungarn. 1109 stiftete Bischof Otto von Bamberg das Kloster Prüfening und widmete einen der vier Hochaltäre Sankt Georg. Bei der Weihe von St. Arnulf in Metz durch Papst Leo IX. anno 1054 wurden zwei Altäre nach Christophorus und Georg benannt und mit Reliquien bedacht.

Georg ist Titelheiliger zahlloser Kirchen weltweit, allein in England sind es 160. Die ältesten sind meist ritterliche Gründungen, wie etwa auf dem Georgsberg in Tirol, wo die bayerischen Herren von Aibling 1095 eine Einsiedlergenossenschaft stifteten. Kaiser Heinrich II. weihte den Ostchor des Bamberger Domes dem Martyrer, der orthodox-ökumenische Patriarch von Konstantinopel wählte seinen Amtssitz neben der Georgskirche. Mehrere deutsche Ritterorden wählten Georg zum Patron ihrer Kommenden. Als der Bayernherzog Wilhelm IV. von seinem Bruder, dem Kölner Erzbischof Ernst, im 16. Jahrhundert eine Georgs-Reliquie erhielt, nahm er den Heiligen zum Schutzpatron seiner Familie. Die Schatzkammer

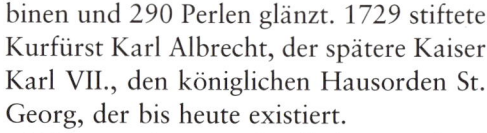

*Spätgotischer St. Georg als ritterlicher Drachentöter. Historisches Museum Mulhouse/Elsaß*

der bayerischen Residenz enthält dafür ein weltberühmtes Zeugnis, ein Alabasterpferd mit einem goldschimmernden Georg, der mit 2291 Diamanten, 406 Rubinen und 290 Perlen glänzt. 1729 stiftete Kurfürst Karl Albrecht, der spätere Kaiser Karl VII., den königlichen Hausorden St. Georg, der bis heute existiert.

Nicht weniger prunkvoll ehrte England St. Georg, der nach der Synode von Oxford 1222 Landespatron des Inselreiches wurde. 1348 gründete Eduard III. den Ritterorden St. Georg, die Georgskapelle in Windsor mit der Grabkrypta des britischen Herrscherhauses wurde 1475 begonnen, galt als Mittelpunkt des Hosenbandordens und ist noch heute eines der bedeutendsten Baudenkmäler der Insel.

Landespatron ist Georg auch von Schweden, Griechenland, Litauen, Rußland und Luxemburg, des Landgerichts Trient. Und auch die Pfadfinder benennen sich noch heute nach St. Georg.

Der Legenden sind viele. Christus soll Georg einen dreifachen Tod und die Wiedererweckung durch den Erzengel Michael vorausgesagt haben. Im Martyrium habe Georg dann die Vierteilung, das Rädern und ein Bad in siedendem Blei überlebt, ehe ihn das Henkerschwert traf. Zweimal soll er durch das Kreuzzeichen Gift in einem Weinbecher, den man ihm reichte, unschädlich gemacht haben. 1063 soll Georg den Normannen in einer Schlacht zum Sieg verholfen haben.

Am bekanntesten ist zweifellos die Drachenstich-Legende, die seit 1200 verbürgt ist. An einem See nahe Beirut kam immer wieder ein Drache ans Ufer und verpestete das Land mit seinem giftigen Atem. Täglich forderte das Untier zwei Schafe und ein Menschenopfer, das durch das Los bestimmt wurde. Als der König sich weigerte, seine eigene Tochter dem Drachen auszuliefern, stürmte das Volk den Palast, entführte das Mädchen und kettete es an einen Felsen am Ufer. Diese Königstochter wurde gelegentlich – wenn auch fälschlicherweise – mit der heiligen Margareta identifiziert. Als St. Georg den Drachen mit einem Lanzenstich tötet, Prinzessin und Volk also von der Gefahr befreit, lassen sich der König, seine Familie und 20 000 Untertanen taufen.

Georg ist Patron der Bauern, der Ritter, der Sattler, der Schmiede und vor allem der Pferde.

# Katharina

*Christus macht uns Menschen kund,
was wir noch nicht schauen;
jedem Wort aus seinem Mund
dürfen wir vertrauen.
Katharina, Jungfrau rein,
Laß uns für ihn begeistert sein.*

Katharina, die „allzeit Reine", soll um das Jahr 300 gelebt haben, so jedenfalls schreibt die im sechsten Jahrhundert im Orient entstandene Passio. Ihre Vita bleibt weitgehend legendär, vielleicht gerade deswegen haben sich davon so viele berühmte Maler und Bildschnitzer des Mittelalters zu ihren schönsten Werken inspirieren lassen.

Sie gilt als Tochter des ägyptischen Königs Costus von Alexandrien. Nach dem frühen Tod der Eltern soll die überragend schöne Frau alle Freier abgewiesen haben, keiner schien ihr vornehm genug. Ein Einsiedler machte die Prinzessin auf Christus, den Herrn der Welt, aufmerksam. Als sie daraufhin ihr luxuriöses Leben änderte, erschien ihr der Heiland in einer Vision und steckte ihr einen wundervollen Ring an die Hand, Symbol der mystischen Vermählung.

Beim Besuch eines römischen Kaisers in Ägypten – Maxentius wohl oder sein Vater Maximianus – wurde alles Volk zusammengerufen, um den Göttern zu opfern. Christen, die sich weigerten, wurden zum Tod verurteilt. Als Katharina in ihrem Palast davon hörte, eilte sie in die Arena und hielt dem Kaiser eine glühende Predigt. In einem Streitgespräch widerlegte sie die Argumente von fünfzig hochgelehrten heidnischen Philosophen so überzeugend, daß diese sich ebenfalls zu Christus bekannten. Sie endeten auf dem Scheiterhaufen. Ihrer Schönheit und ihres Rangs wegen will der Kaiser sie verschonen, wenn sie Christus abschwört, verspricht er ihr sogar die Kaiserkrone. Vergebens. So wird sie nackt mit Ruten geschlagen, in den Kerker geworfen, wo sie zwölf Tage ohne Nahrung bleibt.

Als der Kaiser kurzfristig Alexandria verläßt, besucht die mitleidige Kaiserin Faustina zusammen mit dem Obersten der Garde, Porphyrius, Katharina in ihrem Kerker. Strahlendes Licht erfüllt den Raum, Engel pflegen die Wunden der Leidenden. So glühend bekennt Katharina ihren Glauben, daß Porphyrius die Taufe erbittet. Nach seiner Rückkehr läßt der Kaiser ein mit Nägeln gespicktes Rad für die Hinrichtung vorbereiten, aber Engel zerbrechen das Marterinstrument. Die Kaiserin mischt sich ein, bekennt sich, ebenso wie Porphyrius, selbst zum Christentum. Nach entsprechender Marter werden beide zusammen mit Katharina enthauptet.

Engel tragen Katharinas Leichnam auf den Sinai, wo Kaiser Justinian 560 das Katharinenkloster erbauen läßt – noch heute das bedeutendste steinerne Zeugnis der frühen Katharinenverehrung. Um 800 sollen dort, so erzählt die Legende, ihre Gebeine gefunden worden sein. Die Reliquien wurden von Heinrich IV. von Konstantinopel nach Deutschland gebracht, kamen durch Herzog Friedrich von Schwaben im 12. Jahrhundert an Otto von Kappenberg, den Abt eines westfälischen Prämonstratenserklosters, das viel zur Verbreitung des Kultes beitrug. Bereits um das Jahr 1000 waren Reliquien nach Rouen gekommen, 1351 auch nach Braunschweig. Zum Welfenschatz gehörte ein Glasfläschchen, gefüllt mit Öl der heiligen Katharina aus ihrem Grab.

Die Katharinenverehrung ist im sechsten Jahrhundert bereits im Orient verbreitet. In den römischen Katakomben findet sich ein Fresko zu Ehren von S. Ecaterina. Im Münchner Passionale wird im achten Jahrhundert die *Passio Ecaterine virginis Dei* erwähnt, im 11. Jahrhundert wird ihre Verehrung in das römische Meßformular aufgenommen. Älteste Glasfenster mit ihrem Bildnis finden sich in St. Kunibert in Köln, in Heiligkreuzthal und im Münchner Liebfrauendom. Ihre Vita ist im vierten Saal der Vatikanischen Bibliothek abgebildet, ebenso in der Katharinenkapelle von San Clemente in Rom. Schon um 1420 findet sich ein Triptychon, auf dem die „drei heiligen Madl" – Barbara, Margareta und Katharina – gemeinsam dargestellt werden, im Wappen der niederbayerischen Wittelsbacher fin-

det sich seit 1527 das Bildnis Katharinas.

Kultzentren werden im 11. Jahrhundert Monte Cassino und St. Gallen. Weite Verbreitung fand die Verehrung vor allem in der Kreuzfahrerzeit, als die adligen Ritter die Königstocher als „würdige" Patronin verehrten. Im 15. Jahrhundert wurde sie in die Reihe der Nothelfer aufgenommen. Im Mittelalter wurde Katharina freilich nicht nur vom Adel und von der Ritterschaft zur Patronin gewählt, sondern auch von Barbieren, Scherenschleifern, Müllern, Bleigießern, Seilern und Buchdruckern, von Bauern ebenso wie von Intellektuellen. Zünfte vertrauten sich ihrer Fürsprache an, benannten Spitäler nach der Heiligen. Die Pariser Universität nahm sie zur Schutzfrau der Wissenschaften, Heidelberg, Tübingen und Wittenberg folgten ihrem Beispiel. Glocken und Bergwerke trugen ihren Namen und früh wurde sie – wie Barbara und Margareta – als Namenspatronin beliebt. In Honfleur in der Normandie ist die Kirche der Schiffer St. Katharina als Patronin gewidmet. Die früheste Darstellung der mystischen Vermählung der Heiligen mit Christus findet sich in der Chapelle St. Catherine in Montmorillon aus dem 12. Jahrhundert, wo auch Darstellungen der Disputation mit den Philosophen des Kaisers und Martyriumsszenen zu sehen sind.

In Frankreich spielt Katharina eine besondere Rolle, sie soll eine der „Stimmen" gewesen sein, die neben dem Erzengel Michael Johanna von Orléans leiteten und schützten. Nach ihrer Patronin nannten sich die Arbeiterinnen der Modebranche „Les Catharinettes".

*St. Marien in Gengenbach, hl. Katharina*

# Margareta

*Leben, das uns Gott geschenkt,*
*gilt es zu vermehren*
*und wenn Böses uns bedrängt,*
*der Versuchung wehren.*
*Wo's um Gottes Ehre geht,*
*zwing das Böse nieder, Margaret.*

Margareta heißt urschriftlich und noch heute im Orient Marina, die Perle. In den hohen Sommer fällt ihr Festtag, in die für die Ernte und das Gedeihen der Feldfrüchte so wichtige Zeit. Kein Wunder, daß die Bauern „der Wetterfrau", ihrem Patronat und der Witterung um diese so gewitterträchtige Zeit hohe Bedeutung beimessen.

Trotz der vielen Legenden, die ihr Leben umranken, ist die Vita durchaus greifbar. Ihre Heimat war Pisidien im südwestlichen Anatolien. Ihr Vater Adesius war Heide, er soll sogar Götzenpriester gewesen sein. Die Amme aber, die das Mädchen erzog, war Christin und konnte Margareta zum Glauben und zur Taufe führen. Wütend jagte der Vater, als er davon erfuhr, das Mädchen aus dem Haus. Um ihren Lebensunterhalt zu sichern, war sie gezwungen, Schweine zu hüten, nach einer anderen Legende waren es Schafe.

Ihres Glaubens wegen wurde Margareta bei Olibrius, dem Statthalter des Kaisers Diokletian, angezeigt. Der nahm das Mädchen in Augenschein und war von ihrer Schönheit und ihrer Anmut so bezaubert, daß er die Anklage vergaß und das Mädchen zur Frau begehrte. Margareta aber lehnte seinen Antrag ebenso ab wie die Aufforderung, ihrem Glauben zu entsagen. Als Olibrius sie weder mit Schmeicheleien noch mit Drohungen überzeugen konnte, verurteilte er das Mädchen zu grausamer Folter. Sie wurde gegeißelt, ihr Leib mit Nägeln zerfleischt. Im Kerker erscheint ihr der Satan in Gestalt eines Drachens, der sie zu verschlingen droht. Sie überwindet das Untier, das seine giftige Zunge bereits um ihre Beine geschlungen hatte, mit dem Kreuzzeichen und stellt ihren Fuß auf seinen Kopf, während wunderbares Licht den Raum erfüllt.

Die himmlische Heilung ihrer Wunden wird Margareta als Spuk und Zauberei angelastet, für die sie wiederum gefoltert wird. Sie wird auf glühende Eisenplatten geworfen und mit glühenden Holzscheiten bedeckt. Ein Faß, mit dem sie ins Wasser gerollt werden soll, zerspringt bei einem Erdbeben. Schließlich stirbt sie 307 unter dem Schwert des Henkers.

Margareta wird oft als weibliches Gegenstück zu St. Georg betrachtet, in manchen Legenden und auf manchen Bildern (wie auf dem Altarblatt des Ulrich Loth im Münchner Liebfrauendom) sogar als jene Königstochter identifiziert, die Georg vor dem Drachen rettete. Eine Deutung, die freilich jeder Grundlage entbehrt.

Verehrung und Legenden sind seit dem 11. Jahrhundert populär, nachdem Bischof Alphanus von Salerno ihr Lob in Versen beschrieb, das Lesen oder Weitererzählen mit Ablässen versehen hatte. Von dieser Zeit an datiert auch die Anerkennung in der abendländischen Kirche, im Orient reicht sie freilich viel weiter zurück, an der Hinrichtungsstätte bei Antiochia existierte schon früh eine Kirche. In Montefiascone bei Bolsena wird sie vor allem im Dom verehrt. Den Kult als Bauern- und Erntepatronin verbreiteten speziell die Zisterzienser, die mit ihren Rodungen weite Gebiete im deutschsprachigen Raum, auch im Osten, erschlossen und durch entsprechend gute Ernten der von ihnen abhängigen Bauern Mehrung ihrer Klostergüter erwarteten.

Am Margaretenberg bei Altötting existiert seit 1406 eine bis heute blühende Wallfahrt. Nach 1445 kam auch in der damals schon 100jährigen Klausenkapelle in Königsbach, einem Stadtteil von Neustadt an der Weinstraße, eine Wallfahrt zustande. Sie kam zwar während der Französischen Revolution zum Erliegen, lebte aber nach 1846 wieder auf. Margaretenkirchen gibt es weltweit in großer Zahl, vor allem genießt sie im Alpenraum große Verehrung, die sehr gebräuchliche Namensgebung macht dies bis heute deutlich – wie auch bei Barbara und Katharina. Novizinnen gab und gibt man gerne diesen Namen in der Hoffnung, die Namenspatronin möge sie „vor Anfechtungen" bewahren. Vertraut ist der Name nicht zuletzt durch die Märchenfiguren Hänsel und Gretel, und vielleicht gab Goethe ganz bewußt dem von Verführungskünsten bedrohten Mädchen in seinem „Faust" den Namen Gretchen. Eine englische Königin namens Margaret wird unter die Heiligen des Landes gerechnet, unvergessen für die skandinavischen Länder ist jene Königin Margaret von Norwegen, der es gelang, Dänemark, Schweden und Norwegen zu einen.

Neben ihrer Eigenschaft als „Wetterfrau" wird Margareta vor allem in Geburtsnöten angerufen, gelegentlich opfern Schwangere ihr Votivkerzen mit ihrem eigenen Leibesumfang, um eine glückliche Entbindung zu erbittten. Der gefesselte Drache ist Margaretas bekanntestes Attribut, sie – deren Perlenkrone die Reinheit symbolisiert – gilt als „Grundmuster einer Frau", die den Schlüssel zur Überwindung des Bösen fand, indem sie den Feind nicht tötete, sondern zähmte.

*Die Vierzehn Nothelfer von Nikolaus Schit, um 1500; Städelsches Kunstinstitut Frankfurt*

# Pantaleon

*Deine Hand war stets bereit
Menschennot zu mindern,
dein Herz, das suchte allezeit
Seelenleid zu lindern.
Laß, Pantaleon, uns nicht ruhn
mit Herz und Händen Gutes tun.*

Pantaleon wurde gegen Ende des dritten Jahrhunderts in Nikodemien als Sohn des reichen Heiden Eustargius geboren, seine Mutter Eubula war Christin und vermittelte dem Kind erste Glaubensansätze. Nach Eubulas frühem Tod ließ der Vater dem begabten Knaben eine sorgfältige, aber heidnische Erziehung zukommen. Der berühmte Arzt Euphrosinus wurde sein Lehrer, Pantaleon machte in der Heilkunst rasch große Fortschritte, sein Ruf drang bis an den Hof des Kaisers Galerius Maximianus.

Auf dem Weg zu Euphrosinus kam Pantaleon täglich an der Unterkunft des greisen Priesters Hermolaus vorbei, der sich der Christenverfolgungen wegen verborgen hielt. Hermolaus machte den jungen Pantaleon mit der christlichen Lehre vertraut und sagte ihm, durch die gläubige Anrufung Christi würde er alle Krankheiten heilen können. Die Lehren des Herrmolaus gefielen Pantaleon. Als er eines Tages am Wegrand ein Kind fand, das von einer Natter getötet worden war, betete er um die Wiederbelebung des Kindes und das Wunder geschah. Pantaleon ließ sich taufen und versuchte nun, seinen Vater zu bekehren. Dies gelang freilich erst, als Pantaleon einen Blinden heilen konnte.

Nach dem Tod des Vaters verteilte Pantaleon die ererbten Reichtümer an die Armen. Man brachte die Kranken der ganzen Gegend zu Pantaleon, der ungewöhnliche Heilerfolge erzielte. Neidische, dem Aesculap verpflichtete Kollegen zeigten ihn bei Kaiser Maximianus an und benannten den geheilten Blinden als Zeugen. Der bekannte seinen neuen Glauben so glühend, daß er auf der Stelle hingerichtet wurde. Auch Pantaleon wurde vor den Kaiser gerufen, der ihn mit allerlei Versprechungen zum Abfall bewegen wollte. Pantaleon empfahl daraufhin, die Götzendiener sollten einen Kranken holen, den sie nicht hatten heilen können. Sie sollten ihre Götter anrufen, er wolle zu Christus beten. Der Geheilte und viele Zeugen bekehrten sich auf der Stelle, was den wütenden Kaiser veranlaßte, Pantaleon foltern, seinen Leib zerreissen und mit Fackeln brennen zu lassen.

Christus erscheint dem Gemarterten in Gestalt des Hermolaus, die Peiniger erschrecken so, daß sie von ihrem Opfer ablassen. Nun soll der Heilige in glühendem Blei sterben, fühlt sich aber wie in einem kühlen Bad. Der Versuch, ihn zu ertränken, scheitert ebenfalls und ein Rudel wilder Tiere zeigt sich zahm. Vom Rad, auf das er geflochten wird, lösen sich seine Fesseln. Bei jedem dieser Wunder vergrößert sich die Schar der Bekehrten, aber auch die Wut des Kaisers. An einen wilden Ölbaum gebunden erwartet der Heilige nun das Schwert des Henkers, dabei hörten er und alle Anwesenden eine Stimme: „Du sollst nicht mehr Pantaleon heißen, sondern Pantalemon, der Allerbarmende, denn durch dich werden viele Barmherzigkeit erfahren". Als die Flammen des Scheiterhaufens den Leichnam nicht zerstörten, konnte er in einem christlichen Haus bestattet werden.

Früh schon wurde Pantaleon verehrt. Ende des vierten Jahrhunderts werden in Rom, Rovello, Venedig, Lucca, Neapel Lyon und Köln Kapellen oder Kirchen nach ihm benannt. Die Ostkirche zählt ihn zu den Großmartyrern und wichtigsten der „12 Anagyroi", den selbstlos Helfenden. Mitte des zehnten Jahrhunderts gründet Erzbischof Bruno „vor den Toren Kölns", wo bereits ein Kirchlein stand, das Benediktinerkloster St. Pantaleon. Heute ist das romanische Gotteshaus eine der bedeutendsten Kirchen Kölns, ein Sinnbild des himmlischen Jerusalems, das von Theophanu, der aus Byzanz stammenden Gemahlin Kaiser Ottos II., in byzantinischem Stil ausgeschmückt wurde. Köln nahm den Heiligen auch zu einem seiner Stadtpatrone, die medizinische Fakultät hat sein Bild noch heute im Siegel. Im zwölften Jahrhundert ehrt die Benediktinerabtei Pantaleon mit einer großformatigen Darstellung in ihrer berühmten Evangelien-Handschrift, begleitet von dem Rahmenvers „Weil dieser Soldat Christus im Tode gleich geworden ist, gewährte ihm dieser als Recht die Teilhabe an seinem ewigen Reich".

Das burgundische Städtchen Autin hat Pantaleon nicht nur eine Kirche gewidmet, sondern gleich ein ganzes Stadtviertel nach ihm benannt.

Erzbischof Gero hatte 971 Pantaleons-Reliquien von Konstantinopel nach Köln gebracht, die Abtei bekam 1208 den Schädel, den Ritter Heinrich von Ulmen in Konstantinopel erbeutet hatte. Dieses Haupt wird vor 1445 auch im Reliquienverzeichnis des Klosters Langheim erwähnt. Allein im Bistum Köln gibt es heute sieben Pantaleons-Kirchen. Auf dem Berg Athos widmeten Mönche im 11. Jahrhundert ihr Kloster dem Heiligen, in Rom findet sich an der Piazza St. Pantaleon eine ihm geweihte Kirche. Auch eines der zwölf Klöster auf den Hügeln rund um Skopje, vielleicht das schönste, ist ihm geweiht, das Pantelimon.

In Frankreich, in Österreich und Bayern ist er als Kirchenpatron weit verbreitet.

Im elsässischen Gueberschwir ist der „Panteles-Brunnen" vor der romanischen Pantaleonskirche noch immer Mittelpunkt des reizvollen Winzerstädtchens.

Berühmt und bis heute lebendig ist die Wallfahrt in Rotweil am Kaiserstuhl, wo eine kunsthistorisch bedeutsame Kirche, das „Pentlis-Kapellein", im Altarschrein eine große Reliquie enthält, sein Skelett. Von Rotweil sind auch mehrere ungewöhnliche Krankenheilungen verbürgt. Lebendige Pantaleons-Verehrung findet sich auch in Unkel am Rhein, wo es nicht nur eine Weinstube „Zu den 14 Nothelfern" gibt, sondern vor allem eine an Kunstschätzen reiche gotische Pantaleonskirche, die romanische Wurzeln hat. Besonders der aus der Mitte des 15. Jahrhunderts stammende Pantaleons-Schrein, die barocken Nothelfer-Figuren und der spätromanische Taufstein gelten als kunsthistorische Kostbarkeiten.

Pantaleon ist Helfer gegen Kopfschmerzen, Schutzpatron der Ärzte und der Ammen, weil aus seinen Wunden Milch statt Blut geflossen sein soll.

*St. Margareta, Schlußstein im Gewölbe in Rorschach*

# St. Vitus

*Furchtbar ist der Flammen Wut,*
*wo sie schaden können;*
*heiß ist der Begierde Glut,*
*die im Herzen brennen.*
*Dich hat Hitze rings umloht,*
*hilf uns, Veit, in Feuersnot.*

Vitus, vielfach nur Veit genannt, ist der jüngste unter den Nothelfern, nur zwölf Jahre soll das Kind bei seiner Hinrichtung gewesen sein. Das früheste Zeugnis über ihn gibt das um 450 entstandene Martyrologium Hieronymianum aus Sizilien. Dort war vermutlich auch die Heimat des Vitus, in Marrara. Nach der Legende soll der Sohn vornehmer Eltern von dem christlichen Ehepaar Modestus und Crescentia erzogen und getauft worden sein, was der heidnische Vater, Senator der Stadt, trotz seiner Wut nicht rückgängig machen konnte. Als alle Schikanen, mit denen er versuchte, seinen Sohn zum Abfall vom christlichen Glauben zu bewegen, fruchtlos blieben, zeigte er das Kind beim Statthalter an. Als dessen Knechte ihn auspeitschen wollten, erstarrten ihre Arme. Vitus riet ihnen, zu Christus um Heilung zu beten, wenn ihre Götter nicht helfen könnten.

Obwohl Vitus den Sohn des Kaisers Diokletian von Besessenheit geheilt hatte, ließ der römische Christenhasser den Knaben in den Kerker werfen, der nachts in blendendem Licht erstrahlte. Einem mit siedendem Öl oder Pech gefüllten Kessel, in dem er den Tod finden sollte, entstieg Vitus unversehrt. Während weiterer Mißhandlungen wurde die Gegend von Erdstößen erschüttert, ein Götzentempel zerstört. Als auch das Kaiserbild stürzt, flieht Diokletian, von Schrecken erfüllt. Vitus stirbt um 304 in den Armen eines Engels. Dieser Engel soll Modestus und Crescentia auch zur Flucht nach Süditalien geraten haben, von wo aus die Vitus-Verehrungt bald Verbreitung findet. Aus dem zwölften Jahrhundert existiert aus Venedig eine Elfenbeinplatte, vermutlich vom Einband eines Evangeliars, die neben Stephanus und Cassian den jungen Vitus mit seinem Ziehvater Modestus zeigt.

836 werden die Gebeine des Vitus von St. Denis in die westfälische Abtei Corvey übertragen, das sächsische Stammeskloster. Ein Jahrhundert später vermerkt der Geschichtsschreiber Widukind begeistert, daß mit der Translation der Reliquien Macht und Herrschaft von den Franken auf die Sachsen übergegangen seien. Vitus wurde Patron der sächsischen Kaiser, König Heinrich I. trug auf seinen Feldzügen stets eine Reliquie mit sich und begründete durch die Schenkung eines Armknochens den Kult in Böhmen. Durch Kaiserin Gisela kam die Verehrung von 1043 an nach Württemberg. 1335 brachte Karl IV. die Kopfreliquie nach Prag, wo der grandiose Veitsdom mit dem Reliquien-Sakophargh noch heute Zeugnis für die große und ungebrochene Verehrung für den Nationalheiligen gibt.

In unseren Landen sind mehr als 1000 Kirchen und Kapellen dem Heiligen gewidmet, die bedeutendsten in Braunschweig, Hildesheim und Nürnberg. Als 992 in Anwesenheit Kaiser Ottos II. der Dom zu Halberstadt geweiht wird, widmet man die Seitenaltäre den Heiligen Vitus, Cyriakus, Dionysius und Justin. In Stockheim wird 1375 die Vituskirche zur Pfarrei erhoben, schon im 13. Jahrhundert wird Vitus den Nothelfern zugeordnet. Auch die 1441 wiederhergstellte Bamberger Karmelitenkirche erhält einen Nothelfer-Altar, schließlich ist Vitus ja Patron der Dompfarrei. Stark verbreitet ist die Verehrung im Bistum Fulda. In Mönchengladbach ist St. Vitus Stadtpatron, sein Bildnis im Stadtwappen ist von 14 Sternen umgeben, dem Symbol der Nothelfer. Das verfallene Vituskloster Brenkhausen im Höxter Land wurde in jüngster Zeit nach alten Plänen rekonstruiert und von koptischen Mönchen zu einem ökumenischen Zentrum ausgebaut.

Vitus hat neben dem Pechkessel aus der Martyriumslegende einen Hahn oder Adler als Attribut. Dies geht wohl auf böhmisch-slawische Einflüsse zurück, wo Federvieh als Opfergabe nicht ungewöhnlich war. In der liturgischen Tradition gilt das Tier aber als „Tagverkünder", als Mahner zur Wachsamkeit gegenüber dem Bösen.

Mehr als 30 Patronate werden auf Vitus bezogen: vor Blitzschlag, Feuersnot und Tollwut soll er schützen, bei Unfruchtbarkeit Abhilfe schaffen und ledigen Mädchen zu einem Bräutigam verhelfen. Vor allem aber von Bettnässern und Epileptikern wurde er um Heilung angerufen. Epilepsie, der „Veitstanz", als Erbkrankheit angesehen, galt im Mittelalter als unheilbar und war deswegen besonders gefürchtet.

In Südtirol gilt Vitus als Begleiter in der Todesstunde. Auf einem alten Fresko in der Friedhofskapelle St. Georgen bei Bruneck dienen die Nothelfer als Fürbitter für einen guten Tod. Auf dem Altarbild von 1525 trägt Vitus, wie auch auf einem Fresko in der Burgkapelle in Bruck bei Lienz – die Allerseelenlampe: „das ewige Licht leuchte ihnen."

*„Die drei heiligen Madeln" aus einer anonymen Nothelfer-Darstellung, Diözesanmuseum Breslau*

# Suche nach verborgenen Schätzen

Schriftliche Zeugnisse aus dem frühen Mittelalter sind nicht immer unumstritten. Abgesehen von möglichen Fälschungen kann es aufgrund der schlechten Erhaltung von Dokumenten oder von Fehlstellen zu Jahreszahlen oder Namensangaben kommen, die einer späteren Forschung nicht standhalten. Und doch ist vieles geblieben, was uns hilft, die frühe Nothelfer-Verehrung im deutschsprachigen Raum nachzuweisen, beispielsweise in Süddeutschland oder in der Donaumonarchie, wo der Kult einzelner Heiliger aus der uns heute vertrauten „Regensburger Reihe" oder auch einer Gruppe verschiedener Patrone spätestens aus dem 14. Jahrhundert bekannt ist. Die endgültige Festlegung der Gruppe der Vierzehn Nothelfer erfolgt ja erst im 15. Jahrhundert in den Diözesen Bamberg, Würzburg und Regensburg. Dann verbreitet sich der Kult rasch im deutschsprachigen Raum, in Südtirol, in Österreich, in der Schweiz, in Ungarn, in Dänemark und Schweden.

Schon aus dem Jahr 1012 ist von der Domweihe zu Regensburg ein Einblattdruck erhalten, der von deponierten Reliquien berichtet und von Altären, die verschiedenen Heiligen gewidmet wurden: Dionysius, Vitus, Georg, Margareta, Pantaleon, Blasius, Cyriakus und Christophorus – also acht von den späteren vierzehn.

1284 wird für den Nothelfer-Altar der Frauenkirche in Krems ein Ablaßbrief erwähnt, den ein Bischof Konrad von Passau verfaßt haben soll. Für die Existenz dieses Bischofs freilich gibt es bis heute keinen sicheren Nachweis. Und der Vermerk dürfte wohl auch nicht haltbar sein.

Ende des 13. Jahrhunderts entsteht im süddeutschen Raum, wohl in Nürnberg, ein „Verspassional", rund 100 Jahre später die Prosafassung dazu – eine deutschsprachige Heiligenlegende, die über Jahrhunderte weit verbreitet war. Sie ist übrigens nicht identisch mit der im gleichen Zeitraum entstandenen *Legenda aurea* des Jacob Voragine. Genannt werden eine Reihe von „Nothelfern" mit ihren Patronaten. Aus der späteren Reihe ist allerdings nur einer vorhanden: „Den heiligen pischof und den wirdigen martrer Sanct Erasme gern ern wan er ist der vierzehen nothelfer ainer ..."

Aus der zweiten Hälfte des 13. Jahrhunderts werden auch in den *Sermones ad status*, also den Sammlungen von Standespredigten des Bruders Bertold aus Regensburg, einige Heilige aus der späteren Reihe genannt. Leider sind die mittelalterlichen Predigt-Überlieferungen noch wenig erforscht. Mancher Hinweis könnte zu entdecken sein.

Zu Beginn des 14. Jahrhunderts nennt ein Gedicht aus dem Kloster Windberg vierzehn Nothelfer, freilich auch noch nicht die vertraute Normalreihe. 1348

*St. Cyriakus, Fresko, wohl 12. Jh., Silenen/Kanton Uri*

*St. Georg, Fresko, wohl 12. Jh., Silenen/Uri*

*Seite 43: Mystische Vermählung der hl. Katharina, Flügelaltar aus der Werkstatt Michael Wolgemut 1485–1490, Nürnberg, St. Lorenz*

wird (laut Heinrich Weber) in der Chronik der ältesten Münchner Pfarrkirche St. Peter ein Ewig-Licht-Opfer samt der nötigen Kerzen zu den heiligen Nothelfern erwähnt; welche Heiligen gemeint sind, ist unklar. 1382 gibt es Weiheurkunden für einen Nothelfer-Altar in Lauf, 1384 in Auerbach, 1400 für das Heilig-Geist-Spital zu Nürnberg, 1401 stiftet Gottschalk von Buchenau mit seiner Frau Irmela eine wöchentliche Messe zu den Nothelfern in Vacha.

Um 1408 wird eine Handschrift des Jakobus von Voragine in der Bayerischen Staatsbibliothek datiert, der Clm 26 926, in der eine Vierzehner-Gruppe genannt wird. In den möglicherweise auch älteren „Traktat über die christlichen Tugenden und die Würde des Priesters" des Regensburger Pfarrers Sighard Accalarius (Clm 23 435), ist ziemlich zusammenhanglos ein Gebet mit den vertrauten Nothelfer-Namen eingefügt: *Georius, Blasius, Erasmus, Pantaleonque, Vitus, Christopherus, Dionysius, Cyriacus, Achatius magnus, Eustachius, Egidiusque cum Margareta cum Barbara cum Katharina.* Das Wort *magnus* ist hier als Adjektiv zu verstehen und kein Hinweis auf die spätere Beifügung des hl. Magnus als Nothelfer im Raum Füssen-Augsburg. Georius statt Georgius kann als Schreib- oder Lesefehler gewertet werden.

1426 wird in der Pfarrkirche St. Veit zu Wunsiedel, wo seit 1404 ein Nothelfer-Altar existiert haben soll und die Verbindung zu den Zisterziensern von Waldsassen sehr eng war, eine Messe gestiftet: zu Ehren der Dreifaltigkeit, der Gottesmutter und der „vierzehn besonders privilegierten Martyrer" – *quatordecim martirum specialiter.*

Für 1441 ist die Nothelfer-Verehrung in der Bamberger Karmeliterkirche bezeugt, 1442 stellt der Würzburger Weihbischof Hermann für das mit Langheim verbundene Zisterzienserinnen-Kloster Sonnefeld einen Ablaßbrief aus, in dem neben diversen Heiligen Christophorus und Pantaleon erwähnt werden; 1450 wird in Großglogau ein Nothelfer-Meßformular aufgelegt.

1464 ist der Indulgenzbrief des Bischofs von Naumburg für das zweite Vierzehnheiligen in Thüringen datiert. 1480 erscheint in Veßra der Privatdruck einer Bruderschaft zu Ehren der Vierzehn Nothelfer und des heiligen Christophorus.

Das Bamberger Missale von 1490 kennt bereits die Normalreihe der Nothelfer. Das Missale der Diözese Utrecht von 1514 nennt „fünf heilige Privilegiert": Dionysius, Georg, Blasius, Christophorus und Ägidius. In wunderschönen Holzschnitten zeigt das Missale Dertusense von 1524 aus Barcelona schon im Titelblatt neben der Madonna eine kniende Agnes und St. Katharina, dazu einige Nothelfer-Miniaturen.

In der Sprichwörtersammlung des Johannes Agricola von 1529 ist zu lesen: „San Anthonius ist gerechnet worden under die vierzehen nothelffer wie auch Sant Veit und Margaretha".

Was aber ist mit einem schriftlichen Beleg über die Visionen des Langheimer Schäfers Hermann Leicht? Als älteste Überlieferung gilt die verschollene Beschreibung von 1519, die unter dem Titel „Histori vnd vrsprung" 1596 von Johannes Cyaneus Sylvanus neu herausgegeben wurde, gedruckt in Bamberg von Antonius Horitz. Und die älteste bildliche Darstellung dieses Ereignisses findet sich auf dem sogenannten Konhofer-Fenster der Nürnberger Lorenzkirche, das Meister Wolgemut 1476 begonnen hat.

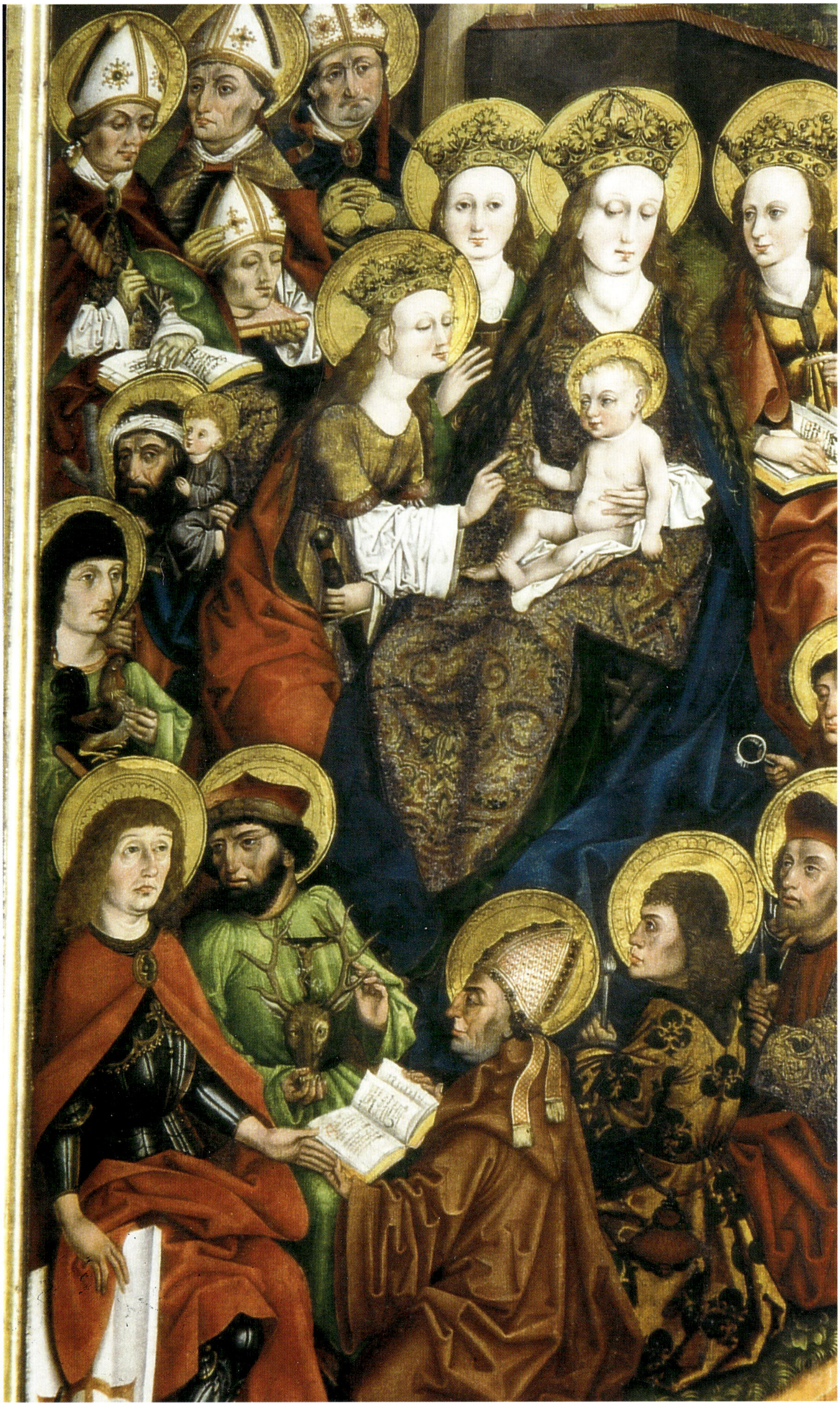

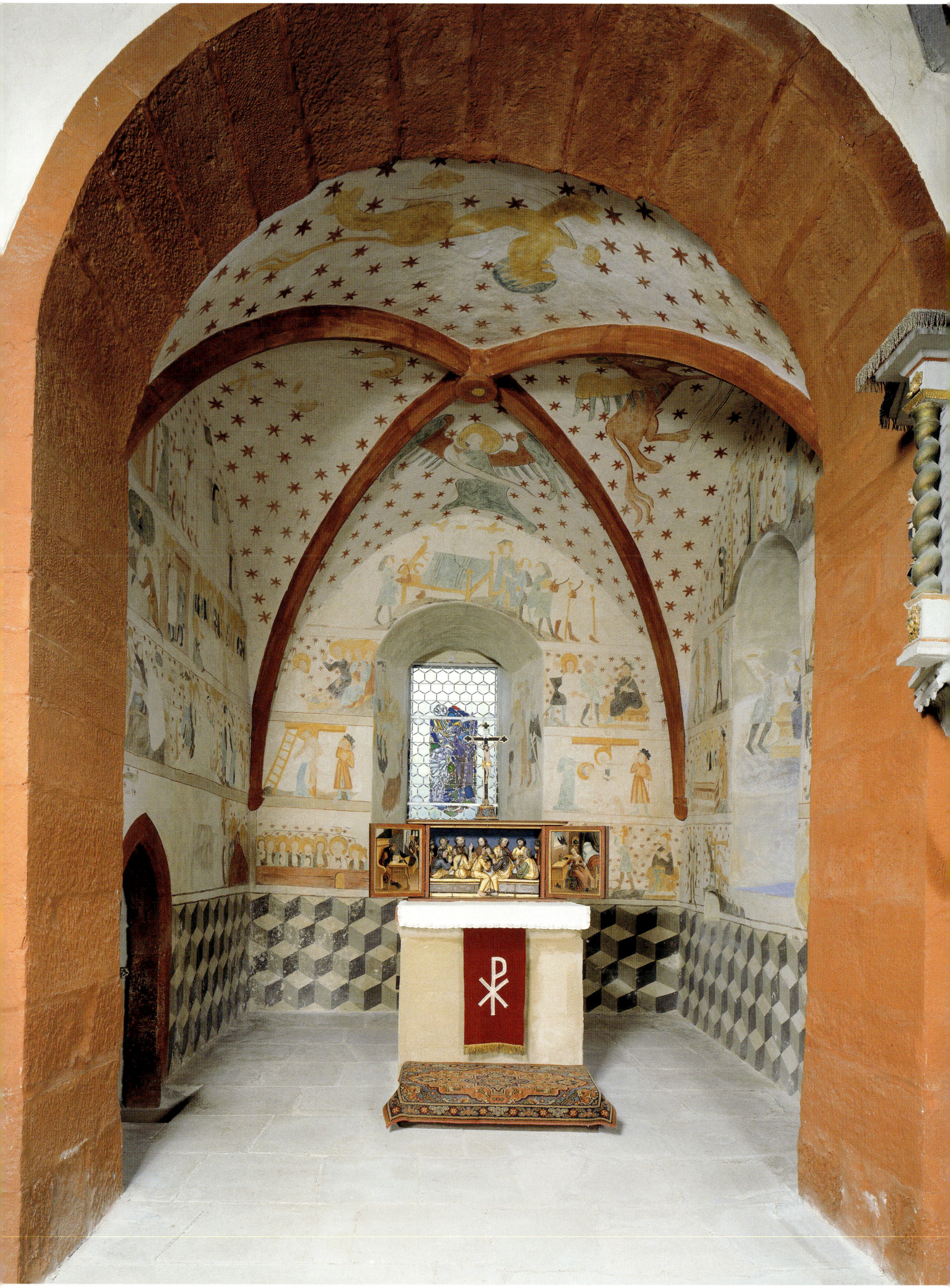

# Ein Baum, tief verwurzelt und weit verzweigt

Zahlreicher als schriftliche Dokumente sind uns aus der Frühzeit der Nothelfer-Verehrung Bildzeugnisse erhalten: Fresken, Wandbilder, Altäre und Glasfenster. Und sie beweisen, daß Regensburg und Bamberg nicht als alleinige Wurzeln der Nothelfer-Verehrung gelten müssen. So wie ein „schattenspendender Baum" seine Äste weit ausbreitet, um alle unter sich zu sammeln, die des Trostes bedürfen, so hat dieser „Nothelfer-Baum" auch in mancherlei Gegenden Wurzeln geschlagen. Und wenn noch erst so manche evangelische Kirche in den östlichen Bundesländern bei einer sachgemäßen Restaurierung von alten Übertünchungen befreit ist, darf man sich wohl noch auf Überraschungen gefaßt machen.

Geht man auf die Anfänge zurück, so wäre da wohl die Doppel-Oktogon-Kapelle St. Achatius in Grünfeldhausen zu nennen, die 1180 erbaut wurde, oder eine Nothelfer-Glocke von 1100 in Steigerthal. Im Nürnberger Umland hat die berühmte Kapelle von Altenfurt, ein um 1140 entstandener Rundbau, ein Katharinen-Patrozinium. Seckendorfs ehemalige Burgkapelle aus der Zeit um 1300 hat die frühesten Nothelfer-Darstellungen im westlichen Mittelfranken, um 1460 entstanden. Haßlach im Landkreis Kronach gilt als eine der ältesten, vielleicht als die älteste Verehrungsstätte der Nothelfer im deutschsprachigen Raum. An einem Herbstabend im Jahr 1121 sollen einem Hüterbuben die Nothelfer erschienen sein, wie später in Frankenthal als Kinder um das Christuskind geschart. Zumindest die Jahreszahl dieser Gründungslegende wird freilich nicht allgemein anerkannt, immerhin genehmigte der Bamberger Bischof Otto den Bau einer Kapelle „Zu Ehren der Königin der Martyrer und der Vierzehn Heiligen Nothelfer", die er 1124 selbst einweihte.

Im schweizerischen „Dörfli" Obersilenen datiert man die Nothelfer-Verehrung, die beim Neubau der Kirche 1662 als Patrozinium übernommen wurde, in ihren Anfängen auf das 12. Jahrhundert, spätestens aber auf 1284. Die Formulierung „Nothelfer" ist ja schon im 12. Jahrhundert verbreitet – wenn in den Nöten der Zeit natürlich vor allem lokale Patrone als Helfer angerufen, vertraute Namen zueinander gruppiert wurden. Die uns als sogenannte „Regensburger Normalreihe" vertraute Gruppierung manifestierte sich erst im 15. Jahrhundert.

Neben Krems (1284), was mit einem Fragezeichen zu versehen ist, wäre Sedlec bei Kottenberg in Böhmen zu nennen, das 1142 von Waldsassen aus von den Zisterziensermönchen gegründete Kloster, das Nothelfer-Fresken aufweisen kann und die „XIV" im Wappen trägt. In Süßenborn nahe Weimar wird 1265 eine Nothelfer-Kirche erwähnt, im gotischen Turm der Vitus-Kapelle in Kottingwörth im Raum Altötting finden sich um 1300 entstandene Fresken, die neben anderen die Heiligen Vitus, Georg und Erasmus zeigen. Die Spitalkirche zu den heiligen Nothelfern in Hof soll 1264 erbaut worden sein, spätestens 1284. Um 1310 erhält die Basilika des 1227 erbauten Klosters Heiligkreuztal seine Maßwerkfenster mit einer zauberhaften Darstellung der heiligen Katharina und Margareta, dazu kamen die überlebensgroßen Fresken der heiligen Barbara und des heiligen Christophorus an den Seitenwänden des Chores. In Altenstadt im bayerischen Pfaffenwinkel wurde jüngst ein Christophorus-Fresko freigelegt, das noch nicht genau datiert ist, in seiner Malweise allerdings eine Entstehung spätestens im 13. Jahrhundert nahelegt.

1310 – damit kämen wir endlich in Regensburg an, jener alten, reichen und reichsfreien Handelsstadt, die intensive Handelsbeziehungen zu Venedig, Prag, Wien und Budapest unterhielt, zu Südosteuropa also, wo viele der Nothelfer längst im Volksglauben verwurzelt waren. 1310, vielleicht auch 1304, sollen die Glasfenster entstanden sein, die dann 1360 in den Dom eingebaut und bei der Versetzung in den Obergaden auf „siebzehn Heilige" erweitert wurden, unter ihnen Oswald und Leonhard.

1320 erhielt die Regensburger Minoritenkirche ihre Nothelfer-Fresken, ebenso – vielleicht aber auch erst 1331 – die Dominikanerkirche der alten Domstadt. Zehn Heilige, nur fragmentarisch erhalten, sind da um die Gottesmutter gruppiert, Zu erkennen sind noch drei Bischöfe, drei Ritter, drei Jungfrauen und St.

*Evangelische Landkirche St. Oswald, Zeilfeld/Thüringen. Die Fresken wurden in den 80er Jahren noch während der DDR-Zeit freigelegt*

*Erscheinung der Vierzehn
Nothelfer als Kinder;
Deckengemälde von Tobias
Gerhardt, 1735, in Hoflach-
Stadt Teuschnitz*

Christophorus. 1335 entstand ein weiteres Fenster für den Dom. Regensburg bleibt auch weiterhin wichtig für die Verbreitung des Kults: 1426 bestätigt der Regensburger Bischof für die Vitus-Kirche in Wunsiedel eine Frühmesse zu Ehren der *quatuordecim martirum specialiter privilegatorum*.

In Reichstädt-Dippoldiswalde in Sachsen soll es 1320 schon eine Wallfahrt zu den „vierzehen Nothelffern" gegeben haben. Die Zusammensetzung der Reihe bedarf freilich noch genauer Erforschung. Dank der Opfer vieler Pilger sei in der Kirche „solche Pracht gewesen, wie kaum in einer anderen Kapelle". Dazu gehörten versilberte Nothelfer-Figuren an den Wänden. Auch die Wallfahrt Sackenried bei Wettzell geht auf das 14. Jahrhundert zurück.

Schon 1012 werden bei der Weihe des Bamberger Domes vier Altäre einzelnen Nothelfern gewidmet: Dionysius, Vitus, Georg und Blasius. 1341 bekommt die Kirche der Frauenbrüder in der Bamberger Au einen Nothelfer-Altar. Um 1400 entstehen die erst 1935 entdeckten Fresken in der Dominikanerkirche, von denen noch sechs Heilige erkennbar sind. Vermutlich waren es zu Anfang aber vierzehn oder mehr. 1441 weiht Bischof Antonius von Rotenhan in der Karmeliter-Kirche fünf Altäre den *viti et allorum quatuordecim sanctorum qui vulgari sermone Nothelfer appelari consuerverunt*. Für 1490 ist für das Bamberger Missale ein eigenes Meßformular zu den Nothelfern belegt. Die Rosenkranz-Tafel mit den Nothelfer-Darstellungen stammt von 1515 und in der Oberen Pfarre ist für das Jahr 1500 die Christophorus-Darstellung verbürgt.

Nicht vergessen sei für den fränkischen Raum Nürnberg. 1358 erhielt die Frauenkirche ein Glasfenster mit einer Christophorus-Darstellung. Vor 1400 wird das Heiliggeist-Spital zu Ehren der „vierzehen nothelffer" konsekriert. 1421 erhält St. Lorenz Nothelfer-Fresken, 1440 gibt es in der Spitalkirche Heiligkreuz einen Flügelaltar, in dem Papst Sixtus sich unter die Nothelfer gesellt. In der ehemaligen Augustinerkirche zeigte der ebenfalls um 1440 entstandene Tucheraltar unter den Heiligendarstellungen St. Vitus. In St. Lorenz gibt es schließlich von 1476 an die älteste Darstellung der Erscheinung von Langheim. Ein Glasfenster aus der Werk-

*Inschrift über dem gotischen Rundfenster der Nothelfer-Kapelle in Axams*

*Eisentüre zur Nothelfer-Kapelle in Axams*

statt des Dürer-Lehrers Michael Wolgemut, das der Regensburger Probst Conrad Konhofer stiftet, ein gebürtiger Nürnberger und „Dr. aller Fakultäten der Universität zu Prag".

1483 entstand die Nothelfer-Predella des Krell-Altars, 1480 die Predella des Bartholomäus-Altars. Von Michael Wolgemut stammt der Flügelaltar, auf dem die Verlobung der heiligen Katharina zu sehen ist. Noch älter freilich ist der „Drei-Jungfrauen-Stein" mit Sandsteinreliefs von Barbara, Katharina und Agnes (um 1400).

Ein frühes Zeugnis der Nothelfer-Verehrung in Süddeutschland birgt auch die Nürnberger Friedenskirche. Das Triptychon der Nothelfer, 1435 datiert und ursprünglich wohl in Heiligkreuz, hat die Gottesmutter als Mittelpunkt. Das Christuskind reicht der hl. Katharina den Verlobungsring. Verdrängt sind Dionysius, Cyriakus und Vitus – an ihre Stelle treten Leonhard, Sixtus und Nikolaus. Auch die Johannis-Friedhofskirche erinnert mit dem 1511 entstandenen Hochaltar und der Predella an die Nothelfer-Verehrung, ebenso wie der zwischen 1517 und 1523 geschaffene Imhof-Altar mit den „drei heiligen Madln", hier allerdings sind es Margareta, Dorothea und Apollonia, oder die Dionysius-Plastik eines unbekannten Meisters von 1490. Von großem Interesse dürfte auch die Neidhart-Kapelle im Ulmer Münster sein, wo auf einer aus gotischen Tagen stammenden Beweinung Christi die Nothelfer dargestellt sind, eine ikonographische Rarität.

Reutles besitzt einen ausgezeichneten Flügelaltar aus der Zeit um 1460, dessen gemalte Predella die Nothelfer zeigt. Auch Kalckreuth besitzt eine Kostbarkeit in der evangelischen Andreas-Kirche von 1390. Die Predella mit den Nothelfer-Darstellungen trägt die Jahreszahl 1516. Das Magdalenenfenster in Münnerstadt mit einer Darstellung der „drei Madl" stammt von 1425.

Nach 1349 bekommt auch Pommersfelden einen Nothelfer-Altar. Auf 1131 geht die Gründung des Prämonstratenser-Kloster Veßra bei Temar in Thüringen zurück, Hauskloster und Grablege der Henneberger. Hier gründete 1465 Graf Wilhelm III. von Henneberg die Christophorus- und Vierzehn-Nothelfer-Bruderschaft, eine Art adliger Ritterorden. In der Burgkapelle der Heldburg sind romanische und gotische Fresken erhalten geblieben, die erst 1936 wieder entdeckt wurden. In Dietershausen, einem Ortsteil von Fulda, wurden 1960 die Fresken einer romanischen Kapelle teilweise freigelegt, die Vitus, Erasmus, Margareta, Barbara und Katharina zeigen. Ob die Reihe vollständig war, müssen weitere Restaurierungsarbeiten noch zeigen. In Münster am Lech tragen die Nothelfer-Darstellungen als Kapitelle die gotischen Säulen. In Ansbach wie in Wolframseschenbach sind die Nothelfer 1490 nachweisbar.

Früh finden sich schließlich auch in München Nothelfer ein, ihre Verehrung wird dann durch Jahrhunderte in vielen

Bildwerken deutlich. 1284 erhält die Peterskirche eine Kapelle zu „den eren der suezzen magt sanct Katharinen". Altehrwürdige Zeugnisse sind aber auch aus der alten Marienkirche, der Vorläuferin des Liebfrauendomes, erhalten. In deren Schutt fanden sich 1468 – bei Baubeginn des Domes – zwei Sandsteinkonsolen, von denen eine den heiligen Christophorus darstellt. Von der alten in die neue Kirche übernommen wurde ein von 1320 stammendes Glasfenster mit einer ebenso schönen wie originellen Darstellung der heiligen Margareta. Nicht nur, daß ihr Attribut, der Drache, sich in leuchtendem Rot präsentiert, die Jungfrau hält ihn auch noch wie ein Kätzchen im Arm. Dazu kommt ebenfalls noch in der ersten Hälfte des 14. Jahrhunderts ein Erasmus-Fenster, das den Heiligen mit Pfriemen als Marterwerkzeuge zeigt, wohl die älteste Darstellung dieser Art, das Blasius-Fenster kommt als drittes 1497 dazu. 1470 wird am Westportal eine Sandstein-Statue der heiligen Margareta eingebaut, zehn Jahre später am Südportal Sankt Barbara.

Bis zum Ende des 17. Jahrhunderts kommen immer neue Zeugnisse der Nothelfer-Verehrung dazu: 1485 eine von Herzog Sigmund gestiftete Schutzmantelmadonna in Gesellschaft der drei heiligen Madl und mehrerer Martyrer, auf einem Altarblatt von 1494 wird das Martyrium Katharinas dargestellt. 1520 entstehen im Umkreis des berühmten Hans Leinberger die bis heute vielbewunderten Monumentalstatuen des heiligen Christophorus und des heiligen Georg. 1580 kommt aus der Kapelle des alten Ridler-Klosters der Nothelfer-Altar in den Dom, auf dem Martin und Laurentius unter den Heiligen sind. 1604 entsteht der Altar mit der Marter der heiligen Barbara, 1605 bekommt der Eccehomo-Altar eine Nothelfer-Predella. 1630 stiftet die Goldschmiede-Zunft einen Katharinen-Altar und die Hofbruderschaft einen Georgsaltar, auf dem Maler Ulrich Loth der Drachentöter als Retter der heiligen Margareta präsentiert.

Von 1632 stammt der Margaretenaltar, dazu kommen Oberbilder der Nothelfer und des heiligen Christophorus, von 1694 ist eine Predella mit der Darstellung von Ursula und Katharina, außerdem das großartige Altarbild „Engel tragen den Leichnam Katharinas auf den Sinai".

Ein weiteres, künstlerisch hochwertiges Zeugnis der Münchner Nothelfer-Verehrung ist auch die Nothelfer-Predella im Kirchlein der Blutenburg, des Lustschlößchens, das Herzog Sigmund 1488 errichten ließ, unmittelbar nach Fertigstellung der Frauenkirche.

1360 erhielt nicht nur der Regensburger Dom seine Nothelfer, sondern auch Straßengel bei Graz seine berühmten Glasfenster. Dieser größte zusammenhängende Bestand mittelalterlicher Scheiben umfaßte 147 Bilder, 25 davon sind ins Museum abgewandert. Ganz sicher waren von Anfang an Katharina, Erasmus, Georg und Blasius unter den dargestellten

*Eustachius-Symbol an einer Stuhlwange in der Stiftskirche der Benediktinerabtei St. Georgenberg-Fiecht bei Schwaz in Tirol, 1773*

Heiligen, es gilt aber als weitgehend gesichert, daß schon zu Beginn alle vierzehn Nothelfer vertreten waren, daß sie nicht erst bei der späteren Umsiedlung des Fensters dazu kamen.

Das 14. wie das 15. Jahrhundert offenbaren im ganzen bayerischen Raum eine blühende Verehrung der hilfreichen Patrone: in Walchstadt gruppieren sich die Nothelfer auf einem gotischen Fresko um den gegeißelten Heiland, in Berghofen bei Landshut sind die Fresken auf 1400 zu datieren, das Glasbild des Erasmus in Heilig Kreuz in Schaftlach stammt von 1477, älter sind vermutlich die Fresken in der Stiftskirche von Kastl, die über das älteste Tonnengewölbe im Raum Bayern verfügt. In Pürgen bei Landsberg stammen die Wandmalereien im Untergeschoß des Chorturms aus der zweiten Hälfte des 14. Jahrhunderts. Besonders verbreitet war die Nothelfer-Verehrung im Chiemgau. Vor 1500 entstanden die Nothelfer-Fresken in St. Ägid in Mauthausen, in Ettendorf bei Traunstein, zwischen 1450 und 1470. Schlehdorf hatte schon 740 ein Dionysius-Patrozinium, in Urschalling, einer der ältesten Kirchen Bayerns, sind die um 1380 entstandenen Fresken nur noch fragmentarisch erhalten, in der romanischen Basilika des Klosters Seeon fanden die Nothelfer in den 1579 geschaffenen Deckenfresken in den Zwickeln des Netzgewölbes ihre Heimstatt.

Im niederbayerischen Wendelkirchen ist für 1497 eine Nothelfer-Kapelle verbürgt, 1484 entstehen in Steinkirchen die 1970 freigelegten Fresken, die Wandbilder in der Georgskapelle auf der Veste Oberhausen sind um 1390 entstanden, die besonders qualifizierten Nothelfer-Bilder in Steinkirchen zwischen 1478 und 1484, freigelegt wurden sie 1921.

Der schwäbische Raum braucht nicht zurückzustehen. Die Fresken in Marktgröningen bei Stuttgart stammen aus der ersten Hälfte des 14. Jahrhunderts, die Martyrer-Fenster in Esslingen, die Georg und Dionysius zeigen, entstanden um 1300, die Fresken in St. Veit in Mühlhausen um 1385. Reutlingen datiert die Wandmalereien in der Marienkapelle auf 1300. Das Georgs-Fresko in Hollenbach datiert vermutlich bereits ins 13. Jahrhundert, um 1400 erhielt Schwäbisch Hall das Glasfenster mit der Katharinen-Vita. Sankt Blasius in Bopfingen hat einen gotischen Schreinaltar und Heiligen-Fresken von 1472, die teilweise als Nothelfer identifiziert werden können. Noch aus dem 14. Jahrhundert stammen die Fresken in Neustadt Zu unserer lieben Frau, von 1449 die Nothelfer-Fresken an der Decke von St. Pantaleon im Ortsteil Deggendorf-Reichenbach. In Müllern, das schon nahe zur Grenze zum Elsaß liegt, geht die Nothelfer-Verehrung auf 1400 zurück. 869 brachte Bischof Hatto von den Krönungsfeierlichkeiten für Kaiser Arnulf von Kärnten das Georgs-Haupt mit nach Reichenau-Obernzell. Im Konstanzer Münster zu Unserer lieben Frau wurde 1200 der heiligen Katharina eine Kapelle geweiht, 1300 dann dem heiligen Blasius. Konzenberg über dem Mindeltal verfügt über einen Nothelfer-Schrein aus dem Jahr 1500.

An mehreren Orten, geographisch weit voneinander entfernt, ist dann in den 80er Jahren des 14. Jahrhunderts Nothelfer-Verehrung nachgewiesen. In Neuenhoven bei Neuß im Aachener Bistum, also im Nordwesten Deutschlands, wird eine bis heute lebendige Nothelfer-Wallfahrt bezeugt, die angeblich schon auf das 13. Jahrhundert zurückgeht. In der dortigen Georgskapelle waren die Nothelfer-Abbildungen Gegenstand der Verehrung, 1877 kam die Pfarrei in den Besitz einer Monstranz mit Nothelfer-Reliquien. In Aachen-Burtscheid verehrt man Reliquien von Blasius, Pantaleon, Ägidius und Margareta, dazu das Haar der heiligen Katharina. In Köln, in der 1202 gegründeten Benediktiner-Abtei St. Pantaleon gilt die Verehrung vor allem einer Schädel-Reliquie des hl. Pantaleon, die Bischof Gero 971 in die Domstadt gebracht haben soll.

1380 wurde auch das Bürgerspital von Lauf in der Diözese Bamberg den Nothelfern geweiht. Von den fünfzehn genannten Patronen sind sechs lokale Patrone. Nicht viel anders in der Spitalkirche von Auerbach, wo neben vierzehn Heiligen Katharina, Barbara, Ottilia und Elisabeth extra erwähnt wurden. 1445 kommen Wandmalereien von vierzehn Heiligen in Waldbach-Bretzfeld im Hohenlohekreis dazu. Die älteste bekannte Nothelfer-Darstellung aus Langheim stammt von 1496 und findet sich im Graduale Cisterciense des Amadeus de Argentina. Bereits 1307 hatte dort eine Katharinen-Kapelle existiert, die später den Nothelfern gewidmet wurde.

In Haßlach im Frankenwald wird 1388 der Einfluß der Zisterzienser des fränki-

*Seite 51:*
*Altarblatt in St. Georg,*
*Reichenbach b. Ellwangen*

51

*Seite 53:*
*Wallfahrtszeichen für*
*Vierzehnheiligen, Zinnguß*
*aus Dießen/Ammersee*

schen Klosters Langheim deutlich, von wo aus ein halbes Jahrhundert später die Nothelfer-Verehrung so entscheidend weiter getragen wurde. In Langenberg bei Gera, dessen Kirche von vierzehn gotischen Pfeilern gestützt wird, erscheint 1391 die heilige Schar in einem kostbaren Silberaltar. Auch der 1494 neu geweihte Nothelfer-Altar im Chorherrenstift Sagan bringt Schlesien den Nothelfer-Kult eindringlich nahe, ebenso eine im Trebnitzer Buchenwald gelegene, vielbesuchte Kapelle.

Auf das Jahr 1365 dürfte im späteren Franziskanerkloster Altstadt bei Hammelburg die Nothelferverehrung zurückgehen, die Nothelferkapelle stammt von 1491, die Hammelburger Pfarrrkirche hat ein Christophorus-Fresko von 1480. In Scheppach im Landkreis Günzburg zeigt ein um 1395 gemalter „Allerheiligenhimmel" St. Vitus im Ölkessel, noch vor 1400 ist auch die Nothelfer-Kapelle im elsässischen Marlesheim zu datieren. Ein besonders originelles Nothelferbild findet sich in der Kapelle von Külsheim, etwa 1440 entstanden.

Wichtig für die Verbreitung des Nothelferkults wurde schließlich auch das Franziskanerkloster in Kaaden. Mitte des 15. Jahrhunderts findet sich dort auf der Innenseite eines Schreins eine Nothelferdarstellung, 1493 wird ein Nothelfer-Altar geweiht, für den Bischof Theoderich von Meißen Ablässe gewährt. Nach der Wiederherstellung der zwischenzeitlich zerstörten Kirche entsteht im 18. Jahrhundert unter der Orgelempore eine „Ehrenhalle der Nothelfer". Erst in jüngster Zeit wurden im Untergeschoß des einstigen Klosters – heute Museum – Fresken der Nothelfer und das Wappen derer von Lobkowitz entdeckt.

Reiche Wandmalereien wurden 1952 in der romanischen Saalkirche von Küren freigelegt. Sie zeigen einen Passionszyklus mit den Nothelfern; von den um 1430 entstandenen Bildern sind zwölf erhalten geblieben, dazu ein gut fünf Meter hoher Christophorus.

Zwischen Jena und Apolda in Thüringen entsteht 1453 die Wallfahrtskirche Vierzehnheiligen auf drängendes Bitten der sächsischen Kurfürstin Margareta, deren Bruder Kaiser Friedrich III. zweimal ins fränkische Nothelfer-Heiligtum gepilgert war. 1464 weiht der Naumburger Bischof Dietrich von Burgsdorf die vierzehn Altäre der Kirche, das Dorf übernimmt den bis heute gültigen Ortsnamen Vierzehnheiligen. Margareta hatte den Bau der Kirche gelobt, als es auch Kaiser Friedrich nicht gelungen war, den sechs Jahre andauernden Bruderkrieg zwischen Sachsen und Thüringen zu schlichten. Von der Kirche sind heute allerdings nur noch spärliche Reste erhalten.

Doch das thüringische Vierzehnheiligen bleibt nicht das einzige Zeugnis der Nothelfer-Verehrung der Brandenburger Kurfürsten. Margaretas Tochter Anna, verheiratet mit Kurfürst Albrecht Achill, übernimmt das Erbe ihrer Mutter: ihr Hochgrab im Kloster Heilsbronn ist neben anderen, ihr persönlich lieben Heiligen, von den Statuen der Vierzehn umstellt. Cyriakus ist hier von Leonhard verdrängt worden. 1498 wird in diesem Gotteshaus auch ein Nothelfer-Altar installiert. Anna war im übrigen auch Besitzerin einer besonderen Kostbarkeit, die heute im Berliner Gewerbemuseum zu sehen ist: ein aus vierzehn Silberplatten gefügtes Büchlein, dessen Seiten die Gottesmutter und elf der Nothelfer zeigen. Dazu kommen Abbildungen des damals sehr populären Gregoriuswunders und der Mutter Anna, der Namenspatronin der Kurfürstin.

Um 1400 wären Haar bei München zu nennen, Waldkraiburg, Dobl bei Passau, auch die spätgotischen Fresken in Sankt Margaret in Flintsbach, die erst 1975 entdeckt wurden. Wenigumstadt am Untermain besitzt mit einem spätgotischen Tafelbild ein bedeutendes Kunstwerk. Durch Kleidung und Attribute sind die Vierzehn Nothelfer zu erkennen und zu benennen. Der Schöpfer des Bildes, das zwischen 1460 und 1520 entstand, muß im fränkischen Raum zu suchen sein: ist es Dürers Schüler und Freund Hans Sueß von Kulmbach? 1450 wurde das Würzburger Neumünster mit Nothelfer-Fresken geschmückt. Im norddeutschen Raum gibt es um 1400 Nothelfer in Schwabstedt bei Husum. In Frankfurt am Main schuf Hans Hymperg 1500 eine Holztafel mit den Martyrern. Um die gleiche Zeit, wenn nicht früher, ist auch das Nothelfer-Altarbild für die Tegernseer Klosterkirche entstanden.

Aus der Mitte des 16. Jahrhunderts ist eine dem Martyrer Vitus geweihte Kirche in Stockheim bei Mellrichstadt bekannt, unter deren fünf Altären einer dem Kirchenpatron und einer der heiligen Katharina geweiht waren. Von 1520 ist in Flöha ein hervorragender gotischer Flügelaltar

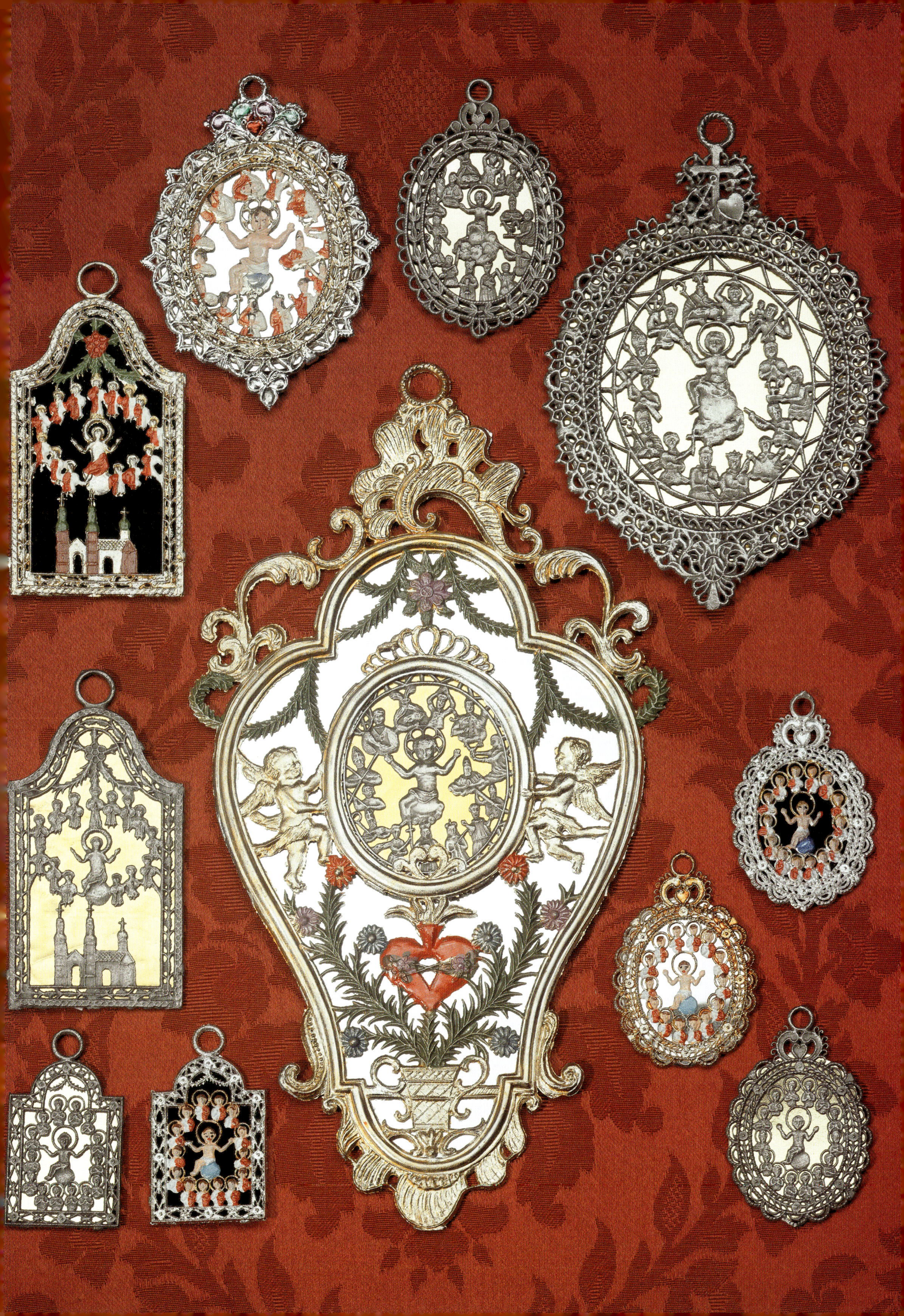

erhalten, der dreifach den heiligen Georg zeigt, einmal in der Altarbekrönung, einmal im Mittelfeld zusammen mit St. Martin als Assistenzfiguren der Gottesmutter und schließlich inmitten der Nothelfergruppe in der Predella. Ebenso findet sich in Sachsen ein fünfflügeliger Schnitzaltar aus der Zeit um 1520 in der ehemaligen Franziskanerkirche zu Kamenz. Die Nothelfer finden sich auf den Flügelrückseiten und haben wohl Werke von Lucas Cranach als Vorbild.

In Osternohe im Raum Nürnberg schließlich treten, bald nach der Erscheinung von Frankenthal, alle vierzehn Nothelfer in der nun schon vertrauten Normalreihe auf. Auch die Malerei auf dem Flügelaltar von Gera-Langenberg weist mit den in weiß und rot gekleideten Nothelfern deutlich auf den fränkischen Ursprung des Kults hin, allerdings ist Christus hier nicht mehr als Kind, sondern als erwachsener Mann dargestellt, vielleicht eine liturgisch bedingte Weiterentwicklung der Erscheinungslegende. Für eine Nothelfer-Kapelle am Plansee, die aus der Zeit Kaiser Maximilians, also vom Ende des 15. Jahrhunderts stammen soll, stiftete Bayerns Märchenkönig Ludwig II. eine Glocke.

Im letzten Dezennium dieses 14. Jahrhunderts und gleich nach der Jahrhundertwende häufen sich die Hinweis auf die Nothelfer-Verehrung nicht nur in den deutschen Ländern – Ortschaften in Tirol und Südtirol bereichern die Liste mit Fresken, die bis heute manchen Kunstfreund anlocken.

Die Wandgemälde im Chor der Kirche zu Terlan werden mit Sicherheit auf das Jahr 1390 datiert und gelten somit als eine der ältesten Nothelfer-Darstellungen in Südtirol. Mitte der Gruppe ist der Schmerzensmann, die Auswahl der in vier Gruppen dargestellten Patrone entspricht schon weitgehend der späteren Normalreihe. Eustachius allerdings könnte auch Sigismund von Burgund sein, Dionysius und Ägidius sind durch die lokalen Patrone Magnus von Oderzo und Magnus von Füssen ersetzt. Unabhängig von den Vierzehn ist noch der heilige Nikolaus dargestellt.

Älter allerdings sind wohl die Fresken in Maria Trost in Untermais, nämlich mit ziemlicher Sicherheit von 1372. Schon 1273 war diese Kirche den Zisterziensern übergeben worden. Sieben Fensterlaibungen im Chorraum boten vierzehn hilfreichen Heiligen Platz, zehn von ihnen sind erhalten, die restlichen gingen bei der Erweiterung der Kirche im 17. Jahrhundert verloren. Die Identifizierung der einzelnen Patrone ist für Untermais allerdings ebensowenig sicher wie für Terlan.

Die Fresken im Kuppelansatz von St. Leonhard in Unterplainitzing, auf 1385 datiert, sind nur noch fragmentarisch erhalten, allerdings gibt es noch erkennbare Namensbeischriften. Anlaß für die Malerei soll angeblich die Befreiung der Herren von Fuchs aus der Gefangenschaft während der Kreuzzüge gewesen sein.

Sankt Jakob in Grissian, am alten Pilgerweg nach Santiago de Compostela gelegen, stiftete die Familie Lebensberg-Marling Ende des 14. Jahrhunderts Nothelfer-Bilder; daß es einmal vierzehn Bilder waren, läßt sich heute nur noch aus der Bauform der Kirche schließen. Einmalig an dieser Gruppe ist die Einbeziehung des Apostels Bartholomäus mit seinem Marterwerkzeug, dem Gerbermesser. Der Schmerzensmann ist auch – ähnlich wie im niederbayerischen Irnsing – Mittelpunkt der Nothelfer-Darstellungen in der Mauritiuskirche in Moritzing bei Bozen-Gries, zehn Heilige finden sich dort an der Tonne des Chorjochs. Von der Heiligengruppe, deren Mitte ebenfalls ein Schmerzensmann war, ist nur ein einziger noch erkennbar.

Um 1400 sind auch die Fresken an der Westseite des Turmes von Sankt Vigil in Altenburg bei Kaltern zu datieren, vierzehn Medaillons in einem Bandrahmen. Heute sind sie kaum mehr zu identifizieren, aber auf einem gut hundert Jahre alten Photo sind Katharina, Erasmus, Christophorus, Blasius, Ägidius und Pantaleon deutlich erkennbar.

In der alten Pfarrkirche von Schenna oberhalb Meransen finden sich die Nothelfer in der Johannis-Kapelle paarweise geordnet: Georg und Pankratius, Blasius und Erasmus, Pantaleon und Vitus, Achatius und Cyriakus, Katharina und Margareta, Barbara und Dorothea, Dionysius hat sein Pendant allerdings verloren. Das Kirchlein war zu Anfang des 15. Jahrhunderts von der Witwe des Sigismund von Starkenberg gestiftet wurde, die Altarweihe ist für 1403 verbürgt.

In Sankt Ulrich in Oberplars bei Algund leisten Nothelfer-Darstellungen in Vierpaßmedaillons dem Kirchenpatron Gesellschaft und zwar „pärchenweise": Erasmus mit Dorothea, Nikolaus mit Ursula, Agnes mit einem nicht identifizier-

*Darstellung der hl. Katharina
in der St.-Annen-Kirche,
Annaberg*

*Stollberg/Erzgebirge, Marienkirche*

ten Bischof, Barbara mit Laurentius, Katharina mit Georg, Antonius der Abt mit Agatha. Die Bilder sind um 1440 anzusetzen.

Mit Ursula und Agnes ist die Gruppe der *Virgines capitales* in St. Prokulus in Naturns erweitert. Dort entstand etwa 1360 eine Darstellung der Katharinen-Marter. Die dem Bischof von Verona, St. Prokülus, geweihte Kirche wurde im 7. Jahrhundert erbaut, ihr Baustil weist deutliche Verbindungen zum damals bayrischen Vinschgau auf. Früheste Malereien, 1912 entdeckt, entstanden schon im 8. Jahrhundert und zeigen karolingische Einflüsse. Nach dem Um- und Ausbau im 14. Jahrhundert erhielt die Südwand ihre aufwendige und wohl einmalige Bemalung – eine detaillierte Schöpfungsgeschichte sowie Szenen aus dem Leben von Adam und Eva nach der Vertreibung aus dem Paradies. In den Vierpässen an den Ecken sind die *Virgines capitales* Barbara, Katharina, Margareta, Dorothea, Ursula und Agnes dargestellt. Ein altes Photo hilft auch hier weiter – es läßt eine Bordüre mit zwölf Heiligen erkennen. Durch Witterungseinflüsse fast völlig verloren gegangen ist das Christophorus-Bildnis am Turm.

Die Nothelfer-Verehrung geht freilich weiter: Im Januar 1500 weiht der Titularbischof von Trivaste den linken Seitenaltar der alten Cosmas- und Damian-Wallfahrt Siebeneich im Etschtal zu Ehren der „vierzehn Gekrönten". Ebenfalls um 1500 werden die Nothelfer in Sankt Valentin in Eppan, in Gummer im Eggental und in Mühlbach bei Gais heimisch. 1513 wird ihnen durch Michael Jorba die Severius-Kirche in Völlan bei Lana gewidmet. 1520 erhält die Friedhofskapelle Sankt Georgen bei Bruneck eine Altarwand, bei der die Nothelfer in eine Kreuzigungsgruppe integriert sind.

Auch in Nordtirol fehlt es nicht an frühen Zeugnissen des Nothelfer-Kults. Im Museum Ferdinandeum in Innsbruck findet sich ein Reliquienschrein, der dem 13. Jahrhundert zugeschrieben wird: über ihn berichtete einst ein Heimatforscher: „Es befinden sich in dieser Kirche rückwärts am Hochaltar in einem Kasten eine

*Erfurt, Barfüßerkirche,*
*„Färberaltar", um 1420*

Menge von heiligen Reliquien, darunter von den vierzehn Nothelfern, die ein englischer Kardinal, der in Tschupach (am Inn drunten) starb und von Rom mit Reliquien kam, der Kirche in Georgen vermachte". Die Georgenkirche in Serfaus, zu der bis heute die Wallfahrer kommen, erhielt 1516 dann auch einen Nothelfer-Altar. Ähnlich hohe Ehre wurde auch Chrysanten im Pustertal zuteil. Dort soll der stellvertretende Patriarch von Aquileja – dem das Pustertal im Mittelalter zugehörig war – zwischen 1485 und 1487 den *beatis advocatis* einen Altar geweiht haben.

In Innsbruck läßt 1472 Christmann Mutterstadt, der Hofkaplan Erzherzog Sigmunds des Münzreichen, auf dem alten Stadtfriedhof als Priesterbegräbnis eine Nothelfer-Kapelle errichten, die 1473 mit Ablässen ausgestattet, 1717 allerdings abgerissen wurde. Die zweite Innsbrucker Nothelfer-Kirche in der einstigen Silbergasse bekam 1479 durch Kardinal Ausias von St. Sabina eine Ablaßurkunde. Wie in vielen Tiroler Kirchen finden sich hier anstelle von Dionysius und Cyriakus unter den Nothelfern die Heiligen Nikolaus und Leonhard.

1469 wird die Schloßkapelle der Feste Fragenstein den Nothelfern geweiht, für die Schloßkapelle von Frundsberg stellt Bischof Georg von Brixen 1477 eine Weiheurkunde zu den „vierzöchen Nothelfern" aus. Für die ebenfalls im 15. Jahrhundert konsekrierte Schloßkapelle von Wagrain, bei der ein erwachsener Christus die Nothelfer um sich versammelte, ist mehrerer Wunder wegen hohe Verehrung verbürgt. Schloß Matzen erhielt um 1500 eine Nothelfer-Predella. In der Stiftskirche von Fiecht zeigen die Stuhlwangen Nothelfer-Attribute und in Thaur bei Hall wird schon 1435 eine Nothelfer-Bruderschaft gegründet. Für die Spitalkirche von Bad Aussee ist die Nothelfer-Predella für 1485 gesichert. Sankt Nikolaus ist unter der Vierzehn zu finden.

Die Festungskapelle auf dem Hohensalzberg wurde 1077 Sankt Georg geweiht, Kaprun hat seit 1409 ein Margareten-Patrozinium, Groß bei Hollabrunn ehrt

*Seite 59:*
*St. Georg, Angermuseum*
*Erfurt, um 1500*

seit 1141 Sankt Veit als seinen Patron. Zu den Kostbarkeiten des Wiener Stephansdomes gehört der Neustädter Altar von 1447 mit seinen Nothelfer-Plastiken. In Fuschl ist St. Ägidius seit 1335 Kirchenpatron. Fresken aus der zweiten Hälfte des 14. Jahrhunderts finden sich in der Michaelskapelle von Axams, unter ihnen sind einige „unserer" Nothelfer – gesichert sind alle Vierzehn im Gewölbe in Berg an der Drau von 1480. In Aufenstein, am Ende des Navistales, wird 1330 die Kathreins-Kapelle geweiht und einige Forschungen legen die Vermutung nahe, daß dort erstmals die Vierzehner-Reihe nominiert wurde.

Auch in der Felbernkapelle in der Pfarrei Mittersill wird schon Mitte des 13. Jahrhunderts ein Nothelfer-Patrozinium genannt. Ebbs hat seit 1450 einen Nothelfer-Altar, Bad Mehrn bei Brixlegg in der Zwölf-Boten-Kirche seit 1357.

Auch in der Schweiz gibt es zu Anfang des 15. Jahrhunderts Zeugnisse der Nothelfer. In Ernen im Wallis, wo es schon im 11. Jahrhundert eine Georgskirche gab, existiert ein um 1480 datierter, fast zwei Meter hoher Schreinaltar, der hinter seinem schlichten Äußeren fein geschnitzte Patrone „für körperlich Weh und seelische Not" offenbart, reiche Figuren, die wohl einst in Schultern und Brust Reliquien enthielten. Zu sehen sind Antonius, Katharina, Barbara, Dorothea, Margaret, Eustachius, Georg, Nikolaus, Sebastian, Theodul und Christophorus. Die bemalte Rückseite des Schreins zeigt Blasius, Dionysius, Cyriakus, Pantaleon, Erasmus und Vitus.

Gleich zwei Nothelfer-Altäre finden sich im 1850 Meter hoch gelegenen Kloster Engelberg, und dort sind die vierzehn dargestellten Heiligen säuberlich nach Geschlechtern getrennt. Zu den schönsten Nothelfer-Darstellungen in der Schweiz gehört aber wohl doch ein Flügelaltar von 1512 in der Sankt-Blasius-Kirche in Tunizong am Julierpass.

*Georg (Anfang 16. Jh.,*
*gotisch), Galerie am*
*Schloß, Weimar*

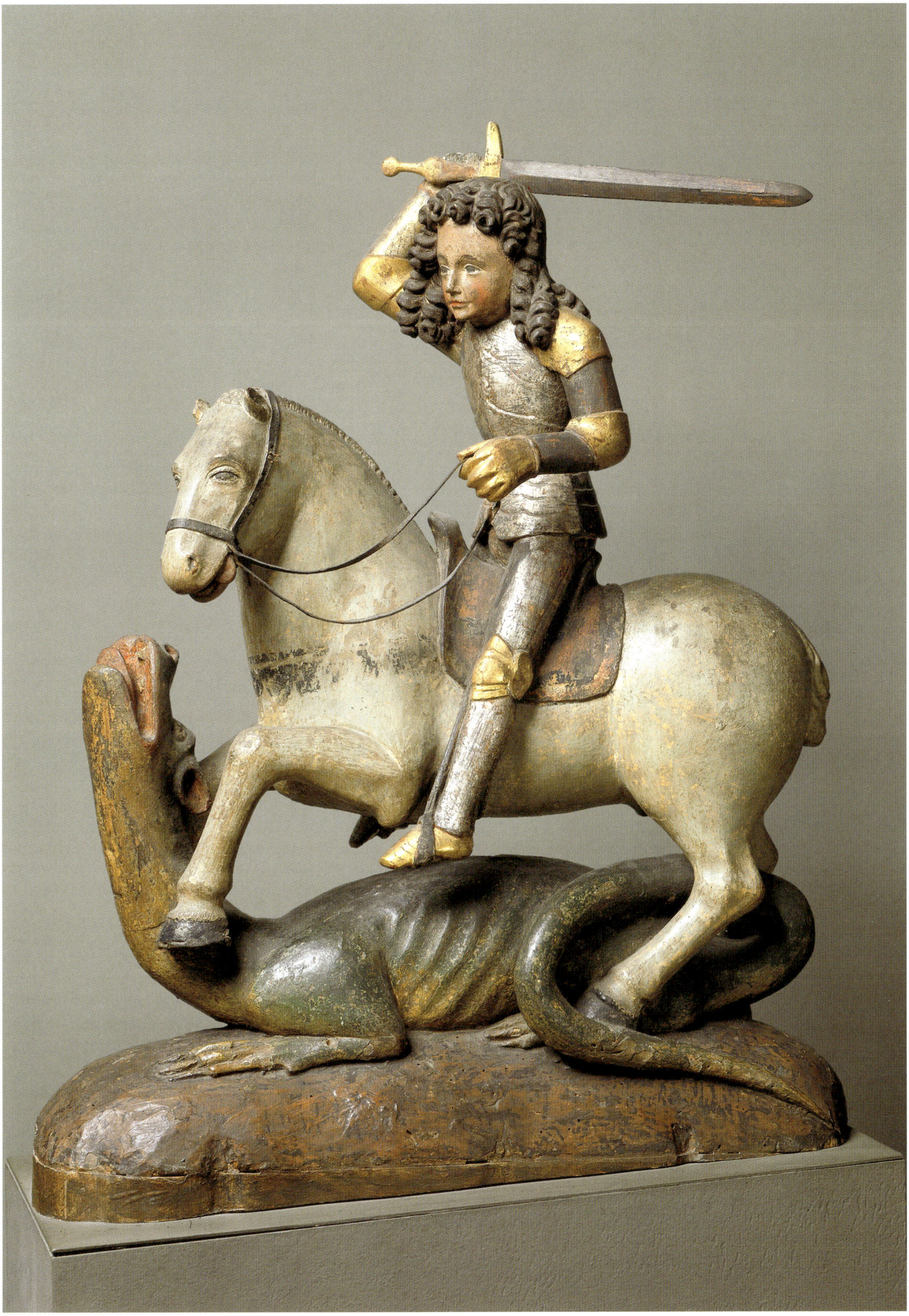

60

# Warum gerade vierzehn?

Es gibt viele Theorien darüber, wie es zur Gruppenbildung der Nothelfer kam, wie ausgerechnet zur Zahl Vierzehn. Die ursprüngliche Vermutung, sie seien zur Zeit der Kreuzzüge als geschlossene Gruppe ins Abendland gekommen, ist längst widerlegt. Allein die Tatsache, daß von altersher viele Gruppierungen lokaler Schutzpatrone verehrt wurden, in Gruppen zu drei, zu sieben, zu fünfzehn oder sechzehn, darf als Gegenbeweis gewertet werden.

Nicht nur im Mittelalter, als andauernde Kriege und Scharmützel die Länder überzogen und verwüsteten, als immer wieder Seuchen Mensch und Tier dahinrafften, suchten die Menschen Hilfe, Hilfe in der Not, die ihnen nur die Heiligen gewähren konnten. Doch der Herbst des Mittelalters war nicht nur eine Zeit bitterer Nöte, sondern auch eine Zeit des Aufbruchs, des Umbruchs, der Neuorientierung. Und solche Zeiten bringen Verunsicherungen mit sich, die Sehnsucht nach Altvertrautem wächst, nach Hilfen, die man seit Generationen kennt. Einen bedeutsamen Umbruch brachte auch das Frömmigkeitsverständnis: nicht mehr die Angst vor dem thronenden Weltenherrscher, dem strengen Gott des Jüngsten Gerichts, wie ihn auch Luther beschreibt, beherrschte die Verkündigung. Das barmherzige Erlöserkind, das nun auch in der Mystik eine so große Rolle spielte, gab den Menschen Mut und Vertrauen.

Spezialisten gab es unter den Heiligen als Helfer in den alltäglichen individuellen Nöten. Mehr Macht als ein Einzelner aber mochte eine Gruppe haben. Viele lokale Heilige, viele starke und bewährte Patrone wurden zu „Not-Helfern". Dorothea beispielsweise, Wendelin und Leonhard, die Viehpatrone, Magnus, der Schlangenbesieger, die Ärzte Cosmas und Damian,

*Seite 60:*
*Akanthusaltar in der Friedhofskapelle Hirschau bei Amberg von Johann Hirsch, 1713*

*Predella in der Ulrichskapelle der Stadtpfarrkirche St. Nikolaus, Neuötting*

Nikolaus, der Schutzherr der Seeleute und der Kinder, der Pestpatron Rochus, dann Sebastian, Valentin, Wolfgang, Florian der „Feuerwehrmann". Pankratius, der „Eisheilige" taucht in den Austauschgruppen auf, Papst Sixtus ebenso wie der Apostel Bartolomäus, Oswald, Quirinus, Antonius Abbas und König Sigismund werden je nach lokalen Bezügen dazu gerechnet, auch Agnes, Apollonia und Elisabeth.

Auch wenn die Nothelfer nicht als geschlossene Gruppe aus dem Orient eingewandert sind – Einwirkungen des griechischen Ostens auf die Sakralkultur des Westens sind nicht zu leugnen. Zu den ostkirchlichen Heiligen aus der Nothelfer-Reihe zählen Georg, Blasius, Erasmus, Pantaleon sowie Katharina, Barbara und Margareta. Dem Kollektiv der Nothelfer läßt sich im Osten die Gruppe der *Anagyroi* gegenüberstellen, die in leiblichen wie seelischen Nöten Hilfe brachten. Sechs Paare sind bekannt: Kosmas und Damian, Kyros und Johannes, Pantaleon und Hermolaos, Samson und Diomedes, Mokios und Aniketos, Thalelaios und Thryphon. Auch an die Gruppe der „Siebenschläfer" ist zu denken; einer dieser „schlafenden Martyrer", Dionysius nämlich, hat Eingang gefunden in die Frankenthaler Reihe.

Nicht nur die Meinung, daß eine Gruppe stärker sei als ein Einzelner, kam zum Tragen, auch die durchaus noch lebendige Erinnerung an die uralte Zahlenmystik mag eine Rolle gespielt haben – und sie fand ja auch im Bereich des Alten wie des Neuen Testaments genügend Bilder. Die Dreifaltigkeit, die drei Heiligen Könige, die drei Eisheiligen, die drei göttlichen Tugenden. Die irdische Vier stand der himmlischen Drei entgegen: Vier Himmelsrichtungen, vier Temperamente, vier Evangelisten. Drei und Vier: sieben kluge und sieben törichte Jungfrauen, sieben Gaben des Heiligen Geistes, sieben Schöpfungstage, sieben Kardinaltugenden und sieben Todsünden, sieben Sakramente, sieben Schmerzen Mariens. Die Verdoppelung dieser mystischen Sieben ergibt nun die Vierzehn – und von vierzehn einjährigen, makellosen Lämmern als Opfergabe, von vierzehn goldenen Leuchtern ist schon im Alten Testament die Rede, im Buch Numeri, wenn Gott dem Moses befiehlt, wie Feste zu feiern und Opfer darzubringen sind. Eindringlich sind diese alttestamentlichen Bezüge auf Deckenfresken in Dischingen dargestellt. Die Symbolik von zwei siebenarmigen Leuchtern findet sich eindrucksvoll neben dem Pankreator auch in der Krypta der Basilika von Auxerre in Burgund aus dem 13. Jahrhundert.

Vierzehn: die Zahl ist dann nicht nur von vierzehn Kreuzwegstationen vertraut, sondern auch von den vierzehn Zeugen der Auferstehung Christi – es waren, wie bei den Nothelfern, elf Männer und drei Frauen.

---

*Dreimal 14 Geschlechter schließlich nennt Matthäus (1,1–17) für den „Stammbaum Jesu Christi, des Sohnes Davids, des Sohnes Abrahams".*

*Von Abraham stammte Isaak ab, von Isaak Jakob, von Jakob Juda und seine Brüder, von Juda Phares und Zara – deren Mutter war Thamar, von Phares Esrom, von Esrom Aram, von Aram Aminadab, von Aminadab Naasson, von Naasson Salmon, von Salmon Booz – dessen Mutter war Rachab, von Booz Jobed – dessen Mutter war Ruth, von Jobed Jesse, von Jesse König David.*

*Von David stammte Salomon, dessen Mutter die Frau des Urias war, von Salomon Roboam, von Roboam Abias, von Abias Asa, von Asa Josaphat, von Josaphat Joram, von Joram Ozias, von Ozias Joathan, von Joathan Achaz, von Achaz Ezechias, von Ezechias Manasses, von Manasses Amon, von Amon Josias, von Josias Jechonias und seine Brüder zur Zeit der Wegführung nach Babylon.*

*Nach der Wegführung nach Babylon: von Jechonias stammte Salathiel, von Salathiel Zorobabel, von Zorobabel Abiud, von Abiud Eliakim, von Eliakim Azor, von Azor Sadok, von Sadok Achim, von Achim Eliud, von Eliud Eleazar, von Eleazar Matthan, von Matthan Jakob, von Jakob Josef, der Mann Marias, von der Jesus geboren wurde, der Christus heißt. Im ganzen also sind es vierzehn Geschlechter von Abraham bis David, vierzehn Geschlechter von David bis zur Wegführung nach Babylon, und vierzehn Geschlechter von der Wegführung nach Babylon bis auf Christus.*

*Mt. 1,1–17*

Durch Jahrhunderte werden Nothelfer als lose und lokal unterschiedliche Gruppen verehrt. Vier heilige Marschälle kennt man im 15. Jahrhundert, vielerorts begegnet man früh den drei heiligen Madln oder auch vier Jungfrauen, im 16. Jahrhundert begegnet man in Utrecht den „Fünf Privilegierten", die bereits die vertrauten Nothelfer-Namen aufzeigen: Ägidius, Blasius, Christophorus, Dionysius und Georg. Fünfzehn sind es manchmal, siebzehn bilden die sogenannte Regensburger Reihe, denn auf dem altehrwürdigen Glasfenster sind siebzehn Heilige abgebildet.

Nicht nur Alltagsnöte und lebendige Volksfrömmigkeit waren es, die Heilige zu Patronen ernannten. Auch die Herrscherhäuser förderten die Verehrung ihrer „Hausheiligen", machten sie volkstümlich, vor allem dann, wenn sie Reliquien fremdländischer Martyrer aus dem Heiligen Land oder von Rom mitbrachten, damit sie hierzulande geistige und geistliche Heimat fänden.

Auf dem Staffelberg, in unmittelbarer Nähe zu Vierzehnheiligen, verehrte man in der altehrwürdigen Adelgundis-Wallfahrt sechzehn Nothelfer. Doch wenn man auch mit einem etwas neidischen Blick auf das nahe Heiligtum 1754 die Kirche ausbaute und alles unternahm, die Wallfahrt zu stärken: die Sechzehn konnten den Vierzehn die Popularität nicht streitig machen.

Vierzehn – die Verdoppelung der mystischen Zahl Sieben. Diese Gruppierung, die als Normalreihe bekannt wird, soll alle Stände abdecken: die Geistlichkeit und die Jungfrauen, Alter wie Jugend, Nährstand, Lehrstand und Wehrstand. Drei Bischöfe sind es, Blasius, Erasmus und Dionysius, die drei Jungfrauen Barbara, Katharina und Margareta, drei Jungmänner Pantaleon, Cyriakus und Vitus, drei Ritter dazu Georg, Achatius und Eustachius, der Mönch Ägidius und schließlich der starke Christusträger. Es sind Heilige, die da und dort, einzeln oder in lokalen Gruppierungen, im Herzen des Volkes verwurzelt sind. Es sind Heilige, denen der Legende nach besondere Kraft innewohnte, ihnen war ja vor ihrem Martyrertod versprochen worden, daß Gott alle Bitten erfüllen würde, die sie ihm weitergäben.

Erst mit den Visionen des Langheimer Klosterschäfers Hermann Leicht anno 1446 wird die Vierzehner-Reihe konkret, hatte der Schäfer doch vierzehn Kinder, vielleicht auch vierzehn Engel gesehen, die sich um das Erlöserkind scharten, die sich selber die Vierzehn Nothelfer nannten. Und trotzdem sollte es noch lange dauern, bis allein diese Vierzehn Nothelfer genannt wurden. Altäre, Bilder und Gebete kennen auch noch im 16., im 17. Jahrhundert lokale Patrone als Fünfzehnten, wie in der sogenannten Magnus- oder Leonhardireihe. Dennoch – bis heute ist die Vierzehner-Reihe, die Frankenthaler Normalreihe, verbindlich geblieben, wird nicht nur in Franken, im Frankenheiligtum verehrt, allerorten kennt man sie.

*Seit 1267 ist die „Nothelfer-Quelle" in Bad Mehrn beliebt*

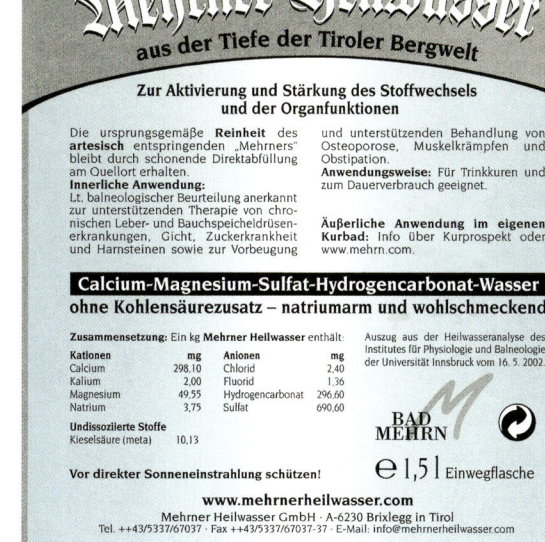

# Christologie: Auf die Mitte kommt es an

„Wir sind die vierzehn Nothelfer und wollen eine Kapelle haben und gnädiglich hier rasten..." So erfuhr der Langheimer Schäferssohn Hermann Leicht am 28. Juni 1446 bei der dritten Erscheinung in Frankenthal.

Sie haben ihre Kapelle erhalten, nicht nur eine. Nicht nur auf dem Langheimer Klostergrund. Nicht nur Kapellen – kleine Bauernkirchlein, in denen nur gelegentlich ein paar wenige Gläubige beten, sondern auch große Kloster- und Wallfahrtskirchen, in die regelmäßig große Pilgerzüge kommen. Dort freilich, wo sie in Gestalt von vierzehn Kindern ihren Wunsch anmeldeten, dort ist mehr als eine Kapelle entstanden: eine Basilika, die mit Recht als Gottes Thronsaal, als himmlischer Festsaal gilt: Vierzehnheiligen.

Nirgendwo ist die Aufstellung, die Präsentation der Nothelfer-Statuen so grandios gelungen wie in dieser Wallfahrtskirche. Der Gnadenaltar ist Mittelpunkt und Herzstück des Gotteshauses, unverrückbar über dem kleinen Fleckchen Erde, auf dem sich einst das Erlöserkind niedergelassen hatte.

Nachdem die erste Kapelle am Erscheinungsort im Bauernkrieg 1525 verwüstet und die zweite für die immer stärker anwachsenden Pilgerströme zu klein geworden war, kam es 1743 endlich zur Grundsteinlegung für den Neubau. Eine Dreiheit mußte sich zusammenfinden: Fürstbischof Friedrich Carl von Schönborn, sein Oberbaudirektor Balthasar Neumann und schließlich der neugewählte, baufreudige Abt des Langheimer Zisterzienserklosters, Stephan Mösinger, der mit einem aufwendigen Kirchenbau nicht zuletzt die Reputation seines Klosters stärken will.

Die Pläne, die der von Abt Mösinger favorisierte Baumeister Gottfried Heinrich Krohne vorstellt, werden vom Fürstbischof abgelehnt. Auch die Entwürfe Johann Jakob Michael Küchels, der 25jährig Mitarbeiter Neumanns geworden war, finden keine Gnade. Neumanns Pläne endlich sollen realisiert werden, der Grundstein kann gelegt werden. Mittelpunkt der Kirche soll, wie Küchel es geplant hatte, der Gnadenaltar über der Erscheinungsstelle bleiben.

Die Bauleitung vor Ort übernahm, anstelle des vielbeschäftigten Neumann, der Günstling des Abtes, Krohne. Und der rächt sich für die Ablehnung seiner Pläne, verschiebt das Fundament, läßt manchen handwerklichen Pfusch zu. Neumann verweigert daraufhin jede weitere Zusammenarbeit. Wieder hat der Abt einen Günstling an der Hand – mit fertigen Plänen, die freilich nicht zu verwirklichen sind. Dennoch bekommen die Nothelfer ihre Wohnstatt – von Balthasar Neumann, dessen Ehrgeiz der Fürstbischof endlich hatte wieder wecken können. Und ihm

*Hans Baldung Grien:*
*Der heilige Christophorus,*
*um 1510/1511*

gelingt es, die technischen Fehler zu korrigieren, das ursprüngliche Konzept zu realisieren. Die Wessobrunner Stukkateure Franz Xaver Feichtmayr und Johannes Übelhör, der Mailänder Freskant Giuseppe Appiani bringen ihr ganzes Können in die Innenausstattung ein. Und in 29jähriger Bauzeit entsteht ein Bauwerk, von dem Kunstfreude und -sachverständige bis heute voller Bewunderung sprechen.

Praktisch in drei Etagen empfangen die Nothelfer am Gnadenaltar die Pilger in dem weiten, lichten Raum. Im untersten Bereich an der Balustrade des herzförmigen Altars sind die vier Kirchenmänner postiert: Dionysius mit dem abgeschlagenen Kopf in den Händen, Blasius mit den gekreuzten Kerzen, Erasmus mit der Ankerwinde, Cyriakus mit dem angeketteten Dämon. Auf halber Höhe sitzen, in schwungvollen Rocaillen, Achatius, das Kreuz haltend, Ägidius, der Einsiedler mit der Hirschkuh, Eustachius der Jäger mit Pfeil und Bogen und schließlich Christophorus mit dem Gotteskind auf der Schulter. Zwischen ihnen sind, auf den Seitenaltären, Barbara und Katharina plaziert. Und oben, auf den Ecken des Baldachins schließlich, haben Vitus, der jugendliche Martyrer, Margareta mit dem angeketteten Teufel, der Drachentöter Georg und schließlich Pantaleon, der hochbegabte Arzt, Platz genommen. Bekrönung des Baldachins, Bekrönung des Altares ist, vierfältig nach allen Richtungen segnend und grüßend, das Christuskind der Erscheinungslegende, auf der Brust das Kreuz, das Symbol des künftigen Leidens.

Diese grandiose Komposition blieb eine einmalige Schöpfung, mußte es bleiben, obwohl weltweit mehr als 2000 Darstellungen und damit Verehrungsstätten der Nothelfer gezählt werden. Dabei ist in nur wenigen Kirchen der Kinderkranz der Erscheinung zu finden, vorwiegend werden die Nothelfer, wie in Vierzehnheiligen, als Erwachsene dargestellt, meist

*Gotischer Flügelaltar in der Nothelfer-Kirche zu Gera-Langenberg, um 1480/1490. Eine der frühesten Darstellungen der Erscheinungslegende – allerdings wird nicht das Jesuskind gezeigt, sondern ein erwachsener Christus mit Jugendlichen.*

*"Heilige Dreifaltigkeit, Maria und 14 Nothelfer", Schifferolkapelle in Kundl/Tirol, 1757*

unverwechselbar mit ihren Attributen. So vielfältig diese Darstellungen sein mögen: immer bleibt Christus der Mittelpunkt, ob als Erlöserkind, ob als Schmerzensmann. Finden wir in der der frühen Gotik die einzelnen Patrone meist noch neben- oder übereinander an Chorbögen, Kirchenwänden oder in Fensterlaibungen, so erobern sie bald die Altäre, werden vielfältig auch als Skulpturengruppen gezeigt.

Ins ausgehende 14. Jahrhundert sind die Fresken im Südtiroler Terlan und in Moritzing zu datieren, wo die Nothelfer um den Schmerzensmann gruppiert sind. In Munderkingen breitet der durch die Wundmale gezeichnete Christus seinen Schutzmantel um die Gruppe. Auf dem spätgotischen Fresko im bayrischen Walchstatt ist ein „Christus in der Rast" zum Mittelpunkt geworden, ein Gemarterter findet sich auch auf dem Kalksteinrelief von 1450 in Irnsing am nördlichen Donauufer.

Um den Gekreuzigten stehen die Nothelfer in der Friedhofskapelle im fränkischen Kloster Maria Bildhausen, erst um 1928/29 entstanden, sowie – besonders eindrucksvoll – auf einem Bildstock von 1712 in der Vorarlberger Gemeinde Nenzing. Ein großartiges Tafelbild findet sich in der Neidhardkapelle des Ulmer Münsters: eine Beweinung Christi mit den Nothelfern.

Als segenspendender Erlöser zeigt der Herr sich in Gais im Pustertal, in Graz-Eggenberg auf einer Darstellung von 1720, in Gera-Langenberg, wo Christus als Heiland und Erlöser vor halberwachsenen Nothelfer-Kindern steht, eine einmalig vorkommende Darstellung vom Ende des 15. Jahrhunderts. Als Auferstandener wird der Erlöser vor 1500 in Sackenried, Pfarrei Wettzell in der Oberpfalz, in den Mittelpunkt gestellt. Auch bei der Neuaufstellung der Nothelfer-Gruppe von 1659 wurde er in Sankt Andreas in Erlabrunn bei Würzburg zum Zentrum. Christus in der Mandorla findet sich, von 1519, in Baumkirchen. In der Kunigunden-Kirche in Miesenbach in der Steiermark wacht das Auge Gottes über Nothelfer und Beter. Gnadenstuhl-Darstellungen krönen die Nothelfer in Bayrisch Gmain und, um 1500 entstanden, in Murau in der Steiermark.

Häufig findet sich, vor allem in Österreich, die Verbindung mit Dreifaltigkeits-Bildern, beispielsweise in St. Kathrein am Hauenstein, in der Spitalkirche und in der Pankratius-Kirche in Oberwölz, in der Pfarrkirche von Mariahof. Ebenso in St. Ägidius in Fischbach, in Deutschlandsberg, im Völkerkunde-Museum in Graz auf einem Bild von 1692, das aus dem ehemaligen Kapuzinerkloster stammt. Die Nothelfer unter dem Schutz der Dreifaltigkeit – wir finden sie auch im altehrwürdigen Kaaden in der Tschechei.

Am weitesten verbreitet ist aber doch die Gruppierung der Vierzehn um die Gottesmutter. Sie, die das Erlöserkind in ihren Armen hält, gilt ja schließlich selbst als Zuflucht aller, die Hilfe suchen. In der Innsbrucker Mariahilf-Kirche, auf dem Altarblatt von 1689, bedarf diese ikonographische Verbindung sicher keiner Erläuterung. Zu den ältesten Nothelfer-Darstellungen mit marianischer Mitte gehört wohl die in der Liebfrauenkirche von Mais von 1372. Im Grazer Johanneum findet sich eine entsprechende Tafel von 1500. Zu denken wäre an die Gruppierung am Kreuzaltar in der Wallfahrtskirche von Anger in der Steiermark, an die Spitalkirche von Latsch im Vinschgau, die Vigiliuskirche in Hall, den Altar aus dem Jahr 1702 im steirischen Obdach.

Bemerkenswerte Darstellungen finden sich auch in der Zwölfbotenkirche in Bad Mehrn bei Brixlegg von 1698 oder im Stiftsmuseum von Leoben-Goss von 1732. Ungewöhnlich und wohl einmalig ist das 1766 von Johann Baptist Bergmüller geschaffene Deckenfresko in St. Vitus zu Batzhausen: Maria, die den toten Sohn im Schoß hält und mit ihrem Mantel bedeckt, wird von den Nothelfern verehrt.

Als Kind unter Kindern erschien der Herr dem Langheimer Schäferssohn. Als Kind im Kreis der erwachsenen Nothelfer wird er in vielen Kirchen gezeigt: in St. Burkhard in Würzburg, in Mühlhausen-Estenfeld, in St. Georgen an der Stiefing. Auch in Großostheim gibt es diese traditionsreiche Form, in Obernburg, in Hainstadt bei Buchen. Neunkirchen bei Miltenberg wäre zu nennen, Wittershausen oder Trennfeld und wohl noch viele mehr. In Volksbach und in Steckendorf trägt das Erlöserkind nicht das Kreuzzeichen auf der Brust, sondern hält einen Kreuzstab in der Hand.

Selten findet sich in den Kirchen, die den Nothelfern geweiht sind, die Darstellung des Kinderkranzes aus der Erscheinungslegende. Vielleicht schon um 1460, sicherlich aber vor 1500 ist das Antipendium des Nothelfer-Altares in der Karmeliterkirche von Bad Neustadt entstanden, das die dritte Erscheinung der Legende zeigt. In Oberweißenbrunn ist der Schäfer mit der Visions-Szene zu Füßen der Nothelfer dargestellt. Altenkunstadt, in enger Nachbarschaft zu Vierzehnheiligen gelegen, zeigt den Kinderkranz auf einem Altarblatt. Unbekannter Herkunft ist eine um 1515/20 entstandene Predella mit der dritten Erscheinung im Bamberger Diözesanmuseum. Das weinende Gotteskind aus der ersten Erscheinung ist auf einem neuen, 1998 entstandenen Wallfahrtsbild von Großwenkheim zu sehen, mit der Basilika im Hintergrund, dem „Ort, wo das Wunder geschah".

*Barockes Kirchenbild in St. Petrus und Paulus, Burglauer bei Bad Neustadt*

*Priestergedenkstätte im Friedhof zu Gais/Pustertal. Bronzeguß, 1988*

Interessant ist bei den Kinderkranz-Darstellungen immer wieder die Farbgestaltung der Kleidung: „...die hatten ein Gewand an, halb rot und halb weiß" erzählt die Legende. Ein weißes Oberteil und einen roten Rock? Längs in der Mitte geteilt? Den Malern bleibt freie Hand. Eine höchst individuelle Lösung wählte der Schöpfer des um 1480 entstandenen Flügelaltares von Gera-Langenberg: er kleidete sechs der Kinder in weiße Kleider, das Symbol der Reinheit, acht in rote Gewänder, das Zeichen des Martyriums. Offensichtlich spielte bei der Darstellung der Reihe die Aufteilung in dreizehn Martyrer und den einen Nicht-Martyrer, Sankt Ägidius, keine Rolle, eher gilt wohl die symmetrische Ausgewogenheit der Reihe als maßgebliches Bildmotiv.

Durchgängig in der Nothelfer-Darstellung ist auch die Plazierung des Christophorus als Mittelpunkt der Gruppe, so daß das Kind auf seiner Schulter im Zentrum bleibt. In Anger findet man diese Form, am Sebastiansaltar in Straden, in Gries am Brenner, in Sulzfeld, auf dem Deckenfresko in Dischingen in Baden-Württemberg, aber auch auf dem Chorfresko der Münchner Pfarrkirche Zu den vierzehn Nothelfern, die erst kurz vor dem Zweiten Weltkrieg gebaut wurde.

Vielfältig anzutreffen ist das Motiv der Wurzel Jesse, des Geästaltares, des Lebensbaumes, oft als Schnitzwerk, gelegentlich auch gemalt. Als Urtypus verweist man auf den alten Nothelfer-Altar in Vierzehnheiligen, den 1663 der Kulmbacher Künstler Andreas Müller geschaffen hat. Nach Fertigstellung der Neumann-Basilika kam dieser Altar nach Haßlach im Frankenwald. Wie in Haßlach steht in Welitsch bei Kronach die Gottesmutter zwischen zwei Baumstämmen im Geäst. In der Pfarrkirche von Bad Königshofen im Grabfeld thront Christophorus als oberste Figur in den Zweigen mit dem Kind als höchstplazierte Figur. In Regensberg bei Erlangen sind die Nothelfer im Baum um das Jesuskind angeordnet. Das Geäst-Motiv findet sich auch in Tirol und in Südtirol. In der Spitalkirche von Latsch ist ein Votivbild von 1741 mit dem Wurzel-Jesse-Motiv, in der Nothelfer-Kapelle am Fernpaß gibt es neben dem Altarbild auch einen geschnitzten Lebensbaum. Im Geäst des Nothelfer-Baumes in Paznaun bei Ischgl sind die Figuren symmetrisch angeordnet, gekrönt von einer Mariahilf-Figur. Elegant als Halbbüsten auf Konsolen präsentieren sie sich in St. Ägidien in Mittelolang und auch in Tschechien, in St. Katharina in Nyrsko, findet man einen vorzüglich geschnitzten Astbaum. Bei besonders reich und üppig geschnitzten Wurzel-Jesse-Motiven mit dekorativen Rocaillen wie dem von Nyrsko spricht man gern auch von Akanthus-Altären. Gute Beispiele dafür finden sich in Lengfeld bei Würzburg, in Veitshöchheim, in Margetshöchheim, in Thüngersheim und im Mainfränkischen Museum zu Würzburg mit einem Altar aus Kleinrinderfeld und besonders in der Oberpfalz.

Der Kinderkranz: ist er auch in Kirchen selten zu finden, so ziert er doch um so häufiger Bildstöcke und Wallfahrtsbilder. Und Bildstöcken begegnet man in Franken, im Main-Tauber-Gebiet, im Fuldaer Land auf Schritt und Tritt. Auch in der Eifel, an der Mosel, in Kärnten und in Tirol kann man sie entdecken. Mehr als 400 sind bis heute identifiziert und kartographiert, mehr als 200 allein im Bistum Würzburg, 103 im Bistum Fulda. Schon der Würzburger Weihbischof Eucharius Sang notierte 1607: „Es ist in unserm Teutschland ein sehr altes und löbliches Herkommen gewesen/ an den offenen Landstrassen Gottselige Bilder uffzurichten/ damit die vorüberreisenden/ dadurch einen antrieb zu der Gottseligkeit/ unnd jhrer im reisen übernommenen Arbeit/ etzlicher massen eine Leichterung oder Enthebung empfinden mögten".

Bis in die Tage der Gotik geht der Brauch zurück, Bildstöcke und Wegkreuze an Pilgerstraßen, an Flußübergängen, an Feldrainen zu plazieren, steingewordene Bitt- und Dankgebete, vielleicht auch Sühnezeichen. Bis heute werden „Bildstöckla" und „Marterla", „Betsäule", „Heiligenhäusla", – wie der Volksmund sie liebevoll nennt – geschaffen und gesetzt. Schlichte Säulen aus gotischen Tagen, reichverzierte, ranken- und rebenumwundene „Träubelesstöck" aus dem Barock waren und sind nicht nur Zeichen der Frömmigkeit, sondern auch der Volkskunst. Faszinierend sind Vielgestaltigkeit und Vieldeutigkeit der Bildstöcke. Zwei Typen aber stehen im Vordergrund: die Gottesmutter und der Kinderkranz der Frankenthaler Vision, aber auch Antonius und Wendelin werden häufig gezeigt.

Auch wenn nicht mehr so oft wie früher der traditionelle Nothelfer-Kranz dargestellt wird, wenn man nicht mehr die Madonna im Mittelpunkt findet, sind die modernen Stilmittel der Bildhauer und Steinmetze beeindruckend. Nicht minder die Erfahrung, wie viele solcher sichtbaren Zeichen ungebrochener Frömmigkeit – nach langer Vernachlässigung – allein im letzten Jahrzehnt des 20. Jahrhunderts wieder einen Platz an den Straßen und in den Herzen der Gläubigen fanden. Das mindert freilich nicht den künstlerischen Rang manches Bildstocks aus alten Tagen, aus der Barockzeit vor allem, wie beispielsweise vor dem Kloster Altstadt in Hammelburg, wie das Rotsandstein-Kreuz im badischen Gerchsheim, das im Sockel die Nothelfer zeigt. Beherzigenswert bleibt vielleicht auch manches der alten Gebete, die auf den „Marterla" geschrieben stehen: „Große Helfer in der Noth, steht mir bei bis in den Tod." Oder ganz schlicht und einfach: „Vierzehn Heilige orate pro nobis".

*Bildstock bei Impfingen/Taubertal, 1851*

Hanc imaginem
Ss XIV Auxiliatorum poni
fecerunt quidam pii Benefac-
tores anno 1714
Renov: 1893 · 1928.

# Gemeinsam geht vieles besser

Bruderschaften gab es – wenn auch nicht unter dieser Bezeichnung – bereits in der Frühzeit des Christentums, Gebetsgemeinschaften nämlich, die gemeinsam in der Nachfolge Jesu leben, Lebenden wie Verstorbenen durch ihr Gebet beistehen wollten. Seit wann es organisierte Bruderschaften mit festgeschriebenen Regeln gab, läßt sich nicht definitiv terminieren. Im achten Jahrhundert ist in England von Gebetsverbrüderungen die Rede, im neunten Jahrhundert werden sie – unter Ludwig dem Frommen – im fränkischen Reich und in Italien nachweisbar. Meist standen sie unter dem Patronat der Gottesmutter, besonders im höfischen Bereich gab es aber bald auch schon Heilige, denen sich der Adel als Schutzpatrone enger verbunden fühlte, wie von 1222 an England St. Georg. Zu seinen Ehren wird auch anno 1496 und 1502 im bayerischen Haus Wittelsbach von Herzog Albrecht IV. die während der Kreuzzüge im 12. Jahrhundert gegründete Georgs-Ritterbruderschaft neu bestätigt. Eine Michaels-Bruderschaft gründete 1693 der Bruder des Wittelsbacher Kurfürsten Max Emanuel, der Kölner Erbischof und Kurfürst Joseph Clemens.

Im bürgerlichen Raum waren es meist Handwerkerzünfte, die sich neben ihrer beruflichen Tätigkeit auch im religiösen und caritativen Bereich zusammenschlossen, um kranke oder verarmte Mitglieder zu unterstützen, ihre Witwen oder Waisen zu versorgen. Die gemeinsame Verehrung der berufsständischen Patrone kam dazu, man spendete Kerzen und Meßopfer, nahm an Prozessionen teil, sorgte für die Ausschmückung des Patronatsaltares. So mag es wohl auch bei jener nicht näher definierbaren „Nothelferbruderschaft" sein, die 1280 für die Münchner Peterskirche existiert haben soll. Sie wird in einem Gedicht erwähnt, das in der Bayerischen Staatsbibliothek als Clm 22 237 verwahrt wird. Die um das Ende des 13. Jahrhunderts entstandene Handschrift ist freilich umstritten. Zusammenhänge könnte es, wenn überhaupt, mit einer nordöstlich der Pfarrkirche von St. Peter gelegenen Friedhofskirche gleichen Namens gegeben haben, da die Nothelfer ja stark in den Totenkult eingebunden waren, vielleicht auch mit dem im 13. Jahrhundert beginnenden Wirken der Franziskaner oder mit der Christophoruskirche. Historisch wirklich greifbar ist in München freilich erst die Bruderschaft der Schuster um 1290, die 1319 an der Lorenz-Hofkirche einen Altar bekam, 1405 kann die Bäckerbruderschaft belegt werden, 1426 wird die Isidor- und Notburga-Bruderschaft der Weinschenken bekannt, 1473 verpflichten sich die Goldschmiede zu Auszier und Unterhalt des Katharinenalters in der Liebfrauenkirche.

*Seite 70:*
*Reich geschnitzter „Nothelferkranz" in St. Veit, Veitshöchheim*

*St. Vitus – Bruderschaftsbild aus Treffelhausen, 19. Jh.*

*Bruderschaftswappen
St. Christoph am Arlberg*

*St. Christophorus,
Schlußstein im Gewölbe
in Rorschach*

Auch Bruderschaften, die sich besonders der Verehrung der Vierzehn Nothelfer verschrieben haben, verfügen über eine lange Tradition, reichen teilweise in die Zeit vor der Frankenthaler Erscheinung (1445) zurück. Die bis heute aktive Bruderschaft zum hl. Christophorus am Arlberg wurde 1386 ins Leben gerufen, im gesamten Alpenraum kümmerten sich Christophorus-Verbündnisse frühzeitig um Reisende, die an gefährlichen Alpenübergängen in Schwierigkeiten gerieten. Bereits 1389 soll es in Rotthalmünster eine Nothelfer-Bruderschaft gegeben haben. 1435 gilt als das gesicherte Gründungsjahr einer Nothelfer-Bruderschaft und zwar an der Vigiliuskirche von Thaur in Tirol, „die zu hoher Blüte und ansehlichem Vermögen gelangte". Ihre Satzungen sind bis heute erhalten geblieben, ebenso wie die wunderbaren Nothelfer-Fresken in diesem Gotteshaus. Eine Georgsbruderschaft wird für 1483 in Fiecht-Georgenberg erwähnt, 1465 stiftet Graf Wilhelm IV. von Henneberg – nicht als Landesherr, sondern als Privatmann – die Bruderschaft zu Ehren der 14 Nothelfer und des hl. Christophorus zu Veßra einen adligen Ritterorden, der 1480 durch Papst Sixtus IV. bestätigt wird. Äußeres Zeichen der Verbindung war eine silberne Ordenskette mit vierzehn Medaillons. Die darauf abgebildeten Engel erinnern an die Frankenthaler Erscheinung. Unterer dekorativer Abschluß der Kette ist eine Christophorus-Darstellung. 1465 ist auch das Gründungsjahr der Rittergesellschaft zu den Vierzehn Nothelfern in Fulda. Die 1445 eingerichtete Eligius-Bruderschaft im mittelfränkischen Cadolzburg wurde nach der Vision des Schäfers Hermann Leicht auf die Nothelfer umgewidmet.

1466 ist die Nothelfer-Bruderschaft in Frankenthal anzusetzen, von 1699 ist eine „Bulla" verbürgt, die an der 1502 fertiggestellten Pfarrkirche St. Pantaleon in Unkel am Rhein die Gründung der (heute wiederbelebten) „Bruderschaft Jesus, Maria, Joseph und die Vierzehn Nothelfer" bestätigt. 1707 treten ihr Kaiser Joseph I. und seine Gemahlin Amalie bei, im gleichen Jahr auch die Erzherzoginnen Elisabeth, Maria Anna und Maria Magdalena, 1716 folgt Erzbischof Joseph Clemens aus dem Hause Wittelsbach, der gleichzeitig neben dem geistlichen Amt Herzog beider Bayern war. Die Beiträge hunderter Unkeler Bürger wurden von der Bruderschaft für Kerzen, Küsterdienste, den Organisten und den Blasebalgtreter verwendet. Vielleicht wurde die Nothelfer-Verehrung schon im 16. Jahrhundert von Erzbischof Ernst, dem Kölner Kurfürsten aus Bayern, mit an den Rhein gebracht.

Die im Jahr 1500 begründete Kissinger Marienbruderschaft, auch Skapulier-Bruderschaft genannt, dürfte sich während der Bauernkriege – vielleicht nach der Hinrichtung des Kissinger Pfarrers 1525 und der Belastung durch harte Frondienste, überhöhte Abgaben an die Würzburger Fürstbischöfe – der Nothelfer-Verehrung zugewandt haben. Jedenfalls ist früh die regelmäßige Wallfahrt nach Vierzehnheiligen verbürgt. Neuerlich aktiv wurde die Bruderschaft in der zweiten Hälfte des 19. Jahrhunderts, wo sie ein eigenes Gebetsbüchlein herausgab, mit dem auch die Regeln erneuert wurden: tägliches Vaterunser-Gebet mit dem Nothelfer-Zusatz, Gottesdienst- und Betstunden-Verpflichtung an allen Nothelfer-Tagen, Teilnahme am Leichenzug für verstorbene Mitglieder und schließlich 12 Kreuzer Jahresbeitrag. Noch heute gibt es am Dionysiustag eine Frauenwallfahrt nach Vierzehnheiligen. Für Schwendt in Tirol ist für 1737 eine Nothelfer-Bruderschaft verbürgt.

In Walldürn, dem Ort der berühmten Heiligblut-Wallfahrt, existiert seit 1870 eine Nothelfer-Bruderschaft, in Berk in der Eifel wurde unter dem damaligen Pfarrvikar die längst bestehende Bruderschaft 1768 privilegiert, die in die dortige Kirche wertvolle Nothelfer-Reliquien eingebracht und damit eine blühende Wallfahrt begründet hatte. An den sieben Nothelfer-Montagen kommen die Pilger von weit her, an den vorangegangenen Sonntagen beten die Einheimischen am Nothelfer-Altar den Sühne-Rosenkranz mit dem Zusatz: „O ihr heiligen Nothelfer, mit diesem Licht stehen wir mit unseren Anliegen vor euch und bitten um eure Fürsprache."

1621 entstand die Wallfahrt der Nothelfer-Bruderschaft zum Margarethenberg; auch in der Schweiz, in Bertiswil, ist 1571 als Gründungsjahr der Bruderschaft verbürgt. Die 1737 entstandene Bruderschaft zu St. Ägidien in Schwendt (Bistum Salzburg) wurde 1780 aufgehoben, zehn Jahre später aber schon wieder installiert. In Müllen nahe Straßburg, wo die Nothelfer wohl schon seit dem frühen 15. Jahrhundert verehrt wurden, ist seit dem 17. Jahrhundert eine Nothelfer-Bruderschaft bekannt.

Nicht nur Wallfahrt, Gottesdienstbesuch, Meß- oder Kerzenstipendien standen in der Pflichtliste der Bruderschaften, tätige Nächstenliebe war in Zeiten, in denen es keine Versicherungen, kein „soziales Netz" gab, in Handwerkerzünften wie in Bruderschaften dringliche Verpflichtung.

Ein gutes Beispiel gibt Simbach am Inn: Als dort 1848 nach Aufhebung der Grundherrschaft die Lehensnehmer und Kleinstpächter in größter Armut lebten, gründete der Kirchdorfer Pfarrrer einen Nothelferbund und unterteilte die Pfarrgemeinde in 15 Bezirke, zu Ehren der 14 Nothelfer und der Gottesmutter. Jeder Bezirk hatte die Verpflichtung, bestimmte Naturalien abzuliefern und damit die Versorgung der Bedürftigen zu sichern: Getreide, Obst, Töpferwaren, Brennholz, Heu und Streu, Ackergeräte, Werkzeuge, Schuhe, Ziegelsteine... Außerdem hatte man zweimal jährlich ein neues, selbstgefertigtes „Werkstück" abzugeben, die Kleidung Verstorbener wurden als Armenspende abgegeben. Diese beispielhafte Aktion mußte freilich auf alte Traditionen zurückgehen, denn schon anno 1602 werden der Opfersinn und die Hilfsbereitschaft der Kirchdorfer als „so ausgeprägt wie in keinem anderen Ort des Landgerichts Julbach" bezeichnet.

In Limbach an der Saar, wo Reliquien der Heiligen Barbara und Katharina, Blasius, Dionysius und Christophorus verehrt werden und ein eigener Nothelfer-Rosenkranz existiert, wurde im Ersten Weltkrieg an jedem Mittwoch eine Nothelfer-Prozession abgehalten. Bei schwerer Krankheit eines Gemeindemitgliedes zogen 14 Kinder in Prozession vor das Haus des Patienten und hielten eine Novene zu den Nothelfern. Als Kranken- und Altenpflege mehr und mehr in Hospitälern und Heimen institutionalisiert wurden, hielt man die Novene in der Pfarrkirche ab.

Zu Ehren von St. Ägidius, des Patrons von Natz-Schals bei Brixen, wird am letzten August-Sonntag eine Nothelferprozession abgehalten, am 1. September das Ägidienbrot verteilt. Einheimische und Fremde, Arme und Reiche, die mittags den Rosenkranz mitbeten, erhalten drei gesegnete Roggenbrote, wobei allerdings bei Beginn der Andacht die Kirchentür zugesperrt wird. Zwei Ursprünge werden für den Brauch genannt: das Gelöbnis der Gemeinde, als im 19. Jahrhundert ein Brand vom Mesnerhaus auf das Dorf

*„Nothelferkreuz" aus dem Textheft der Bruderschaft in Unkel am Rhein (1985 neu ins Leben gerufen)*

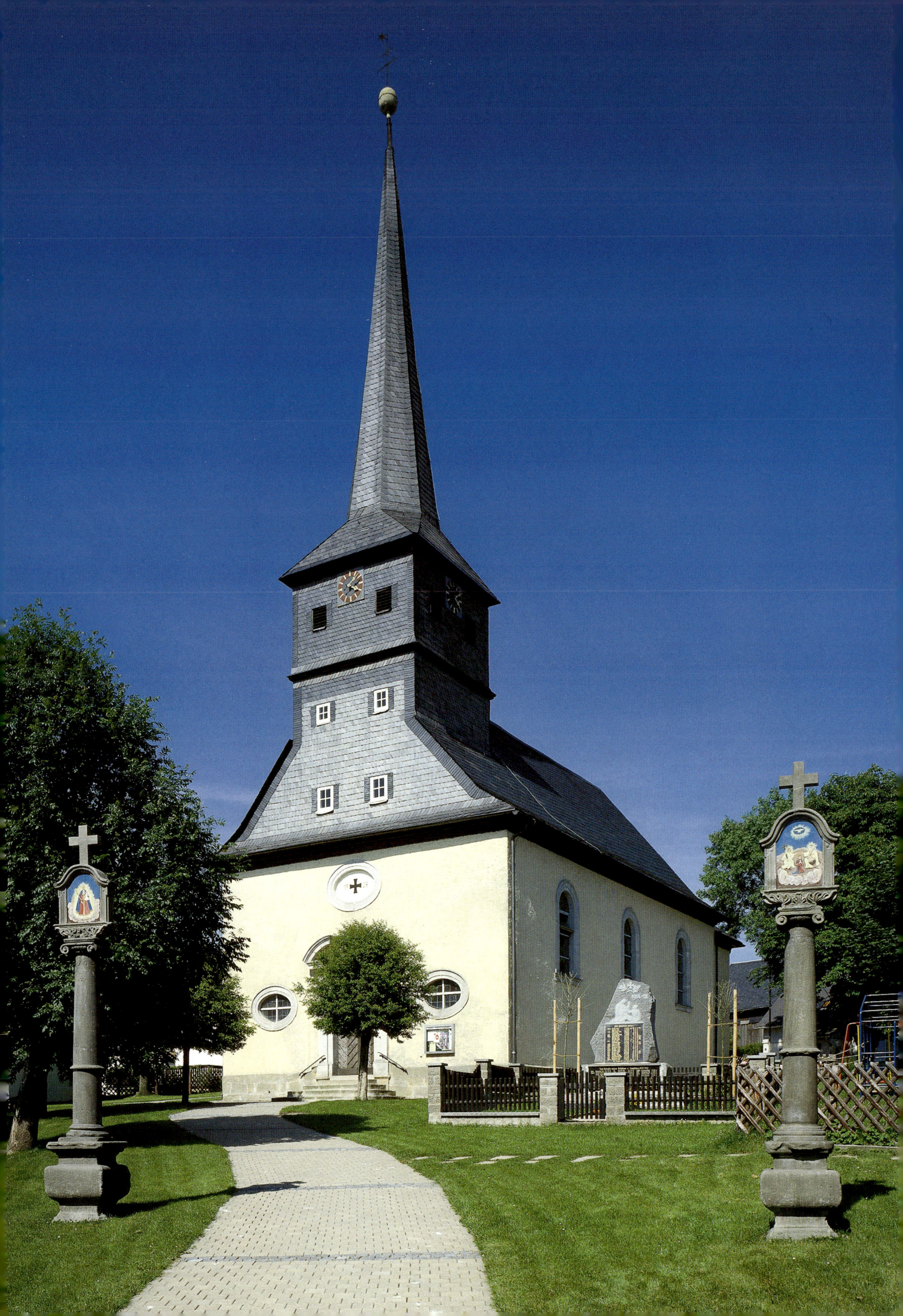

überzugreifen drohte. Wahrscheinlicher ist die Erinnerung an die Patres des nahen Klosters Neustift, die einst nach den Konventualmessen die Armen mit Brot, Käse und Wein verköstigten. Als 1157 der Brixener Bischof, der selige Hartmann, den Augustinern die reichen Pfarreien der Umgebung schenkte, dehnte sich die Armenspeisung weithin aus. Die dortigen Höfe schenkten dafür den Roggen, übernahmen wechselweise Kornmahlen und Brotbacken.

Eine offene Tafel für Bedürftige wurde 1950 auf den Georgitag in einigen Gemeinden des Innviertels eingerichtet, mancherorts wird Georgibrot in Drachenform verteilt. Am Tag der heiligen Katharina wurden in vielen Ortschaften Österreichs die „Kitzernudeln" verschenkt.

Weit über Ursprungsort und -land hinaus ist (nicht erst seit der Ski-WM von 2001) der Arlberg populär und damit das Bruderschafts-Hospiz Sankt Christoph. Heinrich Findelkind, ein aus Kempten gebürtiger Schweinehirt im Dienst der Herren auf Burg Arlen, erlebte immer wieder die Not und den Tod von Menschen bei der Überquerung des winterlichen Arlberg-Passes. Eine Notunterkunft als Nacht- und Notquartier wollte er auf der Paßhöhe errichten und versicherte sich zunächst der Unterstützung des Tiroler Landesfürsten, Herzog Leopold III. Zusammen mit seinem Freund Ulrich Nosseck aus St. Gallen begann Findelkind 1386 mit dem Bau einer Unterkunft. Schon im ersten Winter konnten – so berichtet die Chronik – sieben Menschen gerettet und im Hospiz gepflegt werden. Einflußreiche Persönlichkeiten wurden aufmerksam, boten Unterstützung an, eine Bulle des Papstes Bonifaz IX. bestätigte des Bau des Hospizes und der Kapelle. Zur Existenzsicherung der Anlage rief Findelkind eine Bruderschaft ins Leben, in deren Mitgliedsbüchern alle sozialen Schichten zu finden waren, aus den habsburgischen Erblanden, aus Prag, aus Magdeburg, Trier, Köln oder Straßburg. Österreichische Erzherzöge waren vertreten, die bayerischen Herzöge, die Bischöfe von Mainz, von Trier, vom Chiemsee. Den Niedergang der Bruderschaft brachte die Reformation, unter Kaiser Joseph II. schließlich wurde sie zwangsweise aufgelöst. 1957 vernichtete eine Brandkatastrophe Hospiz und Kapelle. Zwei Jahre später war das Hospiz wieder erstanden, zu einem der schönsten Hotels in Tirol geworden. Als 1961 auch die Kapelle geweiht werden konnte, bestätigte der damalige Tiroler Landesbischof, Paulus Rusch, die Wiedereinsetzung der Bruderschaft, der heute mehr als 11 000 Mitglieder angehören. Wieder sind es „Brüder und Schwestern" aus allen Schichten und vielen Ländern, die mithelfen, Not zu lindern, nicht nur für Wanderer und Reisende, die winterlich in Schwierigkeiten geraten, sondern vor allem für Bergbauern, Arbeitslose und Kranke, für Schulkinder und Studierende, deren Eltern die Ausbildungskosten nicht tragen können.

Weltweit finden – und das ist ein besonders schöner ökumenischer Aspekt – Kranke, vor allem Sehbehinderte und Blinde, im Namen des Christusträgers Christophorus kostenlos. Hilfe, Heilung und Ausbildung. Die überkonfessionell arbeitende, aber als Mitglied im Diakonischen Werk der Evangelischen Kirche etablierte Christoffel-Blindenmission formuliert für ihre Arbeit: „im Blickkontakt mit Christus kann sich Christophorus, den die schwere Last des Weltenherrschers auf seinen Schultern niederdrückt, wieder aufrichten und frohgemut seinen Weg weitergehen".

*Wallfahrtskirche St. Maria und die Vierzehn Nothelfer in Haßlach (Oberfranken)*

*Pilgerzeichen aus Vierzehnheiligen; neu gestaltet nach gotischen Gitterbildern, die in der Gegend des thüringischen Vierzehnheiligen gefunden wurden*

# Mehr als Märchen und Sagen

Jahrhundertealte Legenden gehören zum Heiligenkult; je weniger wir von der Vita eines Martyrers wissen, umso mehr schmücken wir sie bildhaft aus. Legenden gehören nicht weniger zu den Entstehungsgeschichten so mancher mittelalterlicher Kirchen und Wallfahrten. Jede dieser Legenden hat einen Wahrheitskern. Das wenige, was meist aus den Anfängen bekannt ist, wird vom Volk ausgemalt, weitererzählt und ausgeweitet, bis der ursprüngliche Kern zugedeckt ist. Diese oft märchenhaften Erzählungen sind weniger ihres Wahrheitsgehaltes wegen durch Jahrhunderte lebendig geblieben, sondern weil sie den Glauben des Volkes immer wieder belebten.

Eine Legende, eine der schönsten und zugleich glaubwürdigsten des frühen Mittelalters, steht am Anfang der Wallfahrt Vierzehnheiligen. Die erste Niederschrift stammt aus dem Jahr 1519. Das Original ist leider verschollen, der überlieferte Text stammt aus dem Jahr 1596 und findet sich in der Bamberger Staatsbibliothek. Sprache und Orthographie sowie der lateinische Titelhinweis legen die Annahme nahe, daß sie dem Original zumindest sehr nahe steht, wenn nicht identisch ist. Die mittelalterliche Sprache mag schwierig zu lesen sein, andererseit nimmt jede sprachliche Glättung ihr viel von ihrem Charme. Auch dürfte die Erzählung von den Visionen des Schäfers Hermann Leicht ohnehin weithin bekannt sein.

*Erscheinungen der 14 Nothelfer in Franckenthal*

»Anno Domini, Tausent Vier hundert vnd Fünff vnd vierzig / am Freytag in der Goltfasten nach dem Heiligen Creutztag / in dem Herbst begab es sich also:

*Hochgrab der Kurfürstin Anna († 1512), Gattin des Kurfürsten Albrecht Achill († in Münster zu Heilsbronn) (18 Sandsteinfiguren)*

Hermann deß Scheffers Son zu Franckenthall / woltt des Closters Schaff / der er hüttet / zu nach heimtreiben / Da er nun nahendt zu dem hoff kam / höret er eines Kindtleins stimm schreyen / vnnd sehnlich weinen / also schawet sich der vorgenant Scheffer vmb / do sahe er ein Kindtlein hinder im sitzen auff einem acker / gieng er zu im / da lachet es in an / er wolt das Kindtlein auff heben / da sahe er das Kindtlein wider sitzen an der vorigen statt / vnd zwo brinnende Kertzen bey ime / da rüfft er seinem Hundt von forcht wegen / vnnd segend sich / ging wider zu dem gemelten Kindtlein / da lachet es in wider an / vnd in bedaucht es wer alß liecht / vnd klar als ein Crystall / da er nun gar nahendt zu im kam / verschwandt es wider / er gieng heim vnd sagt das Vatter und Mutter / die hiessen in still schweigen / er wer ein betriegnuß / vber ein Tag sagt er das einem Priester / der riet im / wer es saeh / das es im mehr erschien / so solt er das beschweren / bey dem Vatter / vnd dem Son vnd dem Heiligen Geist. Also erschien im das nit mehr / biß auff S. Petri vnnd Pauls abendt / in dem sechs vnnd viertzigsten Jar / da hütt er aber auff demselbigen acker vmb vesper zeit / da sahe er das Kindtlein aber nackendt an der ersten statt sitzen / vnd es war alß klar / alß die Sunn / vnnd er sahe vmb es stehen viertzehen Kindtlein / die hetten an halb rot / vnd halb weiß / vnd das ein Kindtlein ein rot Creutz an seinem Hertzen / dasselbig war etwas lenger dan der andern eins / da beschwur er das / alss vor geschrieben steht / wie in der Priester vnterweist het / das es im sagen solt / was es wer / oder was es wölt / da antworttet das Kindtlein das so nackendt war / vnd sprach / wir sein die viertzehen notthelffer / vnd wöllen ein Cappeln haben / auch gnediglich hie rasten / vnnd biß unser diener / so wöllen wir dein diener wieder sein.

Da das Kindtlein solche red gethet / furen die Kindtlein alle vber sich vnd verschwunden. Darnach an dem nechsten Sambstag / sahe er zwo kertzen an die stat schiessen / da das Kindtlein gesessen war / vnd branten ein weill / da sahe er ein Frawe fur gehen / der rüffet er / sie solt das auch sehen / alßbaldt furen die kertzen da hin / da sie herkummen waren.

*Neben den Nothelfern zeigen die 18 Sandsteinfiguren die Namenspatronin der Kurfürstin, Johannes den Täufer, Andreas, Bernhard von Clairvaux und Franziskus*

*Schmuckblatt und Andachtsbild aus Vierzehnheiligen, Aquarell von Hans Stengel, Staffelstein, 1935*

Als nun der Scheffer Knecht solches gesicht zu Lanckheim fürbracht / wolt man im das nit glauben / vnd meinten es wer ein betriegnuß / liessen das in einem schlechten sin bleiben / vnd meinten es solt baß ankommen.

Darnach an dem achtzehenden Tag nach dem letzten gesicht / war ein magd auff vnserm Hoff vor dem Closter / die fiele vnversehen nieder / lag wol auff ein stundt oder mehr / reget sich nit / man brach ihr den Mundt auff / vnd gelobt sie zu mancherley heyligen / halff alles nit / zu dem letzten gelobt man sie gehn Franckentall zu den heyligen viertzehen Nothelffern / an die stat da die zeichen geschehen waren / von dem Scheffer angezeigt / do wardt sie von stundt an gesundt / nach solcher geschicht liessen wir ein Cruzifix an die stat setzen / do das Kindtlein gesessen war / vnnd jtzundt dahin gebawet den hohen Altar.«

„Vierzehn schöne Lichter", die weithin zu sehen waren, so beginnt dann die Geschichte der Nothelfer-Kirche von Osternohe in Mittelfranken. Zwei Stunden vor bis zu drei Stunden nach Mitternacht sollen sie in jeder zweiten Nacht zu sehen gewesen sein. Dennoch glaubten die meisten, die die Erscheinung sahen, an Trugbilder. Auch der „edel und gestreng Ritter Herr Hannß von Egloffstein", der zusammen mit seinem Hofgesinde die Lichter gesehen hatte, schenkte der Erscheinung keinen Glauben. Danach hörte eine Frau drei Nächte hintereinander eine Stimme, die ihr befahl, Bretter auf den Gänsehügel – der später Heiliger Hügel hieß – zu tragen, damit dort eine Kapelle „in den Ehren der lieben heiligen vierzehn Nothelfer" gebaut werden könne. Man werde dort dann „Zaichen und viel große Wunderwerk" sehen. Trotz ihrer Angst vor Gespött ging die Frau zum Grafen und endlich wurde das Kirchlein gebaut.

Eine eher tragische Geschichte steht am Anfang der Nothelferkirche und des Franziskanerklosters im tschechischen Kaaden. Wegen Majestätsbeleidigung waren fünf adelige Brüder zum Tod verurteilt worden. Durch zahlreiche Bitten bewegt, milderte der Rat des Ortes das Urteil dahingehend, daß nur einer der Brüder sterben sollte, und zwar derjenige, der beim Würfeln die niedrigste Augenzahl erreiche. Es traf den Ältesten, der sofort zum Galgen geführt wurde. Drei Tage und drei Nächte hing er dort ohne zu sterben. Er hatte, so erzählte er später, zu den Nothelfern gebetet, wie er es von Kindheit an gewohnt war. Als die Ratsherren von dem Wunder erfuhren, schenkten sie dem Mann das Leben und an der Stelle, an der der Galgen gestanden hatte, wurde eine Kapelle errichtet. Schon 1450 zeichnete der Meißner Bischof Theoderich das Kaadener Kirchlein mit Ablässen aus. 1452 wurde die Gründung eines Klosters erwogen, das am Karfreitag 1473 von den Franziskanern übernommen werden konnte. Zuvor schon, 1462, ließ sich Nikolaus von Lobkowitz aus dem altehrwürdigen böhmischen Fürstengeschlecht im Vorhof der Nothelferkapelle bestatten.

„Heiligen" heißt eine kleine Ortschaft im Aglaiental nahe der Stadt Tachau in Böhmen. In den dichten Wäldern ringsum sahen Wanderer auf einem großen Stein immer wieder vierzehn Lichter brennen, um die sich bald regelmäßige Andachten entwickelten. Als sich dort wieder einmal Beter versammelten, ritt ein heidnischer Ritter vorbei, verspottete die Andächtigen und lästerte die Nothelfer. Er sei, sagte er höhnisch, deren fünfzehnter, und versuchte, die Lichter auszutreten. Sogleich verschlang die Erde den Lästerer samt seinem Pferd. Um den Stein herum wurde eine Kapelle gebaut, die 1496 durch Bischof Nikolaus von Meißen geweiht wurde. 1623 erwarb der Reiterobrist Johann Philipp Husmann, ein treuer Gefolgsmann Ferdinands II., die Herrschaft Tachau. Unter seinem stregen Regiment wurde die Gegenreformation gegen alle Widerstände durchgeführt, Grundstücke, Teiche und rund 50 000 Gulden spendete der „wilde Jahn" für den Bau eines Klosters, in das 1670 zwölf Mönche des Paulanerordens einziehen konnten. Gnade für sein Geschlecht und eine gute Todesstunde wollte Husmann nach einem bewegten Leben erbitten, begraben wurde er jedenfalls in der kostbar ausgestatteten Klosterkirche, in der sich auch der wunderbare Stein befunden haben soll. Verbürgt ist für Kloster und Gotteshaus, die 1787 durch Kaiser Josef II. aufgehoben wurden, daß sich dort niemals Spinnen aufgehalten haben.

Auf eine geheimnisvolle, ja „geisterhafte" Entstehungslegende für die Nothelferkapelle verweist die Chronik der Gemeinde Kleinzholzen im Chiemgau. Anno 1595 soll ein Bauer den Kirchenbau gelobt, aber nicht realisiert haben. Erst der verarmte Mann seiner Enkelin erfüllte das Gelübde, wenn auch nicht aus freiem Antrieb. Im Haus ging ein Geist um, der Nacht für Nacht lärmte und immer neues Unglück über Haus, Familie und Stall brachte. So suchte man beispielsweise 1654 stundenlang vergeblich nach dem zweijährigen Buben der Familie, fand ihn schließlich wie tot in einer Ackerfurche. Da erinnerte sich der Bauer Christoph Fischer an das alte Gelöbnis und versprach neuerlich den Kirchenbau zu Ehren der Gottesmutter und der Vierzehn Nothelfer. Mit Unterstützung des Chiemgauer Probstes Arsenius und des Ortspfarrers konnte das Gotteshaus 1657 vollendet werden. In der Nacht nach dem ersten Gottesdienst sah der Bauer im Mondlicht ein weißes Lamm, das zutraulich um seine Füße strich und dann verschwand. Gleiches tat auch die nächtliche Spukgestalt – und zwar für immer.

Eine geradezu dramatische Geschichte wird aus dem Altvatergebirge erzählt. Ein

*Andachtsbild mit der dritten Erscheinung in Frankenthal*

reicher Kaufmann machte auf dem beschwerlichen Weg von Petersdorf nach Römerstadt in einem Wirthaus in Brandwald Rast. Eine unheimliche Rast, wie sich herausstellte. Zum einen fand er in seinem Essen einen menschlichen Finger, zum anderen spürte er die bedrohlichen Blicke dreier Männer vom Nebentisch. Rasch machte sich der Kaufmann wieder auf den Weg, hörte aber bald hinter sich eilige Schritte. In seiner Angst schickte er ein Stoßgebet zu den Nothelfern und hatte sogleich die Eingebung, sich am Waldrand unter dem dichten Wipfel eines umgestürzten Baumes zu verstecken. Die Räuber trabten weiter in der Hoffnung, ihn einzuholen. Betend und zitternd blieb der Kaufmann in seinem Versteck, bald hörte er die Bösewichte zurückkommen, fluchend und schimpfend, daß ihnen das Opfer entkommen sei. Noch wollten sie das Wurzelwerk des Baumes untersuchen, in dem der Kaufmann sich versteckt hatte. Da aber zerriß ein Blitz die Finsternis und die Räuber rannten ins Dorf zurück, um nicht naß zu werden. Wohlbehalten wieder zu Hause angekommen, ließ der Kaufmann an der Stelle, wo der rettende Baum gelegen war, ein Gnadenbild der Nothelfer errichten.

Als im Jahr 1429 die Hussiten durch das Land Meißen zogen und alles verwüsteten, versuchte der Vogt des Ortes Gottleuba, Hans Roner, nach einer Möglichkeit, wenigstens den Frauen, Kindern und Greisen seiner Gemeinde die Flucht zu ermöglichen. Das konnte nur gelingen, wenn der Feind wenigstens für einige Zeit aufgehalten würde. Fast alle Männer erklärten sich bereit, sich dem Kampf zu stellen. Roner aber wählte nur dreizehn Unverheiratete von ihnen aus und zog mit ihnen zusammen den Hussiten entgegen. Alle vierzehn fielen im Kampf, aber alle anderen Dorfbewohner waren gerettet. Ein Nothelferweg am Ortsausgang erinnert an die Toten, aber auch an die Nothelfer, die in Gottleuba bis in die Barockzeit hohe Verehrung genossen. Ein Sühnekreuz wurde aufgerichtet und auch eine Bergmannskapelle der Vierzehn Nothelfer wird erwähnt.

Zwei wundersame Heilungen werden im Zusammenhang des Kirchleins Ursprungsberg in Böhmen berichtet. Um 1890 war die Tochter des Bauern Josef Lorenz schwer erkrankt und es gab keine Hoffnung auf Heilung. Da gelobte der verzweifelte Vater den Bau einer Nothelferkapelle und als das Kind gesundete, machte er sich sogleich ans Werk. Das bescheidene Werk erwies sich freilich nicht als besonders dauerhaft. 1990 begannen dann ausgewanderte Bürger aus Ursprungsberg, die Familie Sandner, Mittel für die Renovierung der Ägidiuskirche in ihrer ursprünglichen Heimat zu sammeln. Als Sandner wenig später schwer krank in der Klinik landete, besann er sich der Nothelferkapelle und versprach, auch für deren Erhaltung zu sorgen. Und seit 1998 erstrahlt das Gotteshaus wieder im alten Glanz – ohne daß Geldspenden zusammengetrommelt werden mußten.

Wäre die ähnliche Geschichte, die von der Nothelferkapelle im Wald beim Ötztaler Dorf Köfels erzählt wird, in einem früheren Jahrhundert passiert, spräche man natürlich von einer frommen Legende. Aber sie geschah im 20. Jahrhundert. Im Juli 1910 verirrte sich das fünfjährige Töchterchen eines Waldarbeiters beim Beerenpflücken und konnte trotz intensiver Suche nicht gefunden werden. Erst nach drei Tagen veranlaßte die verzweifelte Mutter, die in ihrer Not manches Gebet zu den Nothelfern schickte, eine neuerliche Suche. Und tatsächlich wurde das Kind gesund und wohlbehalten gefunden. Zum Dank ließen die Eltern eine schlichte Holzkapelle errichten, auf deren Altar ein Muttergottes-Bild seinen Platz fand. Zu beiden Seiten hängen Abbildungen der Vierzehn Nothelfer.

# „Pilger sind wir in der Welt"

Es ist wohl ein Urbedürfnis des Menschen, Orte mit besonderer Kraftausstrahlung aufzusuchen, mysteriöse Orte, Stätten, von denen man annahm, daß „an ihnen die Götter wohnen", Orte, von denen wundersame Begebenheiten berichtet werden, Orte auch, an denen Reliquien eine direkte Verbindung zu hilfreichen Heiligen schaffen, wo „der Himmel offen" bzw. näher erscheint. Pilgerschaft gab und gibt es zu allen Zeiten, in allen Kulturen. Notzeiten wie Kriege, Seuchen, Naturkatastrophen waren und sind – neben der Suche nach dem Wunderbaren – die drängendsten Motive, sich auf den Weg zu machen.

In unserer Zeit wurden Wallfahrten lange vernachlässigt – mittlerweile kommen sie wieder mehr und mehr „in Mode". Das Gemeinschaftserlebnis wird in einer Zeit zunehmender Vereinsamung eine wichtige Triebfeder zur Teilnahme, auch das Bedürfnis, eine lebendige Glaubensgemeinschaft zu erfahren, die man vielleicht in der heimatlichen Pfarrei, in der eigenen Stadt seit langem entbehrte. Man will uralte Gelübde erfüllen, die traditionsreiche Verehrung der Nothelfer wachhalten, aber auch ganz neue Initiativen entwickeln. Viele Gründe gibt es und gab es, die Hilfe der Heiligen zu erbitten oder ihnen Dank zu sagen. Da war der Dreißigjährige Krieg mit all seinem Elend, da waren die Bauern- und die Religionskriege, da mordete die Pest ganze Landstriche, vernichteten Naturkatastrophen die Ernten, rafften Seuchen den Tierbestand hinweg. Einberufungen zum Ersten oder zum Zweiten Weltkrieg, die Angst um die Soldaten an der Front, die Dankbarkeit für deren Heimkehr aus dem Feld, aus der Gefangenschaft.

Vieles, was im Mittelalter selbstverständlich war, gilt nicht mehr: Man pilgert nicht mehr auf nackten Sohlen, man muß nicht mehr um Nachtlager und Wegzehrung betteln, man kann nicht mehr weltliche oder kirchliche Strafen „abdienen": Flugzeuge, Autos, Busse und Sonderzüge, in jüngster Zeit vor allem Fahrräder sind aus dem heutigen Wallfahrtswesen nicht mehr wegzudenken. Aber noch immer gibt es auch kleine und große Pilgerscharen, die 100, 150 und manchmal noch mehr Kilometer Schritt für Schritt ihrem Ziel entgegengehen. Nicht immer sind es Bitten, die die „Walleut" mit sich tragen, Dank zu sagen, auch das haben viele nicht vergessen.

Uraltes Liedgut begleitet den Weg, traditionsreiche Gebete, aber auch die frischen Klänge von Blaskapellen, die Rhythmen von Jugendbands, Fahnen werden mitgetragen, Wallfahrtsbilder – oft erst in jüngster Zeit entstanden. Halt gemacht wird nicht nur an Wirtshäusern, sondern auch an Wegkreuzen und Bildstöcken, an Kreuzwegstationen. Man pilgert nicht nur zu den berühmten Gnadenstätten der Gottesmutter, zu Kirchen und Klöstern, die Reliquien des Kreuzes, wie der Dornenkrone, oder der Marterinstrumente Christi vorweisen können, man pilgert nicht weniger zu all den

*St. Vitus auf einem Wirtshausschild in Gabolshausen im Grabfeldgäu*

81

*Wallfahrtstafel aus Untereßfeld/Grabfeldgau, um 1850*
*Seite 83: Opferkerze in der Wallfahrtskirche Neukirchen b. Hl. Blut*

Heiligen, von denen man sich Schutz und Hilfe, vor allem aber Fürsprache bei Gott erhofft. Die Vierzehn Nothelfer, die als Gruppe vielleicht mehr Macht haben könnten als ein einzelner Heiliger, sind seit Jahrhunderten im ganzen deutschsprachigen Raum Ziel ungezählter Wallfahrer, nicht nur im fränkischen Vierzehnheiligen, sondern an vielen Plätzen, wo sie ebenfalls „einen Rastplatz" haben, wo sie auch – wie in der Langheimer Erscheinung versprochen – den Menschen „Diener sein" wollen.

Oberrotweil am Kaiserstuhl wäre zu nennen, wo vom Weißen Sonntag bis in den November hinein, vor allem aber am „Hagelfreitag", dem Tag nach Christi Himmelfahrt, und am Sonntag nach St. Pantaleon regelmäßig Pilger kommen. Bezeugt ist die Wallfahrt vor dem 17. Jahrhundert, wundersame Heilungen zogen Wallfahrer aus dem Markgräfler Land an, aus dem Breisgau, aus dem Elsaß und der Ortenau. Nach den Wirren des Dreißigjährigen Krieges und der Zerstörung der Kirche sorgten Zünfte und Geistlichkeit für den Wiederaufbau. Die Schenkung von Pantaleons-Reliquien durch Prinzessin Elisabeth von Baden-Baden führte zu einer Belebung der Wallfahrt, ebenso das Ende des Ersten Weltkriegs. In jüngster Zeit ist auch eine alljährliche Pferdesegnung üblich geworden.

Nach Unkel am Rhein kam die Nothelfer-Verehrung vermutlich durch den Wittelsbacher Kurfürsten Ernst von Bayern, der im 16. Jahrhundert Erzbischof von Köln war. Die um 1700 begründete Bruderschaft wurde 1985 erneuert, Wallfahrer, vor allem aus Königwinter, kommen seit dem 17. Jahrhundert hauptsächlich am Pantaleonsfest, dem Patronatstag von Unkel. Seit 1716 hat die an Kunstschätzen reiche Kirchengemeinde „Vierzehnheiligen am Rhein" ein eigenes „Sangbüchlein nebst denen neu componirten Stücklein zu Ehren der H. H. Nothelfenden". Von 1972 bis 1982 entstanden von der einheimischen Graphikerin Toni Backen neue Prozessionsfahnen aus Batiktuch.

Zu St. Pantaleon wird auch in Wilfingen bei Säckingen „gewallt".

250 Jahre Tradition hat die Nothelfer-Verehrung auf dem Jakobsberg bei Bingen, wo der 24. Juli, das Christophorus-Fest, Hauptwallfahrtstermin ist. Aber auch an Margaretentag, am Herz-Jesu-Fest und an Mariae Schmerzen ziehen die Pilger den Weg hinauf, den Darstellungen

*Wallfahrtsfahne einer englischen Pilgergruppe aus Truro in Cornwall; den Gobelin schuf 1983 die damals 80jährige Margaret S. Pollard*

der Sieben Schmerzen Mariae säumen. Die 1720 erbaute Kapelle, die in den napoleonischen Wirren zerstört wurde, erfuhr zwischen 1857 bis 1862 einen Wiederaufbau, 1953 und 1961 wurde sie renoviert.

Lebendig bis heute ist auch die alljährliche Wallfahrt auf den Margaretenberg bei Altötting, dort ist der Margareten-Altar bereits 1406 verbürgt. Ägidius-Wallfahrten finden sich heute noch in der Steiermark, wo der Nothelfer bis 1675 Landespatron war, und zwar in Graz, in Vorau, in Obdach und in Alt-Aussee in der Steiermark

Seit 1200 ist die Wallfahrtskirche in Veitsbronn nachweisbar, zu dieser Gnadenstätte des hl. Vitus war das Pilgerwesen bis zur Reformation ungemein populär, wurde sogar nach 1529 noch lange geduldet. Die spätgotische Altarausstattung zeugt nicht nur von Nürnberger Meistern und ihrer Kunst, sondern auch vom einstigen Reichtum der St. Veits-Kirche.

Wallfahrten gibt es freilich nicht nur zu den „Spezialisten" unter den Nothelfern, sondern sehr viel häufiger zur ganzen Gruppe.

Anger in der Steiermark wäre zu nennen, wo Sankt Blasius Hauptpatron ist, Zeugnis für die einst engen Beziehungen zu St. Blasien im Schwarzwald. Die Nothelfer-Kirche wird urkundlich zwar erst 1544/45 erwähnt, ist wohl aber bedeutend älter. Über dem gotischen Westportal ist die Jahreszahl 1517 eingemeißelt. Noch älter dürfte die Wallfahrt sein. Denn unter den überkommenen Votivgaben sind eiserne Opfertiere, die um 1400 entstanden – sie sind heute im Museumsbesitz, die in der Kirche verbliebenen Stücke stammen aus dem 17. Jahrhundert. Anger, das nicht nur über authentische Nothelfer-Reliquien, sondern auch über eine Nothelfer-Glocke von 1686 verfügt, war schon in frühester Zeit wegen seiner heilkräftigen Quellen bekannt. Enge Verbindung bestand wohl zu Kaaden, denn die Darstellung der Stadt findet sich deutlich auf einem Votivbild in der Angerer „Vierzehner-Kirch".

Zu den ältesten, noch lebenden Nothelfer-Wallfahrten gehört St. Georg in Jüchen-Neuenhofen im Kreis Neuß, die erste Erwähnung stammt von 1382. Die Wallfahrt um Mariae Heimsuchung dauerte eine ganze Woche. Einflüsse der Reformation brachten sie weitgehend zum Erliegen, erst 1775, als Pius IX. den Pilgern einen Ablaß zusicherte, lebte der Kult wieder auf. Mehr noch freilich, als die Kirche 1877 eine Monstranz mit Nothelfer-Reliquien erhielt, die von den Gläubigen berührt oder geküßt werden durfte. Im 19. Jahrhundert war die Festoktav mit einem Markt verbunden.

Ebenfalls seit etwa 1400 werden die Nothelfer im württembergischen Müllen, nahe der französischen Grenze verehrt, wo seit 1179 eine Ulrichskapelle bezeugt ist. Eine 1690 gegründete Nothelfer-Bruderschaft rief auch die Wallfahrt zu den Vierzehn Heiligen ins Leben.

Seit 1666 ist die Nothelfer-Wallfahrt nach Dischingen verbürgt, zu einem Gotteshaus, in dem vierzehn beachtenswerte

Fresko-Medaillons die Zahl Vierzehn mit alttestamentarischen Bildern interpretieren. Die Wallfahrt zum Nothelfer-Käpelle in Menningen bei Meßkirch in Württemberg entstand 1868 mit einem Gelübde zum Schutz vor Hagelschlag.

Gehülfenberg heißt die Nothelfer-Wallfahrt in Rasdorf, an der alten Straße von Frankfurt nach Leipzig. Gehülfen, das sind die Helfer, die Nothelfer. Seit 1681 existiert die Kapelle, die 1996 durch Brandstiftung völlig zerstört wurde, schon ein Jahr später aber wieder konsekriert werden konnte. Der Gehülfenberg, gelegentlich auch Gehilfersberg genannt, gilt als Wahrzeichen des Hünfelder Landes und ist einer der ältesten und bedeutendsten Wallfahrtsorte des einstigen Hochstifts Fulda. Den Weg zur Kapelle säumen sieben farbig gefaßte Bildstöcke aus dem 18. Jahrhundert, die auf der Vorderseite jeweils zwei Nothelfer zeigen.

Ebenfalls zum Hochstift Fulda gehörte die Langenberg-Kapelle bei Großenlüder, wo eine Nachbildung des Gnadenbildes vom Gehilfersberg seit 1682 die Wallfahrer anzieht. Die Vorgänger-Kapelle war im Dreißigjährigen Krieg zerstört worden. Den Anfang der Wallfahrt erzählt eine hübsche Legende: Bei einem Erdenbesuch machten die Nothelfer Rast an einem Weinberg bei Großenlüder. Als sie über heftigen Durst klagten, sprangen zwischen je zwei Heiligen Quellen empor, die „siewe born". Heute freilich sind sie des Kalkabbaus wegen versiegt. Eine heilkräftige Quelle, in der ein Kind von einem bösartigen Ausschlag geheilt wurde, ist versiegelt unter dem Altarstein verblieben. Hauptwallfahrtstage sind Kreuzauffindung, Kreuzerhöhung, der Markustag und St. Sebastian. An Sebastiani soll die Pest erloschen sein.

Im Pestjahr 1768 pilgerte Adolf Stolzen, ein Bürger aus Berk in der Eifel, nach Rom. Dort lernte er die Vierzehn Nothelfer kennen, brachte ihre Verehrung mit in seine Heimat und gründete eine Nothelfer-Bruderschaft. Zugleich entstanden Wallfahrten, bei denen den Gläubigen ein kleines Nothelfer-Reliquiar zur Verehrung gereicht wurde. Ein zweites, größeres befindet sich im Tresor unterhalb des Nothelfer-Reliefs. Sichtbar ist die Inschrift: *Subvenite Sancti Dei* – Kommt zu Hilfe, ihr Heiligen Gottes. Papst Clemens XIII. hat den Nothelfer-Altar privilegiert, die Bruderschaft bestätigt. Nach einer Brandkatastrophe 1971 wurde die Kirche wieder aufgebaut und mit modernen Kunstwerken versehen. Sieben Nothelfer-Montage werden gefeiert, am Sonntag davor betet man in der Gemeinde einen Sühne-Kreuzweg.

*St. Erasmus, Schlußstein im Gewölbe in Rorschach*

Drei saarländische Gemeinden haben die Nothelfer als Nebenpatrone: St. Willibrord in Limbach, St. Maximin in Pachten, St. Michael in Wemmetsweiler. Alle drei Nothelfer-Altäre sind ikonographische Besonderheiten – sie zeugen von der Passionsfrömmigkeit des 19. Jahrhunderts und zeigen das Christuskind am Kreuz, Christus den Gekreuzigten. In Limbach wurde 1950 die alte Wallfahrt nach dem Kirchenneubau auf den Michelsberg verlegt, heute hat die Jugend die Nothelfer-Verehrung mit den alten Texten wieder belebt. In Pachten verehren die Schiffer besonders St. Christophorus. Die Wallfahrt erlebte ihren Höhepunkt während des Ersten Weltkrieges. Nach Wemmetsweiler kamen die Pilger vor allem aus der bayerischen Pfalz, aus St. Ingbert und Umgebung. Und zu den saarländischen Wallfahrten gehörte jeweils eine zünftige Kirmes.

Eine bewegte Geschichte hat die Nikolausklause in Königsbach in der Pfalz: schon 1351 wurde sie von Papst Clemens VI. mit Ablässen versehen, bis ins 17. Jahrhundert betreute ein Klausner die Kapelle, dann übernahmen die Pfarrgemeinden Königsbach und Ruppertsberg die Dienste. 1621 im Dreißigjährigen Krieg brannte das Kirchlein nieder, wurde notdürftig restauriert, 1632 völlig zerstört und 1683 erweitert neu gebaut. 1793 wurde sie zum Pferdestall für preußische Dragoner, 1794 Lazarett für französische Revolutionstruppen, 1815 Wagenremise für russische Soldaten. Eine Wende brachte erst der Wiener Kongreß, als die Pfalz zu Bayern kam. 1846 wurde die Kirche wieder hergestellt und durch den Bischof von Speyer den Nothelfern geweiht, 1864 wurde die Wallfahrt neu belebt. Während einer Predigt soll ein wunderbarer Gesang erklungen sein, denn „die Nothelfer freuten sich darüber". Die größte Pilgerschar gab es anno 1872: 20 000 Wallfahrer sollen im Zeichen des Kulturkampfes unter Bismarck ihre Solidarität mit Pius IX. durch eine Bittprozession bekundet haben.

„Gewallt" wurde und wird zu den Nothelfern auch in Schlaiten bei Lienz, nach Wollbrandshausen im Eichsfeld, im oberpfälzischen Bärnau an der tschechischen Grenze, am Weinbergshügel bei Oberschwarzach nahe Schweinfurt, auf den Möningerberg bei Freystadt, in Dinkelstädt und anderen Orten des Eichsfeldes.

Im Mittelpunkt der Nothelfer-Verehrung und damit auch lebendiger Wallfahrtstradition freilich steht Vierzehnheiligen im „Gottesgarten am Obermain" Dorthin pilgerte schon Kaiser Friedrich III. zweimal, nämlich 1468 und 1485. Im gleichen Jahr kehrte auch Kaiser Ferdinand bei den Nothelfern ein und überließ ihnen seine goldene Halskette. Dort betete anno 1520 Albrecht Dürer mit seiner Frau – lange bevor Balthasar Neumann die grandiose Basilika schuf. Als vor mehr als 100 Jahren Victor von Scheffel sein „Wanderlied" dichtete, war „Gottes Festsaal" freilich längst fertig und beliebtes Wallfahrtsziel: „Wallfahrer ziehen durch das Tal mit fliegenden Standarten, hell grüßt ihr doppelter Choral den weiten Gottesgarten ..." In unserer Zeit gehörte Englands Ex-Premier Edward Heath zu den Pilgern, der in der Basilika eigenhändig die Orgel spielte, chinesische wie russische Minister, das belgische und das schwedische Königspaar und, und, und ...

Fast 200 organisierte Gruppen kommen Jahr für Jahr, etwa 130 davon zu Fuß. Sie alle werden feierlich empfangen und in die Basilika geleitet, wo sie einen festlichen Gottesdienst erleben. Niemand freilich weiß, wie viele Gläubige für sich allein, mit der Familie oder im Freundeskreis ihre Anliegen, ihren Dank auf Frankens heiligen Berg tragen. Heute wie gestern und vorgestern.

Auf ein Pestgelübde im Jahr 1635 geht beispielsweise der jährliche Bittgang der Gemeinde Simmershausen in der fuldischen Rhön zurück, gut 130 Kilometer von Vierzehnheiligen entfernt. Gottesdienste werden unterwegs gefeiert, rund 40 Musiker begleiten die 500 Pilger auf ihrem beschwerlichen Fußweg. Viele junge Leute sind dabei, auch evangelische Christen.

Auch die Wallfahrt aus Bärnfels in der Fränkischen Schweiz geht auf die Pestzeit zurück, die aus Dorgendorf ebenso wie die aus Volsbach, aus Merkendorf, aus Nüdlingen, aus Prappach im Haßgau, aus Priesendorf, aus Sand am Main, aus Staffelbach, aus Unterhohenried, aus Ebern.

Einer Viehseuche wegen verlobten sich die Bürger aus Höfen bei Bamberg nach Vierzehnheiligen. Mehr als 300 Jahre alt ist auch die Fußwallfahrt aus Nordheim. Vier Tage brauchen die meist rund 100 Teilnehmer für die 100 Kilometer. Nur ein einziges Mal seit 1652 wurde ausgesetzt, das war 1879 am gelobten „Walltag"- und da erinnerte sie ein gewaltiges Hagelunwetter an das Versäumnis.

Seit mehr als 100 Jahren kommen die Pilger aus Merkershausen bei Bad Königshofen an der ehemaligen Zonengrenze wieder regelmäßig. Die Anfänge der mehrfach aufgegebenen, immer wieder neu belebten Wallfahrt gehen wohl auf den Dreißigjährigen Krieg zurück

Die erste Beschreibung der Wallfahrt von Geldersheim stammt aus dem Jahr 1680, vermutlich aber entstand sie schon wesentlich früher. Bildstöcke und ein Kirchenfresko zeugen von der einst großen Nothelfer-Verehrung, während der Säkularisation zu Beginn des 19. Jahrhunderts wurde die Wallfahrt allerdings eingestellt.

Seit mehr als 300 Jahren ist auch die Wallfahrt aus dem Eichsfeld nach Vierzehnheiligen belegt. Sie gilt als die älteste und größte Fußwallfahrt zum Franken-Heiligtum und sie ist auch heute wieder lebendig. Fünf oder sechs Tage waren und sind die Pilger aus dem Fuldaer Land mehr als 200 Kilometer weit unterwegs und nach zwei Tagen Aufenthalt marschierten und marschieren sie wieder zurück. Bis die Bahn die Pilgerschaft erleichterte – und seit 1972 bringen Busse die rund 500 Wallfahrer aus rund 30 Gemeinden des Eichfeldes zur Basilika. Erstmals 1986 kamen die Eichsfelder wieder zu Fuß, meist Jugendliche, angeführt vom Hildesheimer Bischof. Neuerdings macht sich alljährlich wieder eine kleine, treue Gruppe auf den mühsamen Weg. Eine Bitte, die die Untereichsfelder Wallfahrer Jahr für Jahr ausgesprochen hatten, ist in Erfüllung gegangen: das Eichsfeld, jahrzehntelang durch die Zonengrenze getrennt, gehört wieder zusammen. Bei der ersten gemeinsamen Wallfahrt nach der Wiedervereinigung brachten sie 1989 ein Originalstück vom „Eisernen Vorhang" in die Votivkapelle. Auch „ausgewanderte" Eichsfelder, die im Bereich Dortmund oder Unna leben, pflegen die Tradition ihrer alten Heimat weiter, sie kommen Jahr für Jahr mit Bussen rund 450 Kilometer weit nach Franken.

Ein Unwettergelöbnis brachte 1897 die Sommeracher Winzer aus dem Maindreieck auf den Pilgerweg; nicht nur ihre Weinberge und Fluren blieben verschont, auch als 1982 die Wallfahrerschar auf freiem Feld in ein schweres Gewitter geriet, passierte niemandem etwas.

Wallfahrten nach Vierzehnheiligen freilich sind nicht nur in vergangenen Jahrhunderten entstanden. So haben sich die Oberpfälzer aus der Gegend um Weiden und Wunsiedel um 1930 beim Ausbruch der Maul-und Klauenseuche zu den Nothelfern verlobt, seit 1950 kommen sie allerdings nicht mehr zu Fuß, sondern mit einem Sonderzug, zu Fuß dagegen kommen die Hammelburger, seit 1988 110 Kilometer einfache Wegstrecke.

Unmittelbar nach Kriegsende begründeten die Heimatvertriebenen aus dem Sudetenland, aus Böhmen und Schlesien ihre alljährliche Wallfahrt nach Vierzehnheiligen – und bis heute kommen Jahr für Jahr hundert Teilnehmer, oft schon in der zweiten und dritten Generation.

1946 entstand als Dank für die glückliche Heimkehr die Männerwallfahrt aus 30 Ortschaften rund um Bad Königshofen. Die rund 300 Mannsbilder legen die 70 Kilometer Fußweg an einem Tag in einem Tempo zurück, das weibliche Teilnehmerinnen schon aus physischen Gründen ausschließt.

Veteranen aus beiden Weltkriegen, aber auch junge Wehrpflichtige und Reservisten nehmen alljährlich an der Friedenswallfahrt der Soldatengemeinschaften aus den Diözesen Bamberg und Würzburg teil, mehr als 100 Kameradschaften mit 5000 bis 8000 Männer. Aus der ganzen Bamberger Diözese finden sich immer wieder viele Jugendliche auf dem Pilgerweg ein, die Seniorenwallfahrt aus dem gleichen Bereich brachte es in der Regel auf eine stattliche Teilnehmerzahl. Bei der Behindertenwallfahrt ist es immer ein langer Zug von Rollstuhlfahrern, die in die Basilika einziehen.

Natürlich gibt es nicht nur „große" Wallfahrten – da sollen beispielsweise die „fünf Heiligen" nicht vergessen sein – eine Handvoll Akademiker aus der Fränkischen Schweiz waren es, von denen einer

*Neuzeitliches Wallfahrtsbild (1998) aus Stettfeld/Unterfranken*

das Kreuz vorantrug, der zweite mit seiner Trompete den Takt der Schritte bestimmte, der dritte vorbetete. Inzwischen ist daraus eine richtige und regelmäßige Familienwallfahrt geworden.

Eine 80jährige Engländerin führte schon dreimal eine Pilgergruppe aus ihrer Heimat nach Vierzehnheiligen, wochenlang hatte man zuhause Schuberts „Deutsche Messe" einstudiert, veranstaltete in der Basilika ein Orgelkonzert.

Auch sind es nicht immer Gelübde oder frommes Brauchtum, persönliche Nöte oder Sorgen, die am Anfang einer Pilgerschaft stehen – die 55 Kilometer lange Fußwallfahrt der Rüssenbacher wurde 1994 schlicht und simpel am Wirtshaustisch geboren. Junge Burschen waren es, die den Wallfahrtsweg planten – 13 Wegstunden!

Den Daheimgebliebenen ein Andenken mitzubringen, das ist keine neumodische Erfindung. Nahmen einst die weltlichen Herrscher und die Kirchenfürsten von ihren Pilgerfahrten Reliquien mit – oder was sie dafür hielten –, brachte der Santiago-Pilger seine Muschel mit, so mußte sich der Arme mit einem Lebkuchen begnügen, den man ihm an der Klosterpforte geschenkt hatte. Nobler waren da schon die seit dem 15. Jahrhundert weit verbreiteten Pilgerzeichen aus Blei, Zinn, Bronze, aus Wachs oder Teig, ein Holzschnitt oder ein Kupferstich. Mit der Einführung des Buchdrucks kamen vor allem Heiligenbilder in Mode.

Die ersten Pilgerzeichen, die nach Vierzehnheiligen weisen, stammen aus dem 15. Jahrhundert. Es sind spätgotische Gitterbilder, von denen eines noch im Kestnermuseum in Hannover zu finden ist., ein weiteres im Museum der Stadt Leipzig, das vielleicht nicht aus dem fränkischen, sondern aus dem thüringischen Vierzehnheiligen stammt. Eng an das fränkische Vorbild angelehnt, zeigt das thüringische Pilgerzeichen zwei Schilde mit dem sächsischen und dem thüringischen Wappen, das fränkische dagegen nur ein Wappen, das der Zisterzienser. Beide Gitterbilder sind zur Vorlage geworden für ein neues Pilgerzeichen, das heutzutage Wallfahrern überreicht wird, die zum fünfzigsten Mal Frankens heiligen Berg hinaufwallen. Ja, es gibt Pilger, die auf sechzig Wallfahrten zurückblicken können. Amulett-Anhänger, einst aus Blei oder Zinn, heute oft auch aus Silber, Autoaufkleber, Kerzen mit dem Abbild der Basilika, Schlüsselanhänger oder Plaketten mit dem Bild des heiligen Christophorus werden mitgenommen und mitgebracht, getreu dem Brauch, der schon in alter Zeit beschrieben wurde.

*Links: Neuer Bildstock (1992) in Sommerach*

*Rechts: Bildstock in Oberlauda; oben sind die Nothelfer dargestellt, darunter das „Blutwunder" von Walldürn, einem ebenfalls beliebten Wallfahrtsort*

# Denkzettel statt „wunderbarer Hilf"

Mit einer dreifachen Vision hatte die Geschichte der Nothelfer-Wallfahrt von Vierzehnheiligen begonnen. Ein übernatürliches Ereignis, das diesen Ort mit anderen entsprechenden Kultstätten verbindet. Fast überall finden sich immer wieder wundersame Begebenheiten. Es müssen ja nicht immer spektakuläre Heilungen sein, die öffentliche Anerkennung finden. Oft sind es gerade die individuellen Erfahrungen, Hilfen in ganz persönlichen Nöten, die dem Gläubigen spürbare, sichtbare himmlische Gnadenerweise aufzeigen. „Wunder erlebt, wer an Wunder glaubt". Und Wunder, die aus dem Glauben erfahren werden, gibt es in Vierzehnheiligen bis heute.

Neben den Visionen des Langheimer Klosterschäfers Hermann Leicht steht auch am Anfang der Geschichte von Vierzehnheiligen eine Heilung, die den Erzählungen von den vierzehn Kindern endlich auch bei der kirchlichen Obrigkeit Aufmerksamkeit entlockte:

„An dem achtzehnten Tag nach dem letzten Gesicht befand sich eine Magd auf dem Klosterhof und brach unversehens zusammen. Sie lag wohl eine Stunde oder mehr so da und regte sich nicht. Darum sperrte man ihr den Mund auf und versprach sie zu mancherlei Heiligen, das half nichts. Zuletzt gelobte man, sie solle nach Frankenthal gehen zu den heiligen vierzehn Nothelfern an die Stelle, wo die Zeichen geschehen und von dem Schäfer angezeigt worden waren. Da wurde die Magd von der Stund an gesund. Nach solchem Geschehen ließ man ein Kruzifix an die Stelle setzen, wo das Kindlein gesessen war".

So steht es im „Franckenthalisch Lust-Garten" zu lesen (hier ist die Sprache von 1651 allerdings „geglättet").

Auf mehr als 100 Seiten schildert Pater Petrus, Abt des Zisterzienerklosters Ebrach sowie Provinzial der deutschen und der französischen Ordensprovinz, im Mirakelbuch von Frankenthal anno 1596 mehr als 80 Gebetserhörungen. (Die Erstausgabe des Mirakelbuches von 1519 ist verschollen.) Viele Ortsnamen tauchen auf, was beweist, daß der neue Gnadenort schon ein halbes Jahrhundert nach seiner Entstehung weit über den fränkischen Raum hinaus bekannt war. Heilbronn in Schwaben wird genannt, Sulzbach in der Oberpfalz, Plauen im Vogtland, Pirnau, Meißen und Zwickau in Sachsen und Thüringen, Passau und Neuburg an der Donau, München und Eger. Nicht nur verunglückte, kranke, totgeborene oder behinderte Kinder, deren Eltern die Nothelfer anrufen, werden geheilt, sondern etwa auch „der Herr Weyh-Bischof zu Coburg, der pestkranke Georg Kreussel von Tiefenhül, oder 1509 ein „Mägdlein, ungefehr bey fünffzehen Jahren alt, das da gar erschröcklich und lang gehabt hat die Pestilenz, und alle Aerzt an ihr verzweiffelt" waren. Ein Passauer Bäcker

*Dankvotiv der zwölf geretteten Bergleute aus dem Maxschacht bei Stockheim – Votivkapelle in Vierzehnheiligen*

*Predella am Seitenaltar der gotischen Schloßkirche zur heiligsten Dreifaltigkeit, 15. Jh., München-Blutenburg*

„hat gehabt die Plag, die man nennt St.-VeitTantz, sieben und zwantzig Jahr", er gelobte einen Silberkelch, den er durch Almosensammeln finanzieren wollte. Neben der Pest ist es vor allem die „Franzosenkrankheit", gegen die die Hilfe der Nothelfer erbeten wird. Besonders interessant ist die Heilung eines Fünfjährigen, die der damalige Kloster-Superior und spätere Abt Mauritius Knauer selbst beobachtet hatte. Das Kind eines Augsburger Generalquartiermeisters und einer engagierten Calvinistin war „ohn underlaß von der Fraiß mit jedermanns Entsetzen erschröcklich gewürget worden".

Die Mirakel aus diesem „Histori vnd Vrsprung" lassen aber auch erkennen, daß Frankenthal gleichwertig neben anderen bekannten Pilgerstätten stand, beispielsweise wird von zwei Santiago-Pilgern berichtet: „Hans Eyßenberger von Bamberg ist kummen her zu den heyligen vnd sagt er wer auff dem weg zu dem ferre S. Jacob in solch schwere Kranckheit geschling gefallen, dass er kein glied seines Leibs hett mügen regen, vnnd sagt er hett solchen schmertzen gelietten, das ihm der todt lieber wer gewesen dann das leben. Also in dem schlaff hat er gesehen die viertzehn heyligen alle in weissen kleidern, da hett er sie angeschrien vnd sich gelobt jerlichen zu ihnen mit einem opffer, von stundt an hett sich verkerdt alle seine sach". Ein Bauer berichtet von seiner Pilgerfahrt anno 1575, er „sey gelegen drey Jahr kranck zu dem ferren S. Jacob vnnd also in grawsamliche schwere Kranckheyt gefallen das er ist abgesündert worden von den Menschen vnd ist gelegen vnter einem bawn vn also verdort...hat er sich gelobt zu den Heyligen viertzehn nothelffern mit viertzehn sylern opffern... Also bald ist er erhört worden vnnd wider kummen zu seiner gesundtheidt."

Nicht nur Kranke verloben sich nach Vierzehnheiligen. Von dem in Coburg zum Tod verurteilten Hanns Schreck wird berichtet, daß ihn im Kerker mehrfach ein Mädchen besucht und ihn aufgefordert habe, sich den Nothelfern anzuvertrauen. Er wurde ebenso rehabilitiert und befreit wie der unschuldig eingekerkerte Otto Mayer von Amberg, der in Niederaltaich im Stock gefangene Rüdiger Schirndinger von Pfeffer. Anno 1505 wurde ein Krämer aus Heylbrunn zusammen mit zwei Straßenräubern gefangen genommen und gehängt. Nachdem er sich den Nothelfern verlobt hatte, „seynd die Strick zum zweyenmal im Aufziehen zerrissen, zu dem letzten haben sie dem Krämer Strick um sein Gemächt gebunden, die sind zu kleinen Stücken zerrissen." Ein Stück davon brachte der Gerettete den Nothelfern. Das Wunder einer Errettung vom Tod am Galgen ist in der Gründungsgeschichte der Nothelfer-Wallfahrt von Kaaden an der Eger beschrieben. Ein zum Tod am Strang verurteilter Adliger sei drei Tage am Galgen gehangen ohne zu sterben. Als dies dem Stadtrat gemeldet wurde, schenkte man dem Edelmann, der seine Rettung der Fürbitte der vierzehn Nothelfer zuschrieb, das Leben. An der Stelle des Galgens wurde eine Kapelle zu Ehren der Nothelfer errichtet.

Nicht nur in Krankheit oder Todesangst riefen die Menschen des Mittelalters die Nothelfer an, für die Bauern war die Gesundheit ihrer wichtigsten und kostbarsten Helfer, der Rösser, nicht weniger wichtig. Oft genug hing ja die Existenz des ganzen Hofes davon ab. Vor allem während des Dreißigjährigen Krieges übernahmen auch die kaiserlichen Reiter den frommen Brauch, denn sie wußten, es sei „selten geschehen, daß das krancke Pferd nit wieder gesund worden, welches sie nachmals den 14 Heiligen zu Ehren gemeinlich dahin geführt haben". Im „Franckenthalischen Lustgarten" von 1651 schreibt Abt Mauritius Knauer: „Wann man alle krancken Pferd dieser Einquartierung, so durch Verlobung an hiesige Wallfahrt seynd gesund worden verzeichnen sollte, würde es nit allein zu schreiben sondern auch zu lesen verdrießlich seyn". Manch hoher Offizier, so auch Erzherzog Leopold Wilhelm, sei zur Nothelferkirche gepilgert. Seinen Vorsatz, sämtliche auf Anrufung der vierzehn Nothelfer in der Armee vorgekommenen wunderbaren Heilungen aufzeichnen und autorisieren zu lassen, konnte „der Römischen Majestät Generalissimus" allerdings nicht verwirklichen, die Kriegsentwicklungen verlangten im Mai 1646 einen überhasteten Aufbruch. Trotz all dieser Zeugnisse – zur Pferdewallfahrt ist Vierzehnheiligen nicht verkommen.

Und das Franckenthaler Gotteshaus ist auch nicht die einzige Verehrungsstätte der Nothelfer, für die wunderbare Geschehnisse verbürgt sind. Da wäre zum Beispiel der äußerst schwierige Bau eines 34 Meter tiefen Brunnens für das Franziskanerkloster Altstadt bei Hammelburg zu nennen, dessen Patres sich um die Nothelfer-Verehrung ganz besondere Verdienste erwarben. Der Konvent litt unter großem Wassermangel, das notwendige Naß mußte mühselig von der Saale auf den Berg geschleppt werden. 1659 faßte man den Entschluß, „durch Erdgrabungen Wasser zu suchen" und ein Wünschelrutengänger aus Rothenburg ob der Tauber fand tatsächlich eine Stelle direkt neben der Klosterküche. In sechs Klafter Tiefe würde man auf eine Quelle stoßen. Rund drei Meter im Quadrat begann man die Erde auszuheben, hilfreiche Bauern aus dem Umland halfen unentgeltlich. Nichts wurde verschalt, die ganze Tiefe von 34 Metern mußte man frei hinabsteigen, „durch keine Haltevorrichtung gesichert", wie eigens vermerkt wurde. In 30 Meter Tiefe grub man immer noch vergebens, nachdem man fast vier Meter Fels durchbrochen hatte, kam wieder lockeres Erdreich zum Vorschein – und endlich begann Wasser zu sprudeln. Auf einem schwimmenden Holzrost balancierend, mauerten die Klosterbrüder den Schacht hoch. Daß bei dem halsbrecherischen Unterfangen kein Unfall passierte – das schrieben die Mönche St. Barbara zu, der Patronin der Bergleute.

Wunderbares wird da auch vom Bau der neuen Klosterkirche aus dem Jahr 1669 berichtet. Während der Maurermeister auf dem Dachfirst arbeitete, sollte ihm der Lehrling Martin aus Waldaschaff Ziegel zureichen. Der leichtsinnige Bub, in der einen Hand ein Brot, in der anderen einen Stein haltend, geriet ins Stolpern und stürzte in die Tiefe. Direkt auf den rund 18 Meter tiefer liegenden Hauptaltar. Die Arbeiter liefen zusammen, schrieen, wollten einen Beichtvater holen, denn der Bub galt für tot. Der aber, als er das Geschrei hörte, richtete sich auf und als er sah, daß seine Kappe ein paar Meter von ihm entfernt lag, rief seinem Freund zu: „Schorsch, gib mir mei Kappen". Nach ein paar Ruhetagen war der Martin wieder auf der Baustelle und nicht nur die Patres waren sich darüber einig, daß dieser gute Ausgang nur dem Eingreifen der Vierzehn Nothelfer zu verdanken sei.

In der Votivkapelle von Vierzehnheiligen hängt eine Tafel mit zwölf Bergleuten aus der Grube Maxschacht bei Stockheim in Oberfranken, die für ihre Rettung danken. Sie waren „nach viertägiger Verschüttung" wieder glücklich ans Tageslicht gekommen und pilgerten barfuß zur Nothelferbasilika.

Der wundersamen Hilfe der Nothelfer verdankte die mittlerweile verschwundene Nothelferkapelle des Dorfes Hundsfeld im Lager Hammelburg ihre Entstehung. 1796 nahmen französische Truppen den Schultheißen Johann Michael Kreß gefangen, um von ihm – nach gründlicher Plünderung des Ortes – weiteres Lösegeld zu erpressen. Sie banden ihn an einen Pferdeschweif und sprengten zum Tor hinaus. In seiner Todesangst versprach der Geschleifte zu Ehren der Nothelfer eine Kapelle zu bauen, da wo er befreit würde. Der Strick zerriß, der Schultheiß blieb bewußtlos liegen. Nach Genehmigung durch den zuständigen Fürstabt wurde 1797 an der alten Straße nach Hammelburg das Kirchlein errichtet, dort wo heute der Truppenübungsplatz liegt. Der in Hammelburg stationierte Bautrupp der

Bundeswehr hat 2001 auf den Grundmauern des längst verfallenen Gotteshauses eine neue Kapelle errichtet, die am Ägidientag, dem 1. September, eingeweiht werden konnte.

Eine höchst vergnügliche Geschichte über die Hilfe der Vierzehn wird im Sauerland erzählt: Ein Bauer, der auf einem Roßmarkt nahe Olpe ein Pferd gekauft hatte, konnte trotz vieler Versuche nicht auf dessen Rücken steigen. Endlich meinte er: „Ich ruf die Vierzehn an, die helfen mir". Beim nächsten Anlauf aber war der Schwung so groß, daß er über das Roß hinwegflog und auf dem Hosenboden landete. Wieder betete er: „Bitte nicht alle Vierzehn, drei bis vier reichen". Und so klappte es nun tatsächlich.

Aus unserem Jahrhundert, nämlich vom Juli 1910, wird aus Köfels bei Neukirchen im Ötztal berichtet, daß sich ein fünfjähriges Mädchen beim Beerensuchen verlaufen habe und trotz intensiver Suche drei Tage lang nicht gefunden wurde. Das Bittgebet der Mutter zu den Nothelfern führt schließlich auf die richtige Spur, die Eltern ließen eine Holzkapelle errichten, in der seitlich einer Muttergottes-Statue je sieben Nothelferfiguren stehen.

Ein besonders erschütterndes Erlebnis berichtete Franz Lastner aus Pretzfeld während der Kriegsgefangenschaft in den USA einem mitgefangenen Pfarrer, dem späteren Geistlichen Rat Andreas Rauh aus Weismain. Der wiederum erzählte die Begebenheit in Vierzehnheiligen, wo heute ein Votivbild daran erinnert. Mit elf Kameraden war Lastner am 6. Juni 1944 französischen Widerstandskämpfern in die Hände gefallen. Diese führten die deutschen Soldaten in einen Steinbruch, wo sie erschossen werden sollten. Weil sie die Hände über dem Kopf halten mußten, fiel Lastner das aus der Kindheit vertrautes Bild eines Heiligen ein, der am Gnadenaltar geradeso dargestellt war. Ohne den Namen dieses Heiligen zu wissen, rief er ihn um Hilfe an. Als die Franzosen schon die Gewehre zur Exekution erhoben hatten, raste ein amerikanischer Jeep heran, dessen Besatzung aufgeregt schrie. Die Franzosen flohen entsetzt, die zwölf deutschen Soldaten kamen unbeschadet in amerikanische Gefangenschaft und schließlich heil nach Hause.

In den 80er Jahren des 20. Jahrhunderts pilgerte eine junge Amerikanerin nach Vierzehnheiligen, der alle ärztlichen Versuche nicht helfen konnten, endlich das ersehnte Baby zu bekommen. Und wirklich: sie wurde schwanger, dann aber bedrohte eine Rötelinfektion das Ungeborene, man riet dringend zum Abbruch der Schwangerschaft. Stattdessen ent-

*Ölbild (vermutlich 18. Jh.) in der Kapelle des Altenheims „Heilig-Geist-Spital" in München*

schloß sie sich neuerlich zu einer Wallfahrt ins fränkische Heiligtum. Mit einem gesunden Kind im Arm kam sie ein drittes Mal, dankbar und glücklich wie wohl manch andere, von der man nicht erfahren hat, in welchem Anliegen sie „wunderbare Hülf erlangte".

Wer freilich statt gläubiger Andacht den Nothelfern mit Hohn und Spott begegnet, wird auf andere Art „sein blaues Wunder" erleben. In der Nothelferkirche in Kaaden ist im Baldachin über der Altarbekrönung eine Mutter mit 14 Kindern abgebildet Die Sage erzählt, daß die Mutter als Strafe für ihre Lästerung der Nothelfer diese Vierzehnlinge habe gebären müssen.

Ein Knecht aus Bamberg, der in der Schenke den Bau der Nothelferkapelle in Frankenthal als Narrenwerk bezeichnete, lag drei Tage bewegungslos auf dem Boden und gesundete erst, als er reuevoll eine Wallfahrt gelobte.

Nicht besser erging es bei einem ähnlichen Spott dem Otto Zert von Marktzeuln, der bewegungslos auf einem Acker liegen blieb. Ein Knecht, der im Auftrag seines Obristen Opfergeld nach Vierzehnheiligen bringen sollte, um die Heilung zweier kranker Pferde zu erbitten, unterschlug die Hälfte des Geldes, worauf – trotz seines Geständnisses – eines der Pferde zu Tode kam.

Winzer und Bauern haben seit Jahrhunderten bei ihren regelmäßigen Wallfahrten um Erntesegen gebetet – und die Heiligen haben ihnen geholfen. Zumindest, wenn die Gelübde pünktlich eingehalten wurden. Am Katharinenberg im Vinschgau wurde einmal die Wallfahrt ausgelassen – und die Ernte des ganzen Jahres fiel dem Hagel zum Opfer.

Nicht besser war es 1879 den Winzern von Nordheim ergangen, deren Wallfahrt vermutlich auf die Pestzeit zurückgeht. Einmal verzichteten sie auf die Erfüllung ihres Versprechens, weil „die Reben gut gediehen und es ihnen ohnehin gut gehe". Am Peter- und Paulstag – dem gelobten Wallfahrtstag – ging ein furchtbares Unwetter über die ganze Gemarkung nieder, Hagelkörner in der Größe von Taubeneiern verwüsteten Felder und Weinberge: „Die 1100 Seelen große Gemeinde ging bitteren Zeiten entgegen. Kein Laub an Weinbergen, kein Halm, Klee und Getreide, keine Staude Kartoffeln steht mehr, sogar die Vögel haben das Unwetter nicht überlebt. Die Bewohner mußten zum Betteln ausziehen" heißt in einem Schreiben vom 1. Juli 1879. Seitdem kommen sie treu und pünktlich nach Vierzehnheiligen, am 28. Juni, die Nordheimer.

# Blasiussegen, Georgiritte und Kathreintanz

### Blasius (3. Februar)

Blasius, der einstige Bischof von Sebaste, ist der erste Heilige, dessen Fest wir im Jahreskalender feiern. Weithin verbreitet ist noch heute das Vertrauen, mit dem die Gläubigen den gottesdienstlichen Blasiussegen empfangen, das „achte Sakrament". Schutz vor allen Erkrankungen des Halses soll er bieten in Erinnerung daran, daß St. Blasius einst einem Buben das Leben rettete, der an einer verschluckten Gräte zu ersticken drohte.

Immer wieder wurde in den vergangenen Jahrhunderten Wasserweihe und Viehsegnung verboten – praktiziert wurden sie im bäuerlichen Bereich dennoch, denn Blasius galt – vorwiegend bei den slawischen Völkern – auch als Viehpatron. In Tirol und Siebenbürgen sammelten die Kinder bei ihren Heischegängen das mit Heilkräutern und getrockneten Früchten durchsetzte Blasiusbrot. Große Verehrung genoß St. Blasius vor allem in Völs nahe Innsbruck. 1286 wird erstmals eine Blasiuskirche urkundlich erwähnt, ein 1734 gegründeter St. Blasi-Liebesbund hatte innerhalb von gut 100 Jahren fast 5000 eingeschriebene Mitglieder. Bis aus Schwaben und Bayern kamen die Wallfahrer auf den Blasiusberg, wo zunächst geweihte Stangenbrote, später Brezen verteilt wurden, von denen man bei beginnendem Halsweh jeweils ein Stückchen abbrach und aß. Das spätgotische Kruzifix am Seitenaltar erinnert an eine Legende, derzufolge ein verirrter Reiter, der ein Begnadigungsschreiben für einen Todeskandidaten rechtzeitig auf die Burg Vellenberg bringen sollte, St. Blasius um Hilfe bat. An der Stelle, an dem ihm eine leuchtende Hand den rechten Weg wies, ließ er dann ein Kreuz aufrichten.

Durbrovnik ehrt seinen Stadtpatron alljährlich mit Umzügen und Prozessionen.

Besonders beliebt war der Blasius-Tag beim bäuerlichen Gesinde. Lichtmeß, der 2. Februar, war der traditionelle Termin für den Stellenwechsel. Der folgende Tag, also das Blasiusfest, war arbeitsfrei, man konnte „schlenkeln" und den tags zuvor ausgezahlten Jahreslohn mehr oder weniger sinnvoll ausgeben, nicht bloß für den beliebten „Blasiuswein".

Der Blasiustag ist einer der wichtigsten „Lostage" im Wetterkalender der Bauern.

Sankt Blasius ohne Regen bringt den Reben Erntesegen.

Sankt Blasius stößt dem Winter die Hörner ab.

Sankt Blasius muß man Lamm essen.

Sankt Blasius muß stürmen und blasen, soll das Vieh im Lenz schon grasen.

Guckt an Blasius die Ameise raus, bleibt der Frühling noch lange aus.

Wenn's an Blasius stürmt und schneit, ist der Frühling nimmer weit,

ist es aber klar und hell, kommt der Lenz noch nicht so schnell.

### Georg (23. April)

Georgstag – ein Frühlingsfest war das einst, einer der wichtigsten Tage im Bauernjahr. Denn St. Georg war der Patron der Pferde – und die waren nicht nur der kostbarste Besitz des Bauern, sondern auch die unentbehrlichen Helfer bei Feld- und Flurarbeit. Heute sind es vorwiegend die Freizeitreiter, die zum Georgiritt ihre Rösser schmücken und, wie einst ihre bäuerlichen Vorfahren, das Stroh, mit dem bei der Segnung der Kirchenboden geschützt worden war, anschließend verfüttern, und sich auch meist nicht am Georgitag, sondern am Sonntag danach, in den Sattel schwingen. Am bekanntesten ist heute der Traunsteiner Georgiritt am Ostermontag, der mit einem historischen Schwertertanz endet. Aber auch der Drachenstich in Furth im Wald ist ein Nachklang der Georgslegende. Dem Drachenstich hat – mit deutlichem Hinweis auf die Georgslegende – jüngst sogar die Post eine Sondermarke gewidmet. Übrigens wird auch andernorts der Heilige beim Georgiritt im Gewand des römischen Soldaten dargestellt, von Engeln begleitet. Mit einer Prozession, bei der eine Georgsfigur mitgetragen wurde und einem anschließenden Volksfest wurde der Georgstag, das „Järchenfest" im schlesischen Märzdorf in der Grafschaft Glaz begangen.

Doch nicht nur die Pferde, sondern auch die Felder und die Liebe vertraute man – vor allem in Osteuropa, wo der Tag als Frühlingsanfang gilt, – dem „Frühjahrsheiligen" an. Für die ledigen Burschen war die Nacht vor Georgi Frei-Nacht, in der man der Angebeteten Aufmerksamkeiten erweisen oder einen Schabernack spielen konnte. Die Mädchen verließen sich auf die unterschiedlichsten Heiratsorakel. Kleine Papierhäuschen oder -schiffe wurden mit Lichtern bestückt ins Wasser gesenkt. In Slowenien wirft man einen frischgeschlagenen Baum, den „grünen Georg", in einen Fluß. Die Bulgaren füttern ihre Schafe mit frischen Heilkräutern, die Pferde mit geweihtem Brot. Als Schutz gegen Hagelschlag trifft man sich zum Georgsschießen. In Kärnten ziehen die Burschen mit dem „grünen Georg" – einem blumengeschmückten Baum oder einem in Birkenzweige gewickelten Buben – durchs Dorf. Vom Fenster aus reißen die Zuschauer Ästchen ab, werfen sie den Kindern zu. Knechte zogen peitschenschnalzend durchs Dorf, um die Hexen und die letzten Winterdämonen zu vertreiben.

Flößer, die alljährlich Hunderte von übermütigen Ausflüglern auf ihren Flößen von Wolfratshausen nach München transportieren, grüßen noch immer die kleine Statue des Heiligen auf dem Georgenstein. Deren Aufstellung hatte einst ein Flößer gelobt, dessen Floß an dem Felsbrocken zerschellte und der sich dort festklammern konnte, bis Hilfe kam.

Liebe ist seit mehr als 300 Jahren das große Thema am Georgstag: In Barcelona sollen rund sechs Millionen Rosen an diesem Tag von Verliebten verschenkt werden (und wahrscheinlich nicht weniger Küsse), denn aus dem Blut des Drachens, den der Heilige tötete, soll eine Rose entsprossen sein, die der Ritter der geretteten und von ihm verehrten Prinzessin überreichte.

Trugen einst die Ritter, Krieger oder Kreuzfahrer das Georgsbild auf Fahnen, Münzen und Medaillen als Schutzamulette mit sich, so delektiert man sich heute vor allem in den Museen an diesen volkskundlichen Relikten. Auch an den einst weitverbreiteten Georgi-Talern, die als Glücksbringer galten.

Im Bauernjahr gilt noch immer die Regel, daß man von Georgi bis Michaeli

*Links: Prozessionsfahne aus Wachbach bei Bad Mergentheim*

*Rechts: Fresko an der Autobahnkapelle über der Europabrücke bei Innsbruck*

die Felder nicht betreten darf. Georgi ist der erste Tag zum Pflügen und er bringt wichtige Wetterregeln.

Sankt Georgs Pferd tritt den Hafer in die Erd.

Was bis Sankt Georg die Reben treiben wird ihnen nicht bis Sankt Gallus bleiben.

Sankt Georg und Sankt Mark's, die treiben oft noch Arg's.

Ist's an Georgi warm und schön, wird man noch rauhe Wetter sehn.

Ist Sankt Georg vorbei, geht die Wiese ins Heu.

Kommt Sankt Georg auf dem Schimmel, kommt ein gutes Jahr vom Himmel.

Leg erst nach Sankt Georgi die Bohnen, es wird sich sicher lohnen.

### Achatius (8. Mai)

So beliebt, vor allem in der Zeit der Gotik, Sankt Achatius als Kirchenpatron war, Brauchtum hat sich um seinen Festtag nirgendwo gebildet. Zum einen war und ist der Mai eben Marienmonat, da bestimmt das religiöse Leben die Verehrung der Gottesmutter. Man muß sich mit den Wetterregeln begnügen.

An Achazi warmer Regen bedeutet Früchtesegen.

Achaz, tu uns trösten vor Maienfrösten.

Steckst den Kartoffel im April, kommt er, wann er will, steckst ihn im Mai, kommt er glei.

### Erasmus (2. Juni)

Brauchtum hat sich auch um den Erasmus-Tag kaum gebildet – man war ja gerade in einer der wichtigen Phasen des bäuerlichen Arbeitsablaufes. Nur das Gesinde hatte Grund zum Feiern: es gab Schmalznudeln in reicher Menge, das war notwendig „damit der Lein besser wächst".

An Erasmus viel Donner verkünden trüben Sommer.

Sollen gedeihen Korn und Wein, muß Erasmus trocken sein.

Fliegen an Erasmus die Fledermäus umher, kommt bald das schönste Wetter her.

Stellt Erasmus mild sich ein, wird mild auch der Dezember sein.

Erasmus ein Nasser – hält auch der Sommer kaum das Wasser.

### St. Vitus (15. Juni)

St. Vitus, St. Veit, ist „der Heilige, der weder naß noch trocken ist" – ein Wortspiel, das nur mit dem süddeutschen Dialektwort „feucht" – „feicht" gelingt. In der Ortschaft Heustreu in der Rhön, wo der rauhen Klimas wegen die Heuernte erst ungewöhnlich spät beginnt, kamen am Vitustag Bauern, Knechte und Mägde mit Sensen, Sicheln und Rechen zum Hochamt in die Veitskapelle. Dann erst ging es zum ersten Mal aufs Feld.

Im Erftal wurde beim Herannahen eines Gewitters der Kräuterbuschen des Vorjahres mit Weihwasser besprengt und den Wolken entgegengehalten. Dabei betete man: „Heiliger Sankt Veit, treibs Gewitter weit, heilige Mutter Anne, treibs Gewitter von danne, heiliger Sankt Steffe, hilf, daß es nit treffe".

Im niederösterreichischen Toberstetten gibt es eine im Ursprung aus gotischer Zeit stammende Veits-Kirche, in der sich hinter dem Hauptaltar ein Hühnerstall befindet. Lebende Hühner brachte man dem Heiligen als Opfer – eines seiner Attribute ist ja der Hahn. Ob das Federvieh den Armen geschenkt oder vom Herrn Pfarrer verspeist wurde, das weiß heute niemand mehr.

In Westfalen konnte man sich jahrhundertelang durch einen Eid auf die Gebeine des hl. Vitus von falschen Anschuldigungen befreien.

Besonders festlich wurde der Veits-Tag in Willebaldessen begangen: Zum Gottesdienst zog man durch die mit Blumenteppichen geschmückten Straßen, von Blasmusik und Trommeln begleitet, nach dem Kirchgang gab es ein buntes Volksfest.

Sät man nach Sankt Vit, gehen Saat und Ernte quitt.

Hat der Wein abgeblüht auf Sankt Vit, bringt er ein schönes Weinjahr mit.

Nach Sankt Veit, wendet sich die Zeit, alles geht auf die andere Seit.

### Margareta (20. Juli.)

Eine der schönsten Wiesenblumen trägt den Namen der Heiligen, die Margarite, das Margetsblümle. Sie gilt als das beliebteste Liebesorakel. Blütenblatt für Blütenblatt wird beim Auszupfen befragt: „Er liebt mich, er liebt mich nicht ..."

*Gründungslegende von Vierzehnheiligen, Oberfränkisch um 1500, Öl auf Holz, Diözesanmuseum Bamberg*

Keiner darf am Margaretentag auf den Kirschbaum steigen, sonst könnte er sich zu Tode stürzen. Seit uralter Zeit gilt der Tag als Zinstermin für die abhängigen Bauern. Schon im „Sachsenspiegel", dem im 13. Jahrhundert verfaßten, ältesten deutschen Rechtsbuch, ist festgelegt, daß im Falle von Erb- oder Lehensstreitigkeiten, beim Besitzerwechsel, die Ernte demjenigen gehört, der das Feld bis zum Margaretentag bestellt hat.

Jetzt, auf dem Höhepunkt des Sommers, sind die Gewitter ebenso häufig wie gefährlich. Als „Wetterfrau", als „zornige Gretel" wird darum Margareta bezeichnet, verehrt, gefürchtet. „Gegen Margareten und Jakoben die stärksten Wetter toben". Der Wetterregeln gibt es freilich noch mehr:

Regnets auf Sankt Margaret, wohl die Ernte schlecht gerät.

Hat Margaret kein Sonnenschein, dann kommt das Heu nie trocken rein.

Margarete bringt die Sichel für Hans und Michel.

Die erste Birn bricht Margaret, drauf überall die Ernt' angeht.

Bringt Margarete heiße Glut, so gerät der September gut.

Margareten-Regen wird erst nach Monatsfrist sich legen.

## Christophorus (24. Juli)

Wie gefährlich Landstraßen, Pilgerwege, Alpenpässe einst waren, können wir uns heute sicherlich nicht mehr vorstellen. Kein Wunder, daß man sich unterwegs einem mächtigen Schutzpatron anvertrauen wollte, dem stärksten, St. Christophorus, jenem Riesen, der das Christuskind durch den reißenden Fluß getragen hatte. Er sollte und konnte vor Unfällen, vor dem jähen Tod bewahren. Der Blick auf die Fresken an den Kirchenfassaden, an Stadttoren, an Spitälern, und ein damit verbundenes Gebet – sie mögen seltener geworden sein, das Vertrauen zu Sankt Christophorus wohl kaum. In ungezählten Autos findet sich sein Bild – so wie es einst die Ritter auf der Innenseite ihres Kampfschildes trugen. Und nicht nur in kleinen Ortschaften, etwa in Plankstetten, sondern auch in Großstadtpfarreien finden sich von Jahr zu Jahr mehr Verkehrsteilnehmer am Christophorus-Tag zur Fahrzeugsegnung ein: vom Kinderroller übers Radl, Mofa, Motorrad bis hin zum LKW. Angeblich soll ein Kraftfahrer, der heil aus dem Ersten Weltkrieg heimgekehrt war, 1932 in der Pfarrei St. Christoph nahe dem bayerischen Wasserburg die Anregung dazu gegeben haben. Die Anfänge mögen

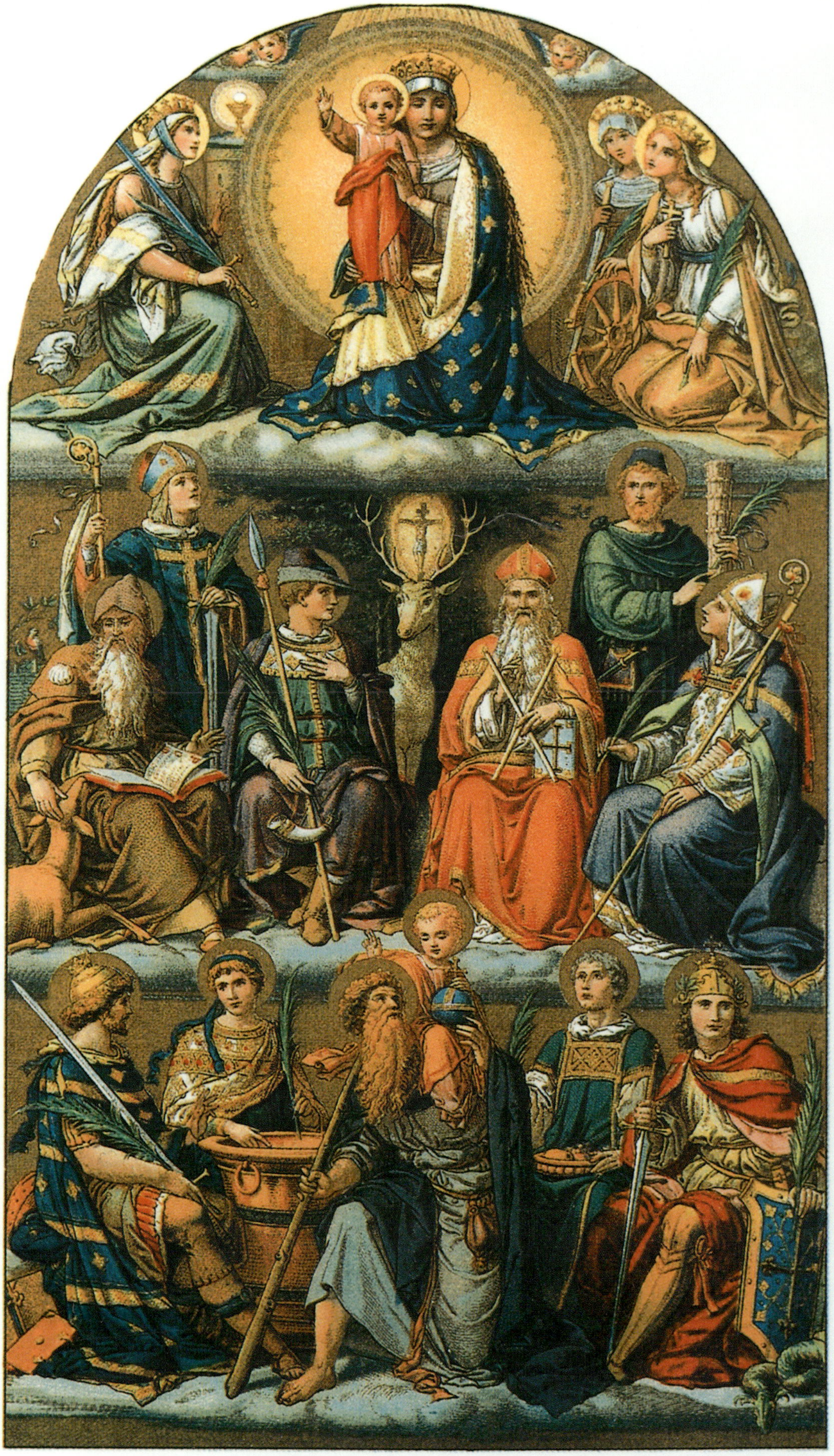

aber wohl weiter zurückliegen. Sicherlich relativ neu ist die in vielen Kirchen übliche Opferung von „einem Pfennig für jeden unfallfrei zurückgelegten Kilometer". An dieser Idee hätte der Riese wohl seine Freude gehabt. Vielleicht auch an der Idee der polnischen Verkehrsstreifen, die sich neuerdings bei ihren Einsätzen von Pfarrern begleiten lassen. Statt eines Strafzettels bekommen die Verkehrssünder eine Strafpredigt – und ein Christophorus-Bildchen.

Weil er das Gotteskind sicher getragen hat, vertrauen sich auch Schwangere und Wöchnerinnen seinem Schutz an. Im Südtiroler Dorf Meransen, das ein besonders schönes Außenfresko aus dem 15. Jahrhundert besitzt, werden seit urdenklichen Zeiten kleine Mauerteilchen aus dem Fuß des Heiligen gekratzt und, in Brot eingebacken, den Schwangeren gegeben, um die Geburt zu erleichtern.

Und wie es sich für einen Nothelfer gehört, hat Christophorus auch seine Pflichten als Wetterprophet:

Wenn Christophorus kommt heran, man den Roggen schneiden kann.

Wenn gedeihen soll der Wein, muß der Christoph trocken sein.

Christoph klar und rein, wird's Christfest kalt und trocken sein.

## Pantaleon (27. Juli)

Um den Pantaleonstag, gegen Ende Juli, bleibt wenig Zeit zum Feiern, jede Minute des Tages mußte im Bauernalltag für die Erntearbeit genutzt werden. Pantaleon muß es ein bißchen büßen, muß auf die bunte Fülle des Brauchtums verzichten, das anderen Nothelfern so vielfältig zuteil wird. In der Wallfahrt Oberrotweil am Kaiserstuhl aber hat sich nicht nur die regelmäßige Hagelprozession und ein eigenes Meßformular für den Pantaleonstag erhalten, vor allem der erst in unserem Jahrhundert aufgekommene Pantaleonsritt zieht immer mehr Gläubige an. In mehreren Kirchen südlicher Länder, beispielsweise in Madrid bei den Augustinerinnen, in Bari, Ravello, Lucca, Venedig und Konstantinopel werden Phiolen mit dem Blut des Martyrers aufbewahrt, das sich jeweils an seinem Festtag verflüssigen soll. Zudem ist natürlich auch Pantaleon ein bewährter Wetterprophet:

Der Pantaleon bringt dem Hopfen die Dolden an.

Wenn gedeihen soll der Wein, muß Pantaleon trocken sein.

Pantaleon warm und trocken macht den Bauern frohlocken.

Pantaleons Regen bringt keinen Segen.

## Cyriakus (8. August)

Cyriakus, der den gefesselten Drachen als Attribut an der Kette führt, ist Patron der Winzer und soll „alles böse Gewürm" aus dem Weinberg vertreiben. Ihre Dankbarkeit für diese Dienste beweisen die Weinbergbesitzer in Deidesheim, die dem Heiligen ihre besten Trauben zu Füßen legen; auch die Kollegen in anderen Orten der Pfalz bringen die Erstlinge jeder Lese dem Schutzpatron dar. In Neuhausen bei Worms werden auf der Cyriakuswaage die Kinder der begüterten Mitbürger mit Trauben aufgewogen. Und die Armen kommen dann in den Genuß der Früchte. Den Cyriakuswein schätzt man natürlich auch in Franken: am Cyriakusberg, nahe Kitzingen, wo 1206 die „Cyriakus-Schlacht" geschlagen wurde, wächst ein besonders edler Tropfen, für den man dem Winzerpatron gebührend zu danken weiß.

Daß die Wetterregeln am Patronatstag für die Winzer eine besondere Rolle spielen, versteht sich von selbst:

Nach Cyriaki ist's nicht gut, wenn das Rebholz noch treiben tut.

Cyriakus kühl und naß: leere Scheuer, leeres Faß.

Sollen Trauben und Obst sich mehren, müssen mit Cyriakus die Wetter aufhören.

An Cyriakus viel Regen ist dem Wein kein Segen.

## Ägidius (1. September)

Ägidius, der Einsiedler, der mit der verwundeten Hirschkuh dargestellt wird, gilt nicht nur als Viehpatron, sondern zusammen mit St. Eustachius und Hubertus auch als Schutzherr der Jäger; sein Festtag gilt als Anfang der Hirschbrunft und es heißt: „Wie der Hirsch in die Brunft hineingeht, so kommt er heraus". Vorausgesetzt, die Jäger haben nichts dagegen...

Über Jagd und Hege hinaus vertraut man St. Ägidius aber auch den Schutz der Kinder an. In Übach-Palenberg hielt sich lange der Brauch der Kindersegnung am Ägiditag. Wohltätigkeit ist zu diesem Termin in manchen Orten Südtirols angesagt. In Natz-Schnals bei Brixen beispielsweise

*Seite 98:*
*Nothelferfahne Anger/*
*Steiermark, 1999*

verteilt eine Bruderschaft das Ägidienbrot, allerdings nur an diejenigen, die am Gottesdienst in der rechtzeitig zugesperrten Kirche teilgenommen hatten. In Irland eröffnen die Fischer am Ägidientag die Austern-Ernte.

Wie wichtig gutes Wetter am Ägidientag ist, sagt der alte Spruch: „Ist am Ägidientag schönes Wetter, braucht der Bauer einen Dienstboten und ein Roß weniger".

*Bildtafel in der Pistrach-Kapelle in Seebach/Steiermark*

Ist's um Ägidi schön, wird der ganze Herbst gut stehn.

Bringt Ägidius Regen, folgt ein Winter mit wenig Segen.

Wenn St. Ägidius bläst ins Horn, heißt das: Bauer, sä dein Korn!

Säst du Korn am Ägidientag, es dir wohl geraten mag.

Willst du Korn im Überfluß, sä es an Ägidius.

Schönes Wetter hat noch auf Wochen des Ägidius Sonnenschein versprochen.

### Eustachius (20. September)

Eustachius, der selbst ein passionierter Jäger war, wird noch heute von Jägern und Hegern als Schutzpatron verehrt, auch wenn er mancherorts und zu manchen Zeiten von St. Hubertus verdrängt wurde. Der Eustachius-Tag gilt den Weidmännern also logischerweise als wichtigster Termin des frühen Herbstes, sie feiern mit einem großen, meist recht opulenten Frühstück. Im Freien natürlich, wenn es das Wetter erlaubt. Und das scheint, glaubt man den Wetterregeln, nicht immer der Fall zu sein.

Wenn Eustachius weint statt lacht, Essig aus dem Wein er macht.

Trocken wird das Frühjahr sein, wenn St. Eustachius klar und rein.

Ist Eustachius hell und klar, gute Zeiten bringt's fürwahr.

Wie's Eustachius treibt, es vier Wochen bleibt.

Trifft Eustachius stürmisch ein, wird's bis Ostern Winter sein.

### Dionysius (9. Oktober)

Seit fast 500 Jahren ist der Dionysiustag für die niederbayerischen Bauern, vor allem für die Pferdezüchter der wichtigste Jahrestermin: da wird der Roßmarkt in Vilsbiburg abgehalten. Und der ist seit 1512 verbürgt. Da werden nicht nur die für den nahen Winter notwendigen Einkäufe für Haus und Hof getätigt, da werden vor allem Pferde gekauft und verkauft, die Fohlen präsentiert, es gibt Schauvorführungen der verschiedenen Zuchtrassen, von kleinen und großen Gespannen, es gibt Trab- wie Ponyrennen und Umritte, aber auch viele Folklore-Darbietungen und ein großes Volksfest. In Rheine wurde in jüngster Zeit ein uralter Brauch wieder lebendig: wenn während der Dionysius-Kirmes vom Turm der

---

**Erklärung der H: 14. Nothhelfer:**

1. St. Blasi, Bischof. Patron für Halswee.
2. St. Dionysi: wieder Ungewitter. 3. St. Erasime: wieder das Reissen im Leib. 4. St. Panthaleon: wieder Hauptwee. 5. St. Vitus: wieder alle Gefahren. 6. St. Georg: für das Viech. 7. St. Cyriae: wieder Hexerey u. Gespenster. 8. St. Christoph: wieder der Pest. 9. St. Achatei: in Trüsaal u. Kumer. 10. St. Eustachi: wieder die Wilten Thier. 11. St. Egydi: für Gefangene. 12. St. Barbara: für die Sterbenden. 13. St. Katharina. für die Kranken. 14. St. Margaretha. in der Hungers-Noth.

**Erklärung der H: 14. Nothhelfer.**

1. St. Blasi, Bischof. Patron für Halswee.
2. St. Dionysi: wieder Ungewitter. 3. St. Erasime: wieder das Reissen im Leib. 4. St. Panthaleon: wieder Hauptwee. 5. St. Vitus: wieder alle Gefahren. 6. St. Georg: für das Viech. 7. St. Cyriae: wieder Hexerey u. Gespenster. 8. St. Christoph: wieder der Pest. 9. St. Achatei: in Trüsaal u. Kumer. 10. St. Eustachi: wieder die Wilten Thier. 11. St. Egydi: für Gefangene. 12. St. Barbara: für die Sterbenden. 13. St. Katharina. für die Kranken. 14. St. Margaretha. in der Hungers-Noth.

Pfarrkirche St. Dionys die Kirchenfahne flattert, hat jeglicher Streit zu ruhen, Kirmesraufereien eingeschlossen.

Regnet's an Sankt Dionys, wird der Winter nass gewiß.

Ist's an Dionys warm und fein, kommt scharfer Wind gern hinterdrein.

Ist es aber nass und kühl, mild der Winter werden will.

Scharren Mäus zu Dionys tief sich ein, wird ein harter Winter sein.

### Katharina (25. November)

Der Tag der heiligen Katharina steht am Ende des Kirchenjahres, auch des Bauernjahres. Märkte gibt es landauf, landab seit alter Zeit: den Katharinen-Markt im hessischen Butzbach etwa, den Kätterlesmarkt zu Seelbach in der Ortenau, den Katharinen-Markt in Arnstein. Das Gesinde hatte einen arbeitsfreien Tag, um dort die vorweihnachtlichen Einkäufe zu tätigen und zum letzten Mal für dieses Jahr den Tanzboden aufzusuchen. Denn „Kathrein stellt den Tanz ein" oder auch „Kathrein schließt Trommeln, Pfeifen und die Geigen ein". Die adventliche Fastenzeit begann.

Katharinas Attribut, das Rad, spielte eine große Rolle: während der Müller seine Räder in Ordnung bringen mußte – sonst „kommt in der Mühle einer ums Leben" holten die Frauen das Spinnrad aus der Sommerruhe. In Österreich wurden die kreisrunden Kitzernudeln gebacken, in England die radförmigen Cattern-Cakes, in Deutschland kamen als erste Weihnachtsplätzchen die Thorner Kathrinchen ins Backrohr. Schließlich hatten die Engel die Heilige im Kerker ja mit süßem Himmelsbrot genährt.

Herzog Friedrich, „Friedel mit den leeren Taschen" wurde 1415 geächtet, weil er beim Konzil von Konstanz Papst Johannes XXIII. zur Flucht verholfen hatte. Nach Kerkerhaft, Asyl und Enteignung wurde er 1418 rehabilitiert. Den Bauern, die ihm im Nontal Unterschlupf gewährt hatten, vermachte er Wälder, Äcker und Weinberge unter der Bedingung, daß alljährlich am Kathreinstag an die armen Höfe von Proveis und Valorz reiche Wintervorräte verteilt würden. 1787 verzichteten die Höfe auf diese Spenden, verlangten als Gegenleistung aber die Erhebung ihres Kirchleins zur „Frühmeßkirche".

Die Pariser Midinetten bevorzugten dagegen ein Gebäck in Perückenform. Patronin der Spitzenklöpplerinnen ist Katharina in England und Holland, die den freien Tag zum „Katharinengehen" nützen, in Belgien haben die Schülerinnen einen freien Tag, die kleineren „braven" Mädchen dürfen mit einem Geschenk rechnen, die größeren mit einem Blumenstrauß und einer Einladung zum abendlichen Tanz.

Weil Kathrein „den Winter einläßt", muß sie auch „die Schaf rein" holen und die Spinnräder antreiben. Und was das Wetter anlangt, gelten folgende Verheißungen:

Wie Sankt Kathrein wird der nächste Januar sein.

Wie's um Katharina trüb oder rein wird auch der nächste Februar sein.

### Barbara (4. Dezember)

Barbara ist die letzte Nothelferin, deren Fest im Kalenderjahr gefeiert wird, das erste im liturgischen Kirchenjahr. Festlich, mit Gottesdiensten und Prozessionen, begehen die Bergleute das Fest. Kaum ein Berufsstand hält die Verehrung seiner Patronin so lebendig wie die Bergleute, die unter Tage im „Finstern eingeschlossen" sind wie Barbara es war. Und wie sehr sie ihrer Schutzheiligen vertrauen, bewiesen die Tunnelbauer in der Schweiz, die beim Durchstich des Furkatunnels 1979 eine Statue der heiligen Barbara vor sich her trugen.

In Altaussee ist zu Ehren Barbaras ein Knappentanz verbürgt und bis heute ist der Glaube lebendig, wer in der Barbara-Nacht seine Grubenlampe im Stollen brennen läßt, werde eines natürlichen Todes sterben, also nicht unter Tage umkommen.

Im Allgäu beginnt am Barbaratag das „Klausengehen". Wie andernorts das häßliche Nikoloweiberl begleitet in Oberstdorf die weitaus hübschere Klausenbärbel den heiligen Nikolaus, muß allerdings gleichermaßen bei der Vertreibung der Winterdämonen helfen.

Das Aufstellen von Barbarazweigen ist heutzutage keineswegs auf traditionsverbundene katholische Haushalte beschränkt. Vielerorts gelten sie als Vorläufer des Christbaumes, werden als Sinnbild der Wurzel Jesse gedeutet, aus der ein Ros entspringen soll. Mit Wunschzetteln an

*Prozessionsstangen aus Vierzehnheiligen – die „Stangerlheiligen".*

*Oben links:*
*St. Dionysius mit dem abgeschlagenen Haupt.*

*Oben rechts:*
*St. Cyriakus mit dem gefesselten Drachen.*

*Unten links:*
*Mittelpunkt der Nothelfer-Verehrung – das Christuskind.*

*Unten rechts:*
*St. Ägidius mit der Hirschkuh*

*Oben links:*
*St. Erasmus mit der Ankerwinde*

*Oben rechts:*
*St. Vitus mit dem Hahn*

*Unten links:*
*St. Margaret mit dem besiegten „Wurm"*

*Unten rechts:*
*St. Barbara mit Turm und Kelch*

*Oben links:*
*St. Eustachius mit dem kreuztragenden Hirsch*

*Oben rechts:*
*St. Georg, der ritterliche Drachenbezwinger*

*Unten links:*
*St. Christophorus, der Christusträger*

*Unten rechts:*
*St. Katharina mit dem „Radl, eines der Madl"*

*Oben links:*
*St. Blasius mit den beiden Kerzen*

*Oben rechts:*
*St. Achatius mit Kreuz und Dornenkrone*

*Unten links:*
*St. Pantaleon mit auf den Kopf genagelten Händen am Marterpfahl*

*Stadtwappen von Mönchen-Gladbach: St. Vitus mit dem Palzzweig, umgeben von 14 Sternen. Darunter der Jülicher Löwe*

den Ruten lassen die Winzer ihre Rebstöcke als Barbarazweige gelten, in der Familie werden die Zweige als Orakel dazu gedeutet, wer als erster die Hochzeitsschuhe anziehe. „Schneid die Zweig zu Barbara, ist Frohbotschaft zu Weihnacht da" heißt es. In Franken und in der Oberpfalz stellte man junge Kastanien- oder Kirschbäume ins Zimmer, die – mit Glasketten oder Kugeln geschmückt – zum Christfest austreiben sollten. Jean Paul beschreibt dies von einer Birke in seinem Elternhaus.

Wurzel des Brauches ist wohl die Legende, daß auf dem Weg zum Kerker Barbaras Kleid sich an einem dürren Busch verfangen habe, der in der Stunde ihres Todes aufgeblüht sei.

Was das Wetter anlangt, so gilt:

Auf Barbara die Sonne weicht, auf Luzia sie wieder herschleicht.

Geht Barbara im Klee, kommt das Christkind im Schnee.

### Und alle miteinander
(4. Sonntag nach Ostern)

Natürlich hat sich nicht nur um die „Spezialisten" unter den Nothelfern allerlei Brauchtum gebildet. Auch dort, wo die Gruppe der Vierzehn als Gesamtheit verehrt wird, ranken sich alte Gepflogenheiten um den Festtag.

So sind die Nothelfer in Baden bei Wien nicht zuletzt deshalb populär geblieben, weil die vierzehn Luftschächte des dortigen Weinkellers – der bis 1848 dem Kloster Melk gehörte – als „Nothelfer-Löcher" bekannt waren.

Als „Vierzehn Nothelfer" bezeichnete man einst in München die als Ladenzeile aufgereihten Metzgerläden am weltberühmten Viktualienmarkt, Nothelfer wohl gegen den leeren Magen oder den leeren Kochtopf.

Den Vierzehn Nothelfern ordnen schließlich die Frauen im Schwarzwald die 14 Bommeln auf den dekorativen Hüten ihrer heimatlichen Tracht zu.

In Sackenried, in Ostbayern, wo die Nothelfer-Wallfahrt weit zurückreicht, blieb eine uralte Sitte erhalten. Nach dem Schlußsegen entnehmen die Gottesdienst-Teilnehmer einer Kiste ein metallenes Opferzeichen in Tierform, umrunden damit den Altar und legen die Votivgaben in den Behälter zurück, ehe sie das Gotteshaus durch eine Eisentür verlassen, die nur an diesem Tag geöffnet wird. Segen für Haus und Hof, die Hilfe der Nothelfer, wird heute so vertrauensvoll erbeten wie vor Jahrhunderten.

Ein schöner Brauch lebt auch im württembergischen Meßkirch weiter, die jährliche Hagel-Prozession zur Nothelfer-Kapelle, im Volksmund liebevoll „Käpelle" genannt. Die Prozession geht auf ein furchtbares Unwetter im Jahr 1868 zurück, als der Hagel die ganze Ernte vernichtete und im Dorf große Not einzog.

In Limbach an der Saar, wo ein eigener Nothelfer-Rosenkranz existiert, holte man einst – wenn ein Gemeindemitglied ernsthaft erkrankt war – vierzehn Kinder zusammen, die im Haus des Patienten um dessen Gesundung beteten.

Im saarländischen Pachten, wo einst zahlreiche Pilger von Nothelfer-Figur zu Nothelfer-Figur ihren Andachtsweg gingen, ist die Wallfahrt zwar in den 50er Jahren des 20. Jahrhunderts eingeschlafen, geblieben ist aber die Nothelfer-Kirmes, die meist am Sonntag nach Christophorus gefeiert wird.

Das Wappen der Stadt Mönchengladbach zeigt den heiligen Vitus mit dem Palmzweig, umgeben von vierzehn Sternen, die die Nothelfer symbolisieren. Durchzogen wird das Wappen vom Gladbach, darunter ist der Jülicher Löwe zu sehen. Hauptkirche der Stadt ist das geschichtsträchtige Vitusmünster, das über einen reichen Reliquienschatz verfügt. Die einst stolze Benediktinerabtei wurde 1802 säkularisiert.

# Aus den Katakomben zur Sixtinischen Madonna

Nothelfer in der Kunst – das ist wohl ein Thema, das für sich allein Bände füllen würde, könnte man nur alle existierenden Objekte erforschen. Kathedralen, Dome, Kirchen, Diözesanmuseen, Schlösser und Burgen, Sammlungen, fürstliche und bürgerliche Haushaltungen, sie bergen eine kaum registrierbare Zahl religiöser Kunstschätze. Ob zur liturgischen Verehrung, zur privaten Frömmigkeit, zur Repräsentation: durch Jahrhunderte gehörten auch die Nothelfer zu den häufig dargestellten Motiven frommer Bildwerke. Als Gruppe, deren Schutz man sich anvertraute, als Patrone, die man in bestimmten Notsituationen verehrte, als Namensheilige, denen man sich besonders verbunden fühlte.

Wo sollte man den Gang durch die imaginäre Nothelfer-Galerie beginnen, wo nach den Anfängen suchen? Vielleicht müßte man zunächst in die römischen Katakomben hinabsteigen. Dort immerhin findet sich das älteste Fresko Sankt Katharinens. Und wollen wir auf ihren Spuren bleiben, führt der Weg in die Unterkirche von San Clemente, wo man auf den vor der Jahrtausendwende entstandenen Fresken Blasius und Vitus begegnet. Ein Katharinen-Fresko ist erhalten, das Fragment eines Christophorus. Die im 11. Jahrhundert entstandene Oberkirche gehört zu den wichtigsten Stätten der Frührenaissance in Italien: 1428 wurde die Katharinen-Kapelle mit den Legenden der Heiligen und des heiligen Ambrosius ausgemalt, umstritten ist bis heute, ob von Masaccio oder von Masolino.

Erasmus können wir, um in Rom zu bleiben, auf einem der zahlreichen Mosaiken im Petersdom entdecken. In der im vierten Jahrhundert gegründeten, mehrfach zerstörten und immer wieder aufgebauten Kirche der Quattro Coronati, der „vier Gekrönten", finden sich im Kreuzgang Reste eine Barbara-Kapelle.

Eine Barbara-Kapelle hat auch die „deutsche Kirche", Maria dell'Anima. Fresken des Michael Coxie aus Mechelen, 1534 entstanden, zeigen die Legende der Martyrin. Auch auf dem Dreifaltigkeitsaltar der Kirche ist Barbara zu sehen.

Als „Perle der päpstlichen Bildergalerie" begegnet man Sankt Katharina, Ende des 14. Jahrhunderts gemalt von Fra Angelico. Auch Tizian, der Hauptmeister der venezianischen Renaissance, ist in der Vatikan-Pinakothek mit einer Huldigung an St. Katharina vertreten. Nicht minder der Spanier Bartolomé Murillo, der die mystische Vermählung der Heiligen zum Thema wählte. Bleibt man im Vatikan,

*Nothelfergruppe von Jörg Riemenschneider. Mainfränkisches Museum, Würzburg*

*Bildnis der hl. Barbara, Moggast/Fränkische Schweiz*

finden sich in der Sala della vita dei Santi, im Appartamento Borgia, die großartigen Fresken des Pinturicchio und seiner Werkstatt aus der Zeit zwischen 1492 und 1495, die Disputation Katharinas und das Martyrium der Barbara darstellend.

Florenz könnte die nächste Station sein: in Orsanmichele steht eine der zauberhaften Statuen Donatellos. Sein 1416 entstandener heiliger Georg gilt als die erste „klassische Standfigur" des 15. Jahrhunderts. In den Uffizien begegnen wir St. Barbara – die Gottesmutter verehrend – auf einem Gemälde des Sandro Botticelli, das er für Saint Ambrogio schuf. Mehrfach auch begegnen wir der Heiligen, zusammen mit St. Georg, auf Bildern seiner Zeitgenossen. Bei Antonio und Piero Pallaiuolo finden wir neben Vinzenz und Jakobus auch den Nothelfer Eustachius. Eine bemerkenswerte Georgs-Statue aus dem Jahr 1438 finden wir dann in Sant Anastasia in Verona, ein Werk des Antonio Pisanello, der ebenfalls einen Eustachius geschaffen hat. In Siena schließlich entdeckt man in der Vorkapelle des Palazzo Pubblico eine der wohl schönsten Christophorus-Darstellungen, Ende des 14. Jahrhunderts von Taddeo Di Bartolo gemalt. Und noch eine Kostbarkeit zeigt die Stadt: im Palazzo Piccolomini findet sich ein Wandgemälde des Domenico Beccafumi von 1548. Es zeigt die mystische Vermählung der beiden Kathari-nen, eines der wohl ganz seltenen Werke, auf denen die Martyrin und die Stadtheilige von Siena gemeinsam zu sehen sind.

Noch einmal begegnet uns Barbara – in San Maria Formosa in Venedig. Mit ihrem Bildnis schuf Jacopo Palma, genannt il Veccio, 1515 sein wohl großartigstes Werk. Aber auch in Braunschweig wird eine reizvolle Barbara von seiner Hand bewundert, Katharina und Georg zählen zu den großartigen Zeugnissen seines oeuvres. In der Scuola di S. Giorgio degli Schiavoni findet sich Vittore Carpaccios prachtvolle Darstellung des Drachenkampfes St. Georgs, entstanden in der zweiten Hälfte des 15. Jahrhunderts.

Dionysius, der Patron der französischen Hauptstadt, ist im Kollegiatsstift Notre

*Hl. Barbara um 1500, Werkstatt des Michael Pacher, Ferdinandeum, Innsbruck*

*Seitenflügel des Paumgartner-Altares von Albrecht Dürer, links St. Georg, rechts St. Eustachius; aus: „Dürer", Parkland-Verlag Stuttgart*

Dame in Mantes schon um 1175 dargestellt worden – Tympanon und Türsturz zeigen sein Bildnis, aber ebenso sein Martyrium. Auch das Westportal der Kathedrale von Reims präsentiert eine Dionysius-Statue, entstanden zwischen 1230 und 1233. In Chartres, in dessen Kathedrale in unserer Zeit ein gotisches Ägidius-Fresko entdeckt wurde, findet sich eine Dionysius-Figur, um 1210 in Stein gehauen. Zwanzig Jahre später bekam er Gesellschaft von St. Georg. Am Südportal dieses Gotteshauses ist außerdem die Szene in Stein gehauen, wie Ägidius die von den Hunden gejagte Hirschkuh in die Arme nimmt. Eustachius wird in der Pariser Kathedrale St. Eustache auf einem Gobelin dargestellt. Auch beim Betreten des Bamberger Domes begegnet man dem heiligen Dionysius, dem ein steinerner Engel seit Jahrhunderten sein Lächeln schenkt. Es gibt viele Zeugnisse in Frankreich: beispielsweise den Margareten-Altar in Lampeau-Guimiliau, der eine elegante junge Frau in der Wildnis zeigt. Oder das große Chorfenster in der Kathedrale von Dol de Bretagne aus dem 12. Jahrhundert mit Szenen aus der Margareten-Legende. In Locrarnon findet man Barbara und Margareta in Gesellschaft von St. Christophorus, Georg und Margareta begegnet man in Giumiliau. Ganz besonders reich wird der Nothelfer-Pilger im Museum von Dijon beschenkt: da wäre der filigrane Flügelaltar des Jacques de Baerze aus dem 14. Jahrhundert zu nennen, in dessen Gesprenge Georg, Katharina, Barbara, Margareta und Christophorus stehen. Cyriakus, Dionysius, Katharina, Barbara und Margareta finden sich auf einem anderen Flügelaltar der gleichen Periode. Von Carlo van Loo zeigt das Museum die Errettung Margaretas durch den Drachentöter Georg, ein in Genf vor 1450 entstandener Blasius gehört ebenso zu den Schätzen von Dijon wie ein Georgs-Retabel und ein Barbara-Altar, beide Werke des

*Nothelferkerzen von Maria Mlecnik, 1993, Gottschuchen/Kärnten*

15. Jahrhunderts aus der ehemaligen Kartause stammend, oder die in Franken geschaffenen Katharinen-Statuen.

Leider nur drei von ursprünglich vier wunderschönen Fresken aus dem 12. Jahrhundert sind in St. Aignan-sur-Cher erhalten, die Szenen der Pantaleons-Legende zeigen: die Heilung eines Kranken durch Auflegen des Gewandes, die Erweckung des von der Schlange getöteten Kindes, die Hilfe für ein in Seenot geratenes Schiff. Szenen aus der Blasius-Legende erzählen Fresken in Berze-la-Ville, im Chateau des Moines, nahe Cluny, die auf das 11. oder frühe 12. Jahrhundert datiert werden.

Eine Kostbarkeit besonderer Art findet sich im Basler Historischen Museum: eine aus dem Münsterschatz stammende Goldschmiedearbeit aus dem Jahr 1440, die Vollplastik des heiligen Christophorus. Zum Basler Domschatz gehörte ursprünglich auch ein lebensgroßes Reliquiar aus dem frühen 13. Jahrhundert, das heute im Britischen Museum in London zu finden ist. Kern des silbernen Kopfreliquiars ist eine Holzplastik aus dem 12. Jahrhundert. Die Reliquien selbst wurden dem Gefäß entnommen und sind im Solothurn in der Basler Diözese verblieben.

Im Antwerpener Musee de Beaux-Arts findet sich eine zauberhafte Barbara-Darstellung des Jan van Eyck, in der Kathedrale von Tournai zeigen je sieben, teilweise stark beschädigte Fresken aus dem 12. Jahrhundert die Legenden von St. Katharina und St. Margareta. Der niederländische Maler Dirk Bouts, vor allem für seine meist idyllischen Darstellungen von Marterszenen und Gottesurteilen berühmt, erwarb sich schon im 15. Jahrhundert den Titel „Meister des Christophorus", seine Werke finden sich in vielen Museen und in nicht wenigen Folianten. Eine besondere Überraschung erwartet den Kunstfreund in Rotterdam: das Boijman Van Beuningen-Museum nämlich besitzt einen Christophorus aus der Hand von Hieronymus Bosch, einen, der nicht nur der reizvollen Hintergrundlandschaft wegen auffällt, sondern vor allem wegen des für Bosch ungewöhnlich schönen Gesichtsausdrucks.

Die österreichische wie die Südtiroler Kunsttradition zum Thema Nothelfer wird von zwei Namen bestimmt: Pacher und Troger.

Von Michael Pacher wäre da der Schreinaltar „Krönung Mariens" in der alten Pfarrkirche in Gries zu nennen, an dem Margareta und Erasmus als Assistenzfiguren fungieren. Von Michael Pacher ist auch aus der Zeit um 1465 der Altarflügel aus St. Lorenzen mit einem Katharinen-Bildnis erhalten, der im Innsbrucker Ferdinandeum zu sehen ist. Den weltberühmten Flügelaltar in St. Wolfgang bewachen St. Florian und St. Georg.

Friedrich Pacher, dessen Verwandtschaftsverhältnis zu Michael noch immer nicht einwandfrei geklärt ist, verdankt man den grandiosen, fünfteiligen Katharinen-Altar in der Pinakothek des Chorherrenstiftes Neustift. Entstanden ist dieser Altar vor 1483.

Der Pacher-Werkstatt entstammt eine um 1500 geschaffene Barbara, ebenfalls

*Holzbildtafel (von links: Barbara, Maria Magdalena (?) und Margareta), Landesmuseum Joanneum, Graz*

im Ferdinandeum gezeigt. Dort hängt auch Hans Pachers etwa gleichzeitig entstandener Katharinenaltar. Und schließlich ein 1513 im Augsburger Raum entstandenes Barbara-Fenster sowie die in Brixen gemalten Marter-Darstellungen der hll. Georg und Pantaleon. Volkskundliche Nothelfer-Motive – Lebkuchenmodeln, Schränke, Suppenlöffel – hat das Innsbrucker Volkskundemuseum in Besitz. Das im Todesjahr Michael Pachers, 1498, gefertigte Bildnis der „Gekrönten Madonna" zwischen Margareta und Katharina hängt in der Österreichischen Galerie in Wien. Im Wiener Diözesanmuseum wie im dortigen Kunsthistorischen Museum finden sich zudem mehrere Nothelfer-Darstellungen aus verschiedenen Jahrhunderten.

Dem engen Pacher-Kreis zugerechnet wird der sogenannte „Meister von Uttenheim", der mangels einer individuellen Identifikation nach dem Hochaltar von Uttenheim genannt wird. Auf dem zwischen 1460 und 1470 entstandenen Gemälde thront die Gottesmutter zwischen Barbara und Margareta. Und die hält, wie auf dem mehr als hundert Jahre älteren Glasfenster im Münchner Dom, einen winzigen Drachen geradezu liebevoll im Arm. Der Altar ist jetzt in der Österreichischen Galerie in Wien. Künstlerische Verwandtschaft besteht wohl zwischen diesem Künstler zum „Meister des Barbara-Altars", der um 1498 entstand und ebenfalls zu den Beständen der Neustifter Pinakothek gehört.

Paul Troger ist der große Kirchenmaler der Barockzeit in Südtirol. 1738 schuf er das Ölgemälde „Margareta mit Heiligen" für die Margaretenkirche von Welsberg. Das Brixener Diözesanmusum zeigt ein Bozzetto zu diesem Altarbild.

Der Troger-Schule zugerechnet wird ein um 1760 entstandenes Ölgemälde des St. Christophorus: ein besonders bemerkenswertes Bild, ein sogenanntes „Hüftstück", das heute in Trogers Heimatstadt Brixen in Privatbesitz gehütet wird

Admont kann in seinem Kunsthistorischen Museum vier um 1489 entstandene gotische Altartafeln aufweisen, auf denen acht der uns vertrauten Nothelfer erkennbar sind.

In der Alten Galerie des Grazer Johanneums findet sich eine um 1500 entstandene Madonna umgeben von den Vierzehn eines steirischen Meisters, ein Flügelaltar mit der Schutzmantelmadonna und den vier *Virgines capitales*, eines der Glasfenster aus Strassengel, das Nothelfer-Altarblatt aus der Grazer Stiegen-Kirche von 1700 und ein Christophorus von 1515.

Albrecht Dürers 1511 gemaltes Allerheiligenbild, zu sehen im Kunsthistorischen Museum in Wien, zeigt eine fast unüberschaubare Fülle von Heiligen, unter den Jungfrauen aber sind Barbara und Katharina anhand ihrer Attribute unschwer auszumachen. Von Dürers Sohn Hans stammt ein Nothelfer-Tafelbild, 1524 gemalt, das in Neiße hängt. Aus Dürers Werkstatt stammt eine Kathari-

*Holzbildtafel. Von links: Leonhard, Dionysius und Ägidius), Landesmuseum Joanneum, Graz*

*Holztafel mit Maria und den Vierzehn Nothelfern, um 1500; aus der Umgebung von Admont. Landesmuseum Joanneum, Graz*

nen-Marter im Frankfurter Historischen Museum.

Lindenhardt, nahe Bayreuth, lohnt einen Besuch, denn in der dortigen Pfarrkirche ist der Nothelfer-Altar des Matthias Grünewald erhalten, den der gebürtige Würzburger 1503 gemalt hat, sicherlich eine der bedeutendsten Nothelfer-Darstellungen vom Beginn des 16. Jahrhunderts.

Fast gleichzeitig, 1505 nämlich, malte der im fränkischen Kronach geborene Lukas Cranach, ein unverbrüchlicher Freund Martin Luthers übrigens, den Nothelfer-Altar für die Stadtkirche St. Marien in Thorgau. Auftraggeber waren der treu-katholische sächsische Kurfürst Friedrich III. der Weise, und sein Bruder Herzog Albrecht.

Die Stadtpfarrkirche im unterfränkischen Karlstadt besitzt eine Statuette des hl. Georg, die der renommierte Augsburger Silberschmied Philipp Jakob Drentwett 1710 schuf. Im Bamberger Domschatz findet sich ein silbernes Armreliquiar des heiligen Vitus, das erstmals bei der „Heiltumsweisung", also der öffentlichen Verehrung, im Jahr 1493 erwähnt wird. Das ebenfalls zum Bamberger Domschatz gehörende Cyriakus-Reliquiar, ebenfalls in Form eines Armes gestaltet, geht auf den heiligen Bischof Otto von Bamberg zurück, der die Reliquien des Nothelfers von einer Romreise mitbrachte.

In Nürnbergs Germanischem Nationalmuseum findet sich der fast lebensgroße Georg eines unbekannten Schnitzers von 1380. In der Lorenzkirche steht ein Katharinen-Altar von Michael Wolgemut, dem Lehrmeister Albrecht Dürers. Auch der Nürnberger Bildschnitzer Veit Stoß schuf eine Nothelfer-Figur, die seines Namenspatrones nämlich. Auf dem Boden des Ölkessels ist die Jahreszahl 1520 eingeschnitten. Figuren dieser Art pflegte Stoß auf einem eigenen Verkaufsstand auf dem Nürnberger Markt zu verkaufen. Von ihm stammt auch das Allerheiligenbild im Germanischen Nationalmuseum; unter den 22 Heiligen sind oben im Rosenkranz zwölf Nothelfer erkennbar, zwei haben im Kranz Platz genommen. Doch das Museum besitzt noch mehr: den Kornburger Altar von 1450, das Kleinschwarzenloher Retabel von 1450, einen Christophorus aus Sandstein von 1442, einen Georg von 1490 und schließlich den berühmten Pustertaler Altar von 1490.

Interessant in diesem Zusammenhang sind dort sicherlich auch die verschiedenen Rosenkranztafeln, solche findet man aber auch im Bamberger Dom (von 1515), in Schwabach und manch anderer Kirche gerade dieser Gegend. Im Bamberger Dommuseum befindet sich neben der Armreliquie des St. Vitus eine Cyriakus-Reliquie, ein Dionysius-Haupt sowie ein Flügelaltar mit der Vitus-Marter. Bambergs Historisches Museum verfügt über einen zauberhaften Georgs-Bozzetto des Ferdinand Tietz von 1753.

Franken – Nothelfer – Riemenschneider: das ist eine Dreieinigkeit, die kaum zu trennen ist. Wobei es wohl schon bemerkenswert genug erscheinen mag, daß der große Bildschnitzer um 1460 ausgerechnet in Heiligenstadt im Eichsfeld geboren wurde, jener Landschaft, die bis heute dem fränkischen Vierzehnheiligen besonders eng verbunden ist.

Riemenschneiders Skulpturen freilich sind weit über die Heimat hinaus gewandert: das Metropolitan Museum of Art verfügt über drei Nothelfer-Figuren – Christophorus, Eustachius und Erasmus. Diese Dreiergruppe ist das einzige, was von Riemenschneiders großem Nothelfer-Relief erhalten blieb. Im Niedersächsischen Landesmuseum Hannover stehen ein Cyriakus und die Büste einer weiblichen Heiligen. Ob Barbara oder Katharina – das ist umstritten. Im Bayerischen Nationalmuseum in München ist eine einwandfrei als Barbara identifizierte Figur von 1510 zu sehen.

Im Mainfränkischen Museum in Würzburg sind noch Darstellungen der Katharina und der Barbara verblieben, dazu ein Nothelfer-Relief, das Tilmans Sohn Jörg zwischen 1520 und 1530 für das Würzburger Hof-Spital schnitzte.

Im Augsburger Stadtmuseum ist Hans Burgkmair präsent mit zwei 1506 gemal-

*Die älteste Darstellung der Erscheinungslegende: das „Konhofer-Fenster" in der Nürnberger St.-Lorenz-Kirche, 1476*

*Rest eines Christophorus-Freskos aus dem 14. Jh. in Oberplars bei Algund/Südtirol*

ten Katharinen-Darstellungen, eine mit der Kirche von St. Peter in Rom im Hintergrund, eine mit Santa Maria Maggiore, dazu findet man eine Katharinen-Marter von Hans Holbein d. Ä.

Ein Nothelfer-Bild Burgkmairs findet sich auch in der Kunsthalle Karlsruhe, in der Fürstenbergischen Sammlung in Donaueschingen ist ein Rosenkranz-Altar Hans Schäufelins, auf dem elf der Vierzehn einwandfrei zu identifizieren sind. Im Württembergischen Landesmuseum steht der älteste bekannte Flügelaltar aus Schwaben, er entstand 1426, zeigt Maria zwischen Barbara und Katharina und war wohl für das Ulmer Münster bestimmt.

*St. Christophorus im Kreuzgang des Brixener Domes*

Wenn München in seinen Museen besonders reich an Nothelfer-Darstellungen ist, so liegt das zum einen wohl an der traditionellen Frömmigkeit seines Herrscherhauses, zum anderen aber auch am Sammeleifer seiner Fürsten. Nicht nur im Dom oder in der Blutenburg-Kapelle sind die Vierzehn zu finden. Im Nationalmuseum findet sich neben der heiligen Barbara des Tilman Riemenschneider ein um 1525 in Niederbayern entstandener Ägidius, dessen Schnitzer umstritten ist. Ebenfalls unbekannt ist der Maler eines Tafelbildes der Heiligen Barbara und Katharina. Seine Herkunft ist Wasserburg, das Entstehungsjahr 1470. Gesi-

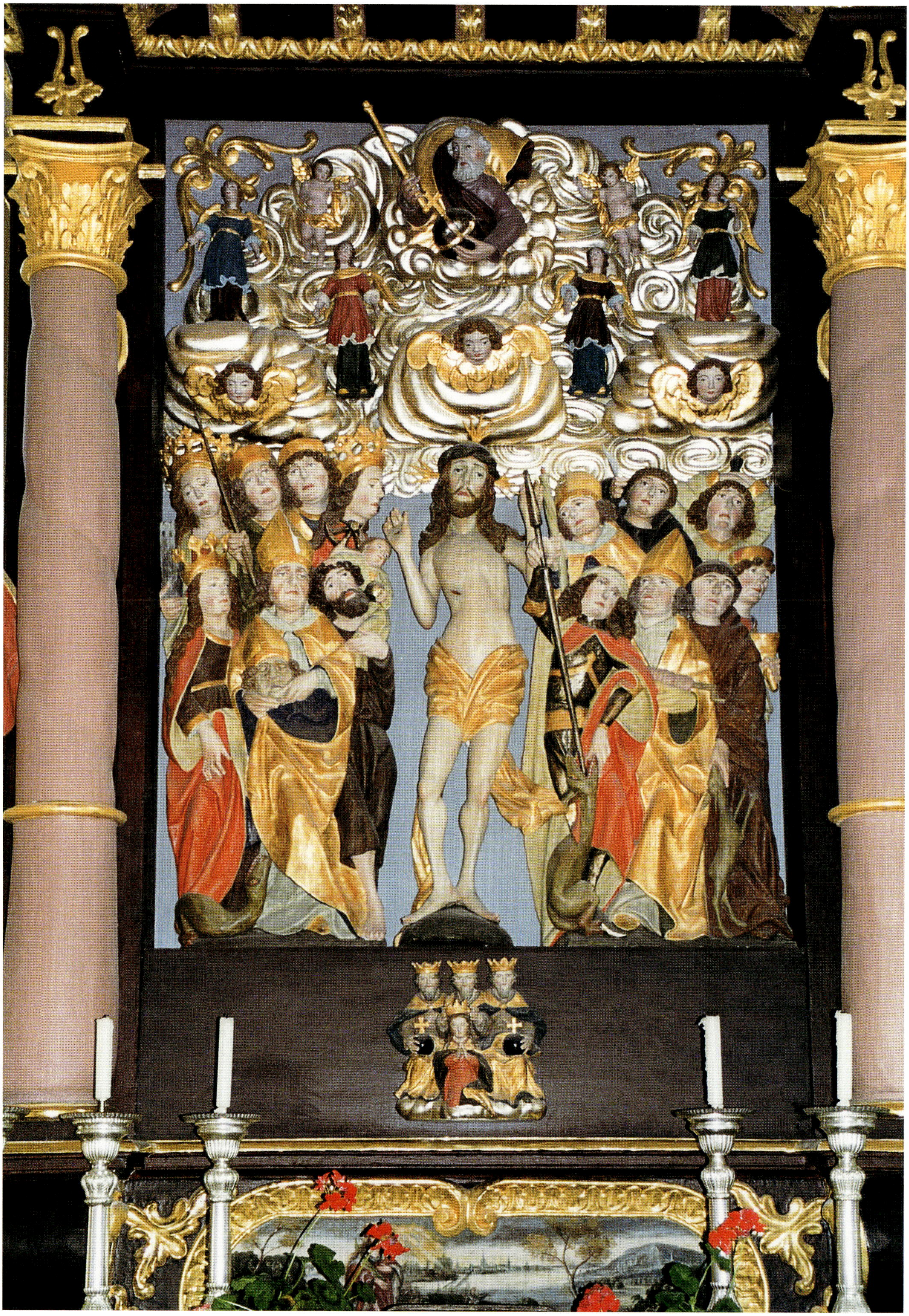

chert ist dagegen, daß die 1520 für die Burg Karlstein bei Regensburg geschnitzte „Thronende Katharina" von Hans Leinberger stammt.

Zu den ebenso liebenswerten wie umstrittenen Schätzen des Münchner Nationalmuseums gehört die sogenannte „Starnberger Heilige", die Ignaz Günther 1755 schnitzte, aber nicht vollendete. Sicher ist, daß sie eines der Drei heiligen Madln darstellen sollte – aber welches?

Unter den gewiß nicht wenigen berühmten Kostbarkeiten der Schatzkammer in der Residenz nimmt die Reiterstatuette des heiligen Georg sicherlich eine Spitzenstellung ein, nicht nur wegen der Überfülle an Diamanten, Rubinen und Perlen, sondern vor allem wegen der handwerklichen Qualität. Das Kunstwerk entstand zwischen 1586 und 1597 in einer Werkstatt des München-Augsburger Manieristenkreises, wohl von Andreas Athenstett und Abraham Lotter nach Entwürfen Friedrich Sustris. Ursprünglich war dieser Georg, der auf einem aus Alabaster geschnitzten Pferd reitet, als Bekrönung eines im Sockel verborgenen Reliquien-Sepulcrums gedacht, zugleich aber wurde er zum Dankvotiv für den Sieg der katholischen Heere im Kölnischen Krieg anno 1583, später – durch einen Silbersockel erweitert – auch für den Sieg am Weißen Berg bei Prag 1620. Und zugleich war er den katholischen Wittelsbachern Symbol für die Verteidigung des alten Glaubens in der Gegenreformation.

Höhepunkte beim Besuch der Alten Pinakothek? Albrecht Dürers Paumgartner-Altar gehört zweifellos dazu. Mittelstück des um 1500 entstandenen, dreiteiligen Altares ist die Geburt Christi, auf den Seitenflügeln sind zwei Freunde Dürers als Heilige abgebildet: Stefan Paumgartner als Georg, Lucas Paumgartner als Eustachius.

Ebenso grandios wie farbenprächtig ist die Darstellung der Heiligen Mauritius und Erasmus auf einer Tafel des Matthias Grünewald. Lorenzo Lottos 1508 gemalte „Vermählung der hl. Katharina" kam 1804 von Würzburg nach München. Dirk Bouts d. J. schuf 1490 den Flügelaltar „Die Perle von Brabant", in dessen Mittelstück die Anbetung der Könige dargestellt ist, auf den Seitenflügeln Johannes der Täufer und Christophorus. Nicht übersehen sollte man wohl auch Albrecht Altdorfers „Laubwald mit dem hl. Georg".

St. Peter, nicht nur Münchens älteste Pfarrkirche, sondern bis heute ein Anziehungspunkt für Touristen, besitzt seit früher Zeit eine Katharinenkapelle, die die Handschrift Ignaz Günthers trägt. Neben der Patronin Katharina sind Margareta zu sehen, Agnes, Apollonia und Blasius. Ein um 1500 entstandenes Tafelbild mit der Vierzehner-Gruppe hängt in der Klinik Josefinum, es dürfte, wie die Wappen beweisen, aus dem Besitz einer der alten Münchner Patrizierfamilien stammen.

In der Berliner Skulpturensammlung findet sich ein um 1520 geschnitzter Georg, dessen Schöpfer zwar unbekannt ist, der aber in Haltung und Gesichtsausdruck an das Umfeld Hans Leinbergers erinnert, an dessen Georg im Münchner Dom.

Auch von Jan Pollak (1479 bis 1519) ist eine Nothelfer-Darstellung verbürgt, ein heute in Privatbesitz befindlicher Hausaltar zu Ehren der hll. Barbara und Katharina. Selbst Josef Anton Feichtmayer, einer der letzten großen Wessobrunner Stukkateure, schuf um 1750 einen Christophorus.

*Seite 118:*
*Altarrelief aus der Pfarr- und Wallfahrtskirche in Sackenried um 1500 mit dem Auferstandenen als Mittelpunkt der Nothelfergruppe*

*St. Ägidius, spätgotisch, in der Abensberger Kirche „St. Gild im Moos"*

*St. Barbara, Wandmalerei von 1486 in der Pfarrkirche von Abensberg*

Der bis heute nicht identifizierte, dennoch hoch renommierte „Meister von Rabenden", dessen Werke über die ganze Welt verstreut sind und die eine große Nähe zu Erasmus Grasser nicht leugnen können, schuf für die Jakobskirche in Rabenden im Chiemgau nicht nur den hochberühmten Hauptaltar, sondern auch einen Seitenaltar zu Ehren der Nothelfer.

Die Altdeutsche Galerie in Augsburg kann einen Georg des Malers Martin Schaffner von 1530 ihr eigen nennen, mit dem wohl skurrilsten Drachen der Legendenmalerei.

Raffael Santis weltberühmte „Sixtinische Madonna" von 1513, ursprünglich für den Hochaltar von San Sisto zu Piacenza bestimmt, aber seit 1753 in Dresden, hat als Begleiter nicht nur die beiden Engelchen, die sich so „unprotokollarisch" aufstützen, sondern auch die heilige Barbara. In der Dresdner Galerie alter Meister hängt auch die gleichzeitig mit der Sixtinischen Madonna entstandene „Madonna mit Georg" des Antonio Allegri. Sie stammt aus dem Privatbesitz Friedrich Augusts II. von Sachsen. Schließlich ist in Dresden auch Lukas Cranach vertreten, mit dem 1506 entstandenen Katharinenaltar, der auf der Mitteltafel das Martyrium zeigt, auf dem linken Flügel Dorothea, Agnes und Kunigunde. Der rechte Flügel mit den Darstellungen der Barbara, Margareta und Ursula ist verschollen. Gemalt wurde der Altar für die Wittenberger Schloß- und Universitätskirche.

In der Staatlichen Galerie in Dessau ist Cranachs „Verlobung der Katharina" von 1516 zu sehen – das gleiche Motiv aus Cranachs Hand gibt es auch in Budapest, im Magyar Szépmüveszeti-Múzeum. In der Raday-Sammlung der Budapester Reformierten Kirche gibt es auch eine großartige, figurenreiche Katharinen-Marter des Lucas Cranach, 1508 entstanden.

### Machen wir noch einmal Ausflüge

Dürers Entwurf für einen Altar in Riga, auf dem Barbara und Apollonia zu sehen sind, hängt in Paris. Für das Gesamtbild existieren fünf Entwürfe und vierzehn Einzelstudien.

Im Staatlichen Museum für Kunst in Kopenhagen zählt Giovanni Battista Tiepolos „Madonna mit Katharina und Antonius von Padua" zu den feinen Kabinettstücken. Im Museu nacional in Lissabon hängt eine heilige Barbara des Jan van Eyck, der 1428 im diplomatischen Dienst Philipp des Guten von Burgund Portugal besucht hatte. Eine Fülle von Entdeckungen – wie viele könnte man wohl finden, würde man alle Museen der Welt systematisch erforschen können.

Groß und vielfältig ist noch heute der Bestand an Holzschnitten, Stahl- und Kupferstichen, Feder-, Bleistift- und Kreidezeichnungen, die sich mit Nothelfern beschäftigen. Wie verbreitet mögen sie einst gewesen sein, waren sie doch weitaus erschwinglicher als Gemälde und Skulpturen. Sie konnten in Büchern verbreitet oder als Wallfahrtsandenken weitergegeben, gesammelt und verschenkt werden. Auffallend ist auch in der Druckgraphik die unterschiedliche Popularität, die die einzelnen Heiligen genossen. Christophorus steht mit großem Abstand an der Spitze, Georgs-Darstellungen sind ebenso häufig wie die Abbilder der drei „heiligen Madl" oder des heiligen Blasius.

Als älteste graphische Darstellung eines Nothelfers, nämlich des Christusträgers, gilt ein 1423 in Buxheim entstandener „Reiberdruck", der sich heute in Oxford befindet. Nicht nur eine Kostbarkeit für die Nothelfer-Forschung, sondern auch – der Technik wegen – für die Geschichte der Druckgraphik.

Von 1430 ist ein Christophorus als Miniatur in einem niederländischen Stundenbuch. In einer Publikation des Literaturwissenschaftlers Heinrich Weber von 1866 über „Die Anfänge der Druckkunst" wird eine Darstellung der „Vierzehn Nothelfer in ihrer Gesamtheit" auf zwei Blättern erwähnt, datiert um 1460. Aus der gleichen Zeit, vielleicht auch ein wenig später, gibt es einen Einblattdruck des heiligen Ägidius, ob im Rheinland oder in Nürnberg entstanden, ist ungewiß.

Datierung und Provenienz früher Holzschnitte sind oft schwierig belegbar und umstritten, weil sie meist nicht signiert sind, auch keine Prägung der Druckwerkstatt tragen. Das Jahr 1480 dürfte aber sicher sein für ein Blatt, das die Ordenskette der 1465 durch den Grafen Wilhelm IV. von Henneberg gestifteten Christophorus- und Nothelfer-Bruderschaft zeigt. Diese Bruderschaft wurde 1480 von Papst Sixtus IV. bestätigt. Und da erhielten die Mitglieder eine Kette mit vierzehn Medaillons, die jeweils einen Engel mit einem Nothelfer-Namen zeigen, dazu den Holzschnitt mit der Darstellung der Übergabe der Kette an die Mitglieder.

Einfacher und sicherer werden Datierung und Abkunft etwa ab 1460 erkennbar, mit Beginn der Verwendung als Buchillustration, die anfangs vor allem aus Augsburg und Rom bekannt ist, auch aus Mainz, Straßburg und Leipzig. Von 1471/72 sind etwa Illustrationen im „Leben der Heiligen" bekannt. 1495 werden in Köln von Ulrich Zell die Legenden von Katharina, Margareta und Barbara gedruckt, 1500 kommt aus Straßburg ein Druck des Johannes Grüninger. In Augsburg erscheint 1513 „Der Weg der säligkeit" – *Via felicitatis* –, gedruckt bei Johann Miller, illustriert von Hans Scheufelein. Das Büchlein will in Wort und Bild eine Reverenz an die Nothelfer sein, auch wenn nicht die sogenannte „Normalreihe" dargestellt wird, wenn nur Georg, Pantaleon und Erasmus sicher identifizierbar sind.

Vor allem die durch lange Zeit andauernde Beliebtheit des immer wieder aufgelegten, immer wieder neu illustrierten Gebetsbüchleins *Hortus animae* – das Seelengärtlein – verbreitet die Popularität vieler Heiliger, auch der Nothelfer. Die Dürer-Schüler Erhard Schön und Hans Sebald Beham wie auch der in der Tradition Martin Schongauers ausgebildete Hans Baldung Grien halfen bei der Bebilderung des „Seelengärtleins". 1511 schnitt er Bildnisse von Katharina und Barbara, von Ottilia, Elisabeth und Ursula. Katharina und Barbara hatte Grien schon zwischen 1505 und 1507 auf Einblattholzschnitten dargestellt. Die Federzeichnung „Enthauptung der Barbara" von 1505 ist im Besitz des Berliner Kupferstich-Kabinetts. Eine 1504 entstandene Katharina ist in der Öffentlichen Kunstsammlung in Basel, die Kunstsammlung Städel in Frankfurt hat den Scheibenriß einer Mondsichelmadonna mit der heiligen Barbara. Vor allem aber Christophorus steht in Griens oeuvre in hohem Rang: zwischen 1505 und 1520 zeichnet und schneidet er ihn mindestens fünfmal, ein Blatt wird in der Kunsthalle in Karlsruhe gezeigt.

Albrecht Dürer übrigens verfertigt 1511 einen Holzschnitt, 1521 einen Kupferstich des Christophorus. Von Albrecht Altdorfer sind eine ganze Reihe von Darstellungen dieses Heiligen erhalten, Holzschnitte ebenso wie Radierungen, vor allem zwischen 1513 und 1520 entstanden. Und selbst schon in der Schedelschen Weltchronik von 1493 ist ein Abbild des Riesen zu finden.

Doch nicht nur diese Namen sind mit Holz- und Kupferstichen der Nothelfer eng verbunden. Konrad Fyner aus Urach schnitt 1481 eine Eustachius-Darstellung, Georg Stuchs aus Nürnberg gesellt 1497 der Madonna einen Dionysius bei, dem Meister der Nürnberger Passion wird um 1450 ein Georgs-Kupferstich zugeschrieben. Der Augsburger Martin Schongauer sticht in der zweiten Hälfte des 15. Jahrhunderts das Bildnis der Margareta, den heiligen Georg wählt gegen Ende dieses Jahrhunderts wieder der Meister von Zwolle als Thema.

*Holzrelief St. Vitus, an einem Bauernhaus in Wülfertshausen a. d. Saale*

Gruppendarstellungen sind selten, meist schreibt man sie schwäbischer Herkunft zu. Bezüge zu den Nothelfern finden sich kaum, meist werden nur einige von ihnen mit lokalen Patronen zusammengestellt. Hans Schäufelin stellt 1513 auf zwei Blättern Heiligengruppen dar: einmal männliche, einmal weibliche. Erstmalig wohl findet sich die Darstellung einer Heiligengruppe 1503 in einem von Johann Wähinger in Straßburg gedruckten „Seelengärtlein". Klar erkennbar sind im Vordergrund Nikolaus und Katharina. Zu sehen, aber nicht zu identifizieren sind zwei weitere Gestalten, dahinter deuten lediglich Nimben auf weitere Heilige hin. Hans Holbein d. Ä. umgibt 1519 sein Bildnis der „Madonna mit Anna und Joachim" mit einer Gruppe von Jungfrauen, unter denen auch die *virgines capitales* der Nothelfer-Reihe sind.

Die Vierzehn Nothelfer, wie man sie aus der sogenannten „Normalreihe" kennt, tauchen als Illustration zum ersten Mal in dem 1496 von Amadeus de Argentina verfaßten *Graduale Cisterciense* auf. Auf sieben Miniaturen sind die Madonna und der Schäfer mit dem sitzenden Jesuskind zu sehen. Dazu die „drei heiligen Madl", Blasius, Dionysius und Erasmus, Eustachius, Georg und Ägidius, Vitus, Cyriakus und Achatius sowie auf dem letzten Blatt Pantaleon und Christophorus.

Die eigentliche Erscheinungslegende, genauer gesagt die dritte Vision, dürfte sich in der verschollenen „histori vnd vrsprvng der wallfart" von 1519 befunden haben, im Nachdruck von 1596 jedenfalls sind diese Bildschätze zu finden, möglicherweise aus dem Original übernommen, ihm nachgeschnitten.

# Wenn Luther Sankt Christopherus preist

Die orthodoxen Gemeinschaften haben keine Probleme mit der Heiligenverehrung, das weiß man spätestens, wenn man erfährt, wie viele ihrer Klöster nach Heiligen benannt sind, nicht nur das Katharinenkloster auf dem Sinai, wo sich beispielsweise auch eine kostbare Ikone der Gottesmutter befindet, assistiert von den Heiligen Georg und Theodor. Sie entstand im 6. Jahrhundert, vermutlich in Konstantinopel. Man weiß es auch, wenn man sieht, mit welcher Liebe, mit welcher Inbrunst die orthodoxen Christen die Heiligen-Ikonen in ihren Kirchen küssen. Oder wenn man die großen russischen Museen besucht.

Mehrfach begegnet man beispielsweise im Historischen Museum in Moskau St. Blasius, der gleichermaßen als Arzt wie als Viehpatron verehrt wird. Auch Katharina ist dort zu finden, eine Ikone, die Georg und Blasius gemeinsam zeigt, vor allem aber ein Triptychon aus dem 17. Jahrhundert, auf dem Georg und Demetrios den Pantokrator flankieren. In der Tretjakow-Galerie gibt es eine aus der zweiten Hälfte des 12. Jahrhunderts stammende Georgs-Ikone, geschaffen für die Maria-Entschlafungs-Kathedrale in Moskau. Das ist eine in der byzantinischen Kunst sonst nicht anzutreffende Variante: Georg präsentiert sich in feierlicher Haltung, in einem mit Goldplättchen verzierten Panzer, das Schwert als Machtsymbol reckend. Die Ikone zeigt eigenständige Züge der Nowgoroder Malerei und damit die Ablösung von der strengen Kiewer Schule. Zu finden ist auch ein Georgs-Fragment von Wassili Jermolin, um 1462 für den Kreml gestaltet. Aus dem 14. Jahrhundert stammt eine Barbara-Ikone.

Im Russischen Museum in Leningrad gibt es eine nicht minder interessante Ikone der Nowgoroder Tradition: Georg und Blasius auf rotem Hintergrund, flächig und frontal gemalt in strenger Figuration, aus dem 13. Jahrhundert stammend. In der Georgskirche in Staraja Ladoga wird aus der zweiten Hälfte des 12. Jahrhunderts eine Ikone verehrt, die einen eleganten Kirchenpatron zeigt, dessen Gesichtszüge noch deutlich an die Kiewer Hofkunst erinnern.

In Griechenland gibt es kaum ein Kloster, in dem sich nicht eine Katharinen-Darstellung findet, selbst in den Fluren der Kunstakademie auf der Insel Hydra ist die Heilige präsent. Doch man braucht nicht so weit zu reisen. Im Ikonenmuseum in Recklinghausen begegnet man einem wunderbar erhaltenen hundsköpfigen Christophorus oder einem 1096 entstandenen Fresko aus Georgien, auf dem Georg den Perserkönig besiegt.

Sehr viel mehr Schwierigkeiten als bei den orthodoxen gibt es dagegen noch immer bei den lutherischen Christen. Dabei werden die Heiligen immer wieder zu einem der großen Stolpersteine auf dem Weg zum ökumenischen Miteinander.

So manches ihrer Gotteshäuser offenbart heute, wenn bei sachgemäßer Restaurierung eine Putzschicht entfernt wird, seine vorreformatorische Vergangenheit. Heiligen-Fresken kommen zum Vorschein, Nothelfer auch. So etwa in Schobdach bei Wassertrüdingen, wo in der von 1494 stammenden Kirche – heute Sankt Johannis – wunderbare Seccomalereien aufgedeckt wurden. Eustachius war der ursprüngliche Patron und seiner Legende entsprechend ist eine Jagdszene an der Chorwand identifizierbar, dazu etliche fragmentarische Hinweise auf die anderen Nothelfer. Besorgt fragte nach dieser Entdeckung der Ortspfarrer: „Was fangen wir Evangelischen mit den Nothelfern an?"

Kaum Schwierigkeiten scheint man dagegen im sächsischen Flöha mit der Frage gehabt zu haben. Die Kirche beherbergt einen prachtvollen, um 1500 entstandenen Flügelaltar, dessen Predella die Vierzehn Nothelfer zeigt. Dazu heißt es nämlich im Kirchenführer nach der ausführlichen Vorstellung der Heiligen und ihrer legendenhaften Vita: „Aber es sei doch zuletzt ausgesprochen, daß auch für unser evangelisches Christentum die Erinnerung an die 14 Nothelfer der katholischen Kirche nicht ganz bedeutungslos ist, daß also die stummen Figuren an der Predella unseres Altares auch uns heute noch etwas zu sagen haben. Denn ist dies eine geschichtlich sicher, daß man-

*Lukas Cranach:*
*„Die vierzehn Nothelfer"*
*um 1507, Torgau,*
*Marienkirche*

cher Träger eines Nothelfer-Namens seinen Glauben mit seinem Blute besiegelte, so bleiben uns die Gestalten Vorbilder treuen Zeugentums. Aber auch in anderer Hinsicht sind sie uns Vorbilder. Ihre Hilfsbereitschaft, ihre tapfere christliche Tat bleibt, mag die Legende sie im einzelnen tollkühn ausgeschmückt haben, als solche ein Ansporn für alle christlichen Geschlechter, mögen sie auch gegenüber der Überlieferung ganz ernüchtert sein. Und schließlich werden auch wir evangelischen Christen nicht leugnen, daß Gott durch das Gebet oder die Hand irgendeines Trägers einer dieser vierzehn Namen seinen Gläubigen auf Erden hat Hilfe zuteil werden lassen ... So gelten uns die Nothelfer auch heute noch in unserer evangelischen Kirche als ehrwürdige Gestalten. Freilich sind sie übermalt, wiederholt und vielfach übermalt, wie auch das Schnitzwerk unseres Altares übermalt ist. Darunter aber steckt doch ein echter Kern, und der heißt Glaube, Treue bis in den Tod, Liebestat, Gotteserfahrung."

Martin Luther hat das Glaubensbekenntnis relativiert: *Solus Christus*. Das freilich gehört ja auch untrennbar zur Nothelfer-Verehrung. Immer ist der Herr Zentrum der Darstellungen: als Kind auf dem Arm seiner Mutter, als Erlöserkind mit dem blutroten Kreuz auf der Brust, als Schmerzensmann, als Gekreuzigter, als Weltenherrscher auf der Schulter des Christophorus. Luther und die Heiligen – dieses Kapitel der Kirchengeschichte harrt noch der Aufarbeitung. Oder ist nur die Wiederentdeckung der Wurzeln vonnöten? Wie heißt es doch im Artikel 21 der Augsburger Confessio: „Vom Heiligendienst wird gelehrt, daß man der Heiligen gedenken soll, damit wir unseren Glauben stärken, wenn wir sehen, wie ihnen Gnade widerfahren ist und wie ihnen durch Glauben Hilfe zuteil geworden ist. Dann kann auch jeder ein Beispiel nehmen an ihren guten Werken." Und auch an Luther selbst kommt man nicht vorbei.

Daß der Reformator noch 1519 an der katholischen Engel- und Heiligenlehre festgehalten habe, daran erinnert der reformierte Theologe Rudolf Bohren, und auch daran, daß Luther 1544 das Vorwort zu den Heiligen-Legenden des Thorgauer Hofkaplans Georg Spalatius schrieb. Die Heiligen dokumentieren, heißt es dort, „was wir aus der Schrift lernen und durch die tägliche Erfahrung in uns erkennen"... „Alle Güter der Heiligen gehören wirklich zu dir, wiederum den Heiligen alle deine Leiden" Die Begegnung mit Luther, resumiert Bohren, schließt „in sich nicht konfessionelle Enge, sondern umgreifende Gemeinschaft". Den Beweis liefert der Reformator selbst, wenn er seine Briefe mit den Heiligenfesten datiert: „Mittwochen nach Ägidien – Sonnabends nach St. Georg – Mittwochen nach St. Dorothea – Mittwochen nach St. Katharina – am Freitag Barbara, aber auch Sonntags nach unserer Lieben Frauen Geburt..." Eine ganze Allerheiligen-Litanei kommt da zusammen. Aber dazu gehört auch das Bekenntnis: „Christophoros genießt mehr Ansehen als sämtliche Apostel", wie auch die Formulierung von 1535: „Mir genügts, daß ich meinem Herrn Christus und seinen Heiligen gefalle".

Deutlich wird Luthers Toleranz gegenüber der katholischen Heiligenverehrung auch im Umgang mit seinem Gönner, dem sächsischen Kurfürsten Friedrich III. dem Weisen. 1503 hatte Friedrich, der den neuen Glauben zwar respektierte, dem Katholizismus aber treu blieb, zusammen mit seinem Bruder Herzog Albrecht einen Altar für die Torgauer Marienkirche gestiftet. Das Gemälde zeigt die Vierzehn Nothelfer – eines der großen Meisterwerke des Lukas Cranach. Einmal nimmt Luther dieses Bildmotiv auf, wenn er sich selbst als „Fürbitter" bezeichnet. Ein andermal, wenn er es als „geistliches Bildnis" übermalt. Als Friedrich 1519 von der Kaiserwahl in Frankfurt zurückkehrt, schwer erkrankt an „Fieber, Podagra und Nierensteinkolik", schickt Luther an Friedrichs Hofkaplan Spalatin „Vierzehn Tröstungen für Mühselige und Beladene". Den Kurfürsten, der ein großer Heiligen-

*Zwickau, Dom*

*Bildstock mit
Darstellung des
Kinderkranzes
in Darstadt*

*Nothelfer-
Bildstock,
18. Jh.,
Grafenrheinfeld*

verehrer und geradezu fanatischer Reliquiensammler war, belehrt er: „habe folgende vierzehn Kapitel zusammengestellt, sie gleichsam auf einer Bildtafel angeordnet und ihnen den Titel Tessaradecas – die Vierzehn – gegeben, sie sollen anstelle der Vierzehn Heiligen treten, die wir in unserem Aberglauben zu Nothelfern in allen Leiden machen ...". Absage nicht an die Heiligen, Absage aber an manche Formen des Aberglaubens, dem Friedrich vielfältig angehangen haben soll.

Die vierzehn Bilder legen, so interpretiert Rudolf Bohren, den Kranken nicht fest, sie zeigen ihm vielmehr den Trost, der von Bild zu Bild einen neuen, überraschenden Aspekt gewinnen lasse. Indem Luther aber den Blick von den Heiligen weg auf den Gekreuzigten lenkt, übersieht er freilich den christologischen Aspekt der Nothelfer-Verehrung. Und doch, sagt Bohren, gipfeln Luthers Aussagen über die Heiligen in einer Parallele zu Christus: „In der Gemeinschaft der Heiligen ist der Elende bei Trost. Gesunde sind mit den Kranken in eine Gemeinschaft eingebunden, sind – wie die Nothelfer – Fürbitter. Und die Heiligen sind nicht mehr Nothelfer, sondern eine Elite als Vorbilder im Leid. Die Kranken nehmen teil an dem, was die Heiligen haben und so umschließt sie eine wahrhaftige Gemeinschaft mit den Heiligen in allen und durch alle Dinge".

„Ihr Reichtum füllt meinen Mangel aus, ihr Verdienst heilt meine Sünde" bekennt Luther und „Niemand soll sich vermessen, solch Ding aus seinen Kräften zu üben, sondern Gott demütlich bitten, daß er solchen Glauben und Verstand seiner heiligen Sakrament in uns schaff und erhalt ... Dazu soll er alle heiligen Engel, besonders seinen Engel, die Mutter Gottes, alle Apostel und lieben Heiligen anrufen, sonderlich die, zu denen ihm Gott besondere Andacht gegeben hat". Ein großes Wort ... Kein Wunder, daß selbst der als ungewöhnlich kritisch bekannte Humanist Erasmus von Rotterdam die „Tröstungen" geschätzt haben soll. Übrigens basierte Luthers deutsche Bibelübersetzung auf der griechischen Fassung des Erasmus von Rotterdam.

Vom lutherischen Erzbischof von Schweden, Nathan Söderblom, stammt eine der schönsten Formulierungen zum Thema Heilige. Sie sind, schreibt Söderblom, „Menschen, die es einem leicht machen, an Gott zu glauben, denn in den Heiligen wird erfahrbar, daß Gott das allein strömende und blühende Leben ist". Und an anderer Stelle heißt es bei ihm: „Die Idee des Heiligen ist so wichtig und im evangelischen Luthertum so stark vernachlässigt, daß sie eine besondere Behandlung verlangt".

Diese „besondere Behandlung" ließ vor allem der evangelische Theologe Walter Nigg dem Thema angedeihen. Es gibt von ihm mehrere viel beachtete Bücher über Heilige. „Noch ist die Heiligenverehrung nicht wieder Gemeingut in den reformatorischen Bekenntnissen, aber sie wird auch nicht mehr als anstößig betrachtet" schreibt Nigg und begrüßt das, denn „die Heiligen sind die bedeutendsten Gegenspieler des Nihilismus". Bei der Begegnung mit den Heiligen erfährt Nigg immer

*Nothelfergemälde, St. Ägidius in Lahm, Wilhelmsthal*

wieder die „unerwartetsten Überraschungen", denn „nicht der Heilige selbst ist aus der Reihe der gewöhnlichen Menschen herausgetreten, sondern Gott hat ihn herausgenommen und zu einer besonderen Aufgabe berufen... Kein Heiliger verkörpert die ganze Heiligkeit. Vielmehr bringt jeder nur eine wesentliche Seite zum Leuchten. Die Heiligen sind wie ein Geläute: jede Glocke hat ihren Klang, aber erst alle zusammen geben die ganze Tonfülle. Auf diese Musik der Ewigkeit muß man hören." Noch ist der Zugang für viele protestantische Christen schwer, viele aber suchen danach. Schon Wilhelm Löhe mag vielen aus dem Herzen gesprochen haben, wenn er bedauerte: „daß man gar keinen Lebenslauf, keine Martyrergeschichte, gar keine leuchtende Historie mehr vernimmt".

So mancher evangelische Christ, der zusammen mit seinen katholischen Freunden den Weg nach Vierzehnheiligen hinaufpilgert, mag dem zustimmen, mag ahnen, was der frühere Bischof von Rottenburg, Georg Moser, meinte, als er in „Zeugen der Freiheit" formulierte: „Die Heiligen sind Flammen, die uns erwärmen und uns voranleuchten ... Fassen wir ihre Hand und gehen mit ihnen".

Die Gemeinde Gollmuthhausen gibt ein besonderes Beispiel für die Möglichkeiten gemeinsamen Christseins – und das schon seit rund hundert Jahren. Damals suchten die Wallfahrer aus Simmershausen in der Rhön notgedrungen dort Hilfe für einen „fußkranken" Pilger, in dem Dorf, dem sie des Konfessionsunterschiedes wegen so lange ausgewichen waren. Seitdem wird nicht nur mitten durch die Ortschaft „gewallt" und findet dort jeder Hilfe, der sie braucht – die Glocken der evangelischen Kirche begrüßen jedes Jahr den Pilgerzug, und in Gollmuthhausen gab es schließlich sogar für einen langjährig bewährten Wallfahrtsführer aus Simmershausen eine „ökumenische Ehrung".

Vielleicht sind zwei Formulierungen hilfreich auf dem Weg zueinander. Zum einen gilt doch für beide Konfessionen die Offenbarung des Johannes, in der es heißt: „Engel und Heilige im Himmel bringen die Gebete der Christen Gott dar". Und Hans Urs von Balthasar, sagt es einfach und wohl auch allgemein gültig so: „Die Heiligen der Kirche sind der wichtigste Kommentar zum Evangelium".

*Nothelferpredella in Oettingen*

# Nothelfer kennen keine Grenzen

St. Christoph am Arlberg, St. Gilgen am Wolfgangsee, St. Blasien im Schwarzwald, Santa Barbara in Florida – das sind nicht nur Stätten, denen Nothelfer ihren Namen gaben, sondern Orte, die als Wohn- oder Urlaubsplätze von Prominenten, als Plätze für Großveranstaltungen weithin bekannt wurden. Doch wer glaubt, diese vier Beispiele seien die einzigen und wer meint, solche Ortsnamen und Nothelfer-Verehrung gäbe es nur im deutsch-österreichischen Sprachraum, der irrt.

Ägidius (oder Egidi, St. Gilles oder Gilg) ist in den Atlanten ebenso mehrfach vertreten wie der Nothelfer Cyriakus. Da wäre Cyriakusweimar bei Marburg oder der Cyriakusberg in Sulzfeld am Main, wo bekanntlich ein besonders edler Tropfen Frankenwein kultiviert wird. Blasius, der Stadtpatron von Dubrovnik, und Namenspatron des St. Blais-Archipels in Panama, kommt unter seinem deutschen wie unter dem italienischen Namen San Biagio ebenso vor wie Sankt Veit (oder Vit), der Patron von Mönchengladbach. Pantaleon, Christophoros und Erasmus sind vertreten, oder Dionysius, der Schirmherr Frankreichs und seiner Hauptstadt Paris. Barbara und Katharina (oder Kathrein) bringen es jeweils auf gut ein Dutzend Ortsnamen, desgleichen die Patronin Schottlands, die Drachenbändigerin Sankt Margareta.

Weltweit freilich ist Sankt Georg (oder Giorgio) „Spitzenreiter". Mindestens siebzig Städte, Berge, Seen oder Inseln tragen seinen Namen. Nicht zuletzt wohl, weil die Engländer die Verehrung ihres Landespatrons in die weltweit verstreuten Kolonien mitnahmen. Georgetown heißen die Hauptstädte des südamerikanischen Guyana und der westindischen Cayman-Islands, auch die historische Metropole von Bermuda. Georgeland heißt eine vereiste Insel im sowjetischen Franz-Josef-Land, der Georgesee liegt im zentralafrikanischen Graben in Uganda. Georgia ist, an der südlichen Atlantikküste gelegen, einer der US-Bundesstaaten, Georgien schließlich, lange Zeit Teil des Sowjetreiches, ist seit 1991 ein unabhängiger Staat.

Wo ein Nothelfer auftaucht, sind die anderen bekanntlich nicht weit – in den Herzen des gläubigen Volkes ist Platz für viele, gibt es doch auch vielerlei Nöte, Bitten in vielerlei Anliegen.

Früh und vielfältig hat die Nothelfer-Verehrung in der Schweiz Eingang gefunden, nicht nur in Obersilenen und Ernen. Allein in den deutschsprachigen Kantonen lassen sich bis heute 70 Gruppendarstellungen nachweisen, wie in Adelwil im Kanton Luzern. Aus Zeiten der Gotik stammen auch die geschnitzten Figuren, die Bildtafeln und die ovalen Wandbilder in Bertiswil, wo 1571 auch eine Nothelfer-Bruderschaft gegründet wurde. In der Heiligkreuz-Kapelle von Appenzell wird das Kruzifix aus dem Jahr 1592 von Nothelfern umrahmt. Die wahrscheinlich älteste und sicherlich kleinste Nothelfer-Kirche steht am Vierwaldstätter See, in Brunnen.

Gotisches Erbe des Nothelfer-Kults findet sich als Fresken in Oberägeri, in Obstalden, in der Dionysius-Kapelle der Wallfahrt Wurmsbach am Zürichsee. Reich ist die Ausstattung der äußerlich bescheidenen Einsiedelei in Tschütschi: an der Chorwand hängt ein Nothelfer-Zyklus, der die Erscheinungslegende von Frankenthal zeigt. Auf einem weiteren, sechsteiligen Bildzykluus ist allerdings Ägidius gegen Magnus ausgetauscht. Nachweisbar ist die Nothelfer-Verehrung in Tschütschi seit 1672. Interessant ist auch die Gestaltung der gotischen Nothelfer-Kapelle in Rorschach, wo die Schlußsteine des Gewölbes die Vierzehn darstellen. Manchmal finden sich, wie in der Wegkapelle bei Ritzingen, die Nothelfer-Namen in italienischer Form, obwohl in den italienisch sprechenden Kantonen die Nothelfer-Verehrung nicht bekannt ist.

Besonders zahlreich finden sich die Nothelfer-Darstellungen in Friedhofskapellen und Beinhäusern. Sicherlich nicht zufällig – Nothelfer sind „Grenzüberschreiter", nicht nur zwischen Ländern, sondern auch zwischen dem diesseitigen und dem jenseitigen Leben, sind Helfer und Führer. Zu den frühesten Zeugnissen gehören da der Flügelaltar von 1508 im Beinhaus von Baar im Kanton Zug, das Tafelbild im Beinhaus zu Sarnen von 1501, in der Gebeinskapelle Sachsen-

Flüeli, in Stans. Im Beinhaus von 1517, das in Steinen im Kanton Schwyz neben der 1571 erbauten Pfarrkirche steht, ist die Holzdecke mit Nothelfern bemalt. Als Attribut trägt jeder eine Kerze, was eine zweifache Interpretation zuläßt. Ist es ein Hinweis auf die Lichterscheinung in Frankenthal oder gilt – was wohl zutreffender ist – jeder der Nothelfer als Lichtträger für die Toten auf ihrem Weg in die Ewigkeit?

In Frankreich werden die Nothelfer Protecteurs oder Auxiliaires genannt, ihre Verehrung ist allerdings fast nur im Elsaß, seltener auch in Lothringen verbreitet. Ägidius – genauer Saint Gilles – ist auf einem neu entdeckten Fresko in der Krypta von Chartres zu finden, natürlich auch in St. Gilles in der Provence, wo der fromme Einsiedler einst sein Kloster gegründet hatte. Als Wallfahrtsort und Pilgerziel stand St. Gilles im Mittelalter in Konkurrenz zu Santiago di Compostella. Eustachius wird durch die Kathedrale Saint Eustache in Paris geehrt, Katharina mit der Kirche St. Catherine de Honfleur und Dionysius in der Kathedrale Saint Denis in Paris, der Stadt, die ihn als ihren Patron verehrt.

Weit verbreitet ist in Slowenien und Kroatien die Verehrung einzelner Nothelfer, Dubrovnik hat St. Blasius als Patron. In der Pfarrkirche St. Martin in Jamnika, Bistum Zagreb, die bereits 1334 dokumentiert ist, zeigt der Seitenaltar die Vierzehn. Das wäre, könnte die Existenz des Altares für 1334 endgültig gesichert werden, immerhin zeitgleich mit den Regensburger Darstellungen. Auf der Thiscagora, dem Berg der Gnade, nahe Maribor, finden sich in der Geborgenheit einer seit 1410 legendenumwobenen Schutzmantelmadonna 81 Porträts, unter denen einige als Nothelfer identifiziert werden Die Vierzehn mit Florian an der Spitze finden sich als Altarbild in Slinovce bei Kostanjevica. Margareta, Katharina und Georg finden sich über ganz Slowenien verteilt auf vielen Altären.

Im heutigen Tschechien, dem einstigen Böhmen und Mähren, vor allem aber im Sudetenland, ist der Nothelfer-Kult nicht nur früh nachweisbar, sondern auch heute noch lebendig, wenngleich in vielen Kirchen die altehrwürdigen Figuren und Bilder geraubt und zerstört wurden, wie etwa 1992 in Aberthan bei Joachimsthal.

Branna-Goldenstein besitzt – wie die Wallfahrtskirche Maria Himmelfahrt in Lochotin – einen originalen Akanthus-Altar mit Barbara als Zentralfigur. Sie ist auch die Bekrönung eines Nothelfer-Altares in der Kirche von Christophsgrün bei Reichenberg, deren Hochaltar dem Christusträger geweiht ist. Der ist auch Zentralfigur eines Altarbildes in der Augustinerkirche zu Brünn in Mähren. Beeindruckend sind nicht weniger die Schnitzwerke von 1724 der Nothelfer-Altäre in den Wallfahrtskirchen Chiesch und Neuern-Nyrsko nahe der deutschen Grenze.

Im nordböhmischen Krompach (einst Kurbayern zugehörig) wurde fast gleichzeitig mit der Fertigstellung der Basilika in Vierzehnheiligen, also 1772, eine Nothelfer-Kirche geweiht. Ein gutes Nothelfer-Altarbild findet sich in der Porta-Coeli-Kirche in Tischnowitz-Tisnov bei Brünn, Schnitzfiguren zieren den Altar in Römerstadt im Altvatergebirge. In Grulich, Bistum Königgrätz, gibt es neben der Normalreihe der Vierzehn eine gleich große Reihe mit den „böhmischen Nothelfern": Wolfgang, Sigismund, Ludmilla, Kosmas, Damian, Anezka, Prokop, Norbert, Vojtěch, Cyrill, Methodius und Vacláv. Vor der Kirche von Kunzendorf (Kuncina) halten seit 1712 steinerne Nothelfer Wache, Dankesgabe, weil das Dorf von der Pest verschont wurde. Im Ort Caíov, 50 Kilometer südöstlich von Prag, steht man unversehens vor einer zwanzig Meter hohen steinernen Nothelfersäule aus dem Jahr 1730 mit der klassischen Reihe. Auch in der Dorfkirche gibt es noch einen Nothelfer-Altar.

Vieles ist heutzutage nicht mehr am ursprünglichen Ort zu finden, so ist beispielsweise ein Altarretabel von 1527 mit Nothelfer-Darstellungen auf der Innenseite im Budweiser Museum gelandet, im Museum von Dreihacken bei Marienbad haben Altarbild und Holzstatuen aus dem von Kaier Joseph III. aufgelösten Paulanerkloster Tachau eine Bleibe gefunden. Ins Museum von Kommotau kamen in der frühen Nachkriegszeit „aus Sicherheitsgründen" die uralten Figuren des Franziskanerklosters Kaaden. Und ausgerechnet von dort wurden sie in jüngster Zeit gestohlen. Interessant ist in diesem Zusammenhang auch, daß in der 1517 gebauten Nothelfer-Kirche im steirischen Anger auf einem großen Votivbild die Stadt Kaaden dargestellt ist, zusammen mit Hinweisen auf die Legenden der Kaadener Gründung. Im Regionalmuseum von Rosenberg-Ruzomberok in der

*Franziskanerkloster und Kirche in Kaaden an der Eger, wo die Vierzehn Nothelfer schon vor 1450 verehrt wurden*

mittleren Slowakei ist der 1527 geschaffene Flügelaltar der Dorfkirche von Lúova Kúty untergekommen, dessen Festtagsseiten die Vierzehn auf vier Tafeln zeigen. Als beim Einmarsch der Warschauer-Pakt-Truppen die seit 1730 bezeugte Nothelfer-Kapelle von Unterneuern gesprengt wurde, kam der Nothelfer-Hochaltar nach Neuern, nahe der deutschen Grenze.

In Prag, der „goldenen Stadt", begegnet man auf Schritt und Tritt einem Nothelfer. Georgs-Darstellungen an vielen Hauswänden, eine Georgsgasse auf dem Hradschin, die Barbarastatue auf dem Hradschiner Platz, der Veitsberg ist nationale Gedenkstätte. Da gibt es das ehemalige Katharinenkloster, die spätgotische, 1512 bis 1517 erbaute Barbara-Kirche mit ihrem wunderbaren Netzgewölbe, den Barbara-Altar von 1660 in der Thynkirche, eine Georgsbasilika, ein Georgskloster, das heute Museum ist, eine Margareten- und eine Ägidiuskirche. Unter den vielen sakralen Exponaten der Nationalgalerie findet sich ein Flügelaltar mit Darstellungen von Katharina, Margareta und Ägidius. Auf der 1357 errichteten Karlsbrücke grüßen Christophorus und Vitus, Barbara, Margareta und Elisabeth die zahllosen Touristen. Und schon 925 widmete schließlich Herzog Wenzel dem heiligen Vitus eine erste Rundkapelle. Mittelpunkt des grandiosen Veitsdomes, dessen Bau 1344 begonnen wurde, ist das Veitsgrab mit seinen kostbaren Reliquien. Schon in der zweiten Hälfte des 15. Jahrhunderts enthält das Missale des Veitsdomes ein Meßoffizium der Vierzehn Nothelfer.

Neben Franken gilt Südtirol als das traditionelle Nothelfer-Land, rund 100 Verehrungsstätten sind bekannt in dem

*Nothelfer-Säule in Kaćov, südöstlich von Prag, 1731*

landschaftlich doch relativ kleinen Terrain. Manch kleine, private mag dazu kommen. Südtirol ist aber auch, sagen manche Einheimische augenzwinkernd, die wirkliche Heimat des legendenumwobenen Christophorus. Seit den Tagen der frühen Gotik hat der hilfreiche Riese unendlich viele Haus- und Kirchenwände „bezogen" – gab er doch einst allen, die auf den gefährlichen Alpenwegen unterwegs waren oder im Dienst irgendeines Fürsten in den Kampf ziehen mußten, die Sicherheit, den Tag unbeschadet zu überstehen. Und heutzutage vertrauen sich eben Auto- und Motorradfahrer seiner Obhut an. Ob am Gerichtshaus in Sarntheim, wo der hochrenommierte Conrad Waider 1492 den Christusträger an die Fassade malte, ob am Dom zu Brixen, über der Tür des versteckten Kirchleins von Vill oder in Meransen: der Riese ist allgegenwärtig.

Freilich nicht nur er allein, freilich nicht als Erinnerung an frommer Vergangenheit. Im Friedhof von Gais beispielsweise findet sich seit 1988 ein hochmodernes Nothelfer-Relief als Gedenkstätte für die verstorbenen Priester der Pfarrei. Oft begegnen uns in Südtirol ungewohnte Nothelfer-Gruppierungen – man stellt ihnen zuweilen die „sieben Zufluchten" gegenüber, in Enneberg gibt es neben dem Nothelfer-Altar ein Bildnis der „Geduldsheiligen". Nikolaus steht so manches Mal anstelle der Gottesmutter im Mittelpunkt der Reihe, beispielsweise in Gummer im Eggental und in St. Valentin in Eppan. In Latsch mit seinen zahlreichen Zeugnissen der Nothelfer-Verehrung ist die Gottesmutter wieder dabei, wird aber von St. Josef begleitet.

Zahlreich sind die künstlerisch hochrangige Darstellungen der Nothelfer, der einzelnen Patrone wie der Gruppe: so der Barbara-Altar in Kloster Neustift, der Flügelaltar in Innichen, Friedrich Pachers Margareten-Fresko in St. Margaret im Montal oder eben all die kostbaren Relikte aus frühen Tagen. Aber es gibt eben auch viele unscheinbare Dorfkirchen oder bäuerliche Hauskapellen zu Ehren der Nothelfer, Zeugnisse von Dank und Bitte in Notsituationen, bei Kriegen und Viehseuchen, in Pestzeiten. Nicht kirchliche Verordnungspraxis hat sie geschaffen, eher schon der volkstümlich-bildhafte Missionierungseifer von Ordensgemeinschaften, vor allem aber die bis heute gerade in Südtirol lebendige Volksfrömmigkeit. Und nicht zuletzt auch die Überlieferung von wunderbaren Heilungen, wie in Gaid über Eppan, in Martell, in Mals im Vinschgau.

Natürlich sind die Nothelfer auch in den österreichischen Ländern nördlich der Alpen wohl vertraut. Schon an der Europabrücke empfängt den Reisenden eine Christophorus-Kapelle, entstanden erst in den 60er Jahren des 20. Jahrhunderts. In Gries an der alten Brennerstraße erinnert ein Bildstock an eine 1855 abgetragene Nothelferkapelle. Und nachweislich ist die Verehrung der „Heilsarmee für alle Nöte" in den Ländern Österreichs viel älter. Aus Mittersill wird Mitte des 14. Jahrhunderts von einer Nothelfer-Verehrung berichtet, 1357 bei der Brixlegger Zwölf-Boten-Kirche Mehrn. Älteste Fresken sind für 1470 in der ehemaligen Karmeliterkirche in Lienz verbürgt, wo bereits 1466 ein Nothelfer-Altar existierte. Zwischen 1490 und 1496 entstanden die großartigen Wandbilder in der Burgkapelle von Bruck bei Lienz. 1513 berufen die Bergleute der Silbergrube von Schwaz die Vierzehn zu Patronen ihres Stollens. 1517 erhielt die Heilig-Geist-Kirche von Ried im Oberinntal einen Flügelaltar, auf dem nur acht der Vierzehn zu sehen sind, die restlichen sechs haben sich auf der Predella eingefunden. Gegen Ende des 15. Jahrhunderts mehren sich die Darstellungen auf noblen Ansitzen und in Burgkapellen. In Hall übernehmen die Stiftsdamen die Verpflichtung, alljährlich vierzehn Nothelfer-Messen zu feiern. In Innsbruck gibt es bei den Jesuiten, die eine Nothelfer-Kirche als Vorläuferin ihres Gotteshauses hatten, Zeugnisse der Nothelfer-Verehrung, ebenso bei den Franziskanern in der Hofkirche, wie bei den Benediktinern in Fiecht bei Schwaz, wo die Nothelfer die Stuhlwangen der Stiftskirche bewachen.

Zu den bedeutendsten Zeugnissen aus der Barockzeit gehören das Altarblatt von 1689 in der Innsbrucker Mariahilf-Kirche, die Nothelfer-Altäre von St. Georgen und von Sankt Sebastian in Ried in Osttirol sowie die Gewölbebemalung in Sankt Magnus in Ranggen. Unabhängig davon zeugen aber auch viele kleine bäuerliche Hauskapellen, bis hinauf auf runde 2000 Meter, von alltäglichen Nöten und von Dankbarkeit.

In Kärnten lassen sich im 15. Jahrhundert Dokumente der Verehrung nachweisen, so das Deckenfresko der Ägidien-

Große Helfer in der Noth, steht mir bei bis in den Tod,
Reicht mir Eure Gnadenhände, wenn mein Leben geht zu Ende!

*Frankenthaler Kinderkranz
im Altaraufbau der Kapelle
von Wülfertshausen, 1888/89*

kirche in Döbriach am Millstättersee, wo die Pfarrkirche auch über eine Nothelfer-Plastik verfügt. Als lokale Reihe darf man – wie so oft in Kärnten – den Schreinaltar von Bad St. Leonhard im Lavanttal bezeichnen. Ebenfalls aus dem Anfang des 16. Jahrhunderts stammen die nicht minder eigenwilligen Kompositionen in St. Franzisi am Saalfeld, wo St. Leonhard einen von dreizehn Nothelfern ersetzt und die Gottesmutter als vierzehnte gezählt wird. Am Seitenaltar von Maria Elend finden sich Sebastian und Rochus unter den Nothelfern. Besondere Erwähnung verdient der um 1520 entstandene „Arndorfer Altar" von Maria Saal, wo einige der Heiligen auf Kopfausschnitte reduziert und damit gezwungen sind, ihre Attribute in die Höhe zu recken.

Spät kehrt die „Heilsarmee für alle Nöte" in Niederösterreich ein, rund 30 Darstellungen sind zu entdecken, beispielsweise ein Flügelaltar in Waidhofen an der Ybbs, um 1500 entstanden. Gegen Ende des 15. Jahrhunderts findet sich in Dietmanns bei St. Pölten eine Hallenkirche zu Ehren der Nothelfer. Von 1510 stammt ein vergoldetes Holzrelief in Waidhofen an der Thaya, wo – neben einigen lokalen Patronen – wiederum die Gottesmutter als vierzehnte Nothelferin verehrt wird. In Krenstetten gibt es im Presbyterium ein Mitte des 14. Jahrhunderts entstandenes Glasbild mit Darstellungen des Ägidius, der Barbara, Margareta und Katharina. Das Glasgemälde in der Apsis der Stiftskirche St. Margaret in Ardagger, das Martyrium der Kirchenpatronin zeigend, soll bereits um 1230 entstanden sein.

Rund 60 Zeugnisse für die Nothelfer-Verehrung gibt es in der Steiermark, allerdings nur wenige Nothelfer-Kirchen. Die Wallfahrtskirche Maria Himmelfahrt in Straßengel zeigt die ganze Nothelfer-Gruppe auf seinen um 1350 entstandenen Glasfenstern. Als bekanntestes Nothelfer-Heiligtum kann sicherlich Anger gelten, wo über dem Kirchenportal die Jahreszahl 1517 steht, für das man allerdings ein höheres Alter der Verehrung annehmen kann. Den entscheidenden Einfluß auf die Verbreitung des Kults darf man auf Berichte über die Frankenthaler Erscheinung vermuten. Die Altäre von Admont, Bad Aussee, die Fresken im Münster von Neuberg an der Mürz, in der Georgskapelle am Pöglhof und in der Filialkirche von Baumkirchen stammen aus der Zeit von 1480 bis 1520. Die größte Verbreitung findet der Nothelfer-Kult in der Barockzeit und während der Pestepidemien im 17. wie im 18. Jahrhundert.

Im burgenländisch-ungarischen Raum ist der Kult, unter süddeutschem wie österreichischem Einfluß, im ausgehenden 15. und im beginnenden 16. Jahrhundert nachweisbar, allerdings meist lokal stark verändert. Zeugnis dafür geben ein Missale und ein Altar von 1483 in Kosice, Altäre in Csegöld und Kelénpatek, ein Tafelbild von 1500 in Liptozentmarton, eine Kapelle in der Burg von Buda. In nachreformatorischer Zeit finden sich eine Reihe von Patrozinien und Wallfahrten: in Pest, Etyek, Zsambek oder – im ausgehenden 18. Jahrhundert entstanden – die vielbesuchte Wallfahrt von Pilisvörösvar am Donauknie. Im eigentlichen Burgenland gibt es überhaupt kein Nothelfer-Patrozinium und nur wenige, späte Darstellungen.

In Italien werden die Nothelfer Adiutori nei bisogni genannt. Kommen sie in der Volksfrömmigkeit als Gruppe vor, dann ist meist von fünfzehn Heiligen die Rede. So heißt die Kapelle der 1628 erbauten Karmeliterkirche in Sambiase „Zu den fünfzehn Nothelfern". Weiter verbreitet ist allerdings die Verehrung der einzelnen Patrone. Beisielsweise gibt es in Rom zwei Katharinen-, eine Egidien- und die im 13. Jahrhundert erbaute Pantaleonskirche. Die Einweihung des jesuitischen Studienkollegs Germanicum wurde 1522 in San Eustachio gefeiert. Die Vatikanische Pinakothek birgt zwei Kostbarkeiten: eine Darstellung der Katharina von Fra Angelico vom Ende des 14. Jahrhunderts, die als „Perle der Päpstlichen Bildergalerie" bekannt ist, und eine Darstellung der Heiligen von Tizian vom Ende des 15. Jahrhunderts.

Der Dominikaner Johannes Bapt. de Francis et Spinola aus Palermo hat in einem Buch Orte und Altäre der Nothelfer-Verehrung schon früh zusammengetragen. In Brescia entstand 1613 ein Nothelfer-Officium, eine Sondermesse enthielt das Venezianer Missale von 1532, die allerdings 1617 von der Ritenkongregation gestrichen wurde. Auch das Missale der Dominikaner von Venedig, 1550 gedruckt, enthielt eine Nothelfer-Messe.

Ein kunstvoller Flügelaltar, vermutlich Lübecker Abkunft, aus dem späten 15. Jahrhundert zeugt in Schweden, im Dom zu Västeras, von der weiten Wanderung der Vierzehn. Selbst im weitgehend lutherischen Dänemark kennt man die Nothelfer. Sie waren dort vor der Reformation weit verbreitet, noch heute findet man auf der Landkarte 21 Ortschaften mit Nothelfer-Namen. Ein kunstvoller Flügelaltar in Dänemarks ältester Stadt, in Ribe, deren Hviding-Kirche noch auf den heiligen Ansgar zurückgeht, zeigt fünfzehn Nothelfer. In der gewohnten Reihe wurden Achatius und Pantaleon durch Hieronymus und Nikolaus ersetzt, als fünfzehnter kam Leonhard dazu. Geschaffen wurde der Altar durch den Nürnberger Meister Erhard Schön nach 1514.

Fünfzehn, ergänzt durch Magnus, sind auch in einem Meßformular von 1514 im niederländischen Utrecht genannt, in der *Missa de quindecim auxiliatoribus*. Enge Verbindungen zum süddeutschen Raum beweist die neugotische Nikolaus-Kirche in Jutphaas, dem heutigen Nieuwegein.

Das dortige Nothelfer-Altarbild, das der damalige Pfarrer um 1870 auf einem Kunstmarkt in München erwarb, stammt aus dem Nürnberger Raum, wahrscheinlich von Michael Wolgemut, dem Lehrmeister Dürers. Über dem prachtvollen Altarblatt zeigt ein farbenfrohes Glasfenster die Erscheinungslegende von Frankenthal und die Wallfahrtskirche von Vierzehnheiligen. Und noch einmal erscheinen „Nothelfer" auf der Predella dieses Altars: elf an der Zahl sind es und keiner von ihnen kommt aus der uns bekannten und vertrauten Reihe.

Mit vielen Kirchen und Kapellen ehrt England seinen Schutzpatron St. Georg. Spätestens seit der Synode von Oxford 1222 wurde seine Verehrung allgemein gefördert, nicht zuletzt durch Richard Löwenherz. Vielleicht brachte er vom dritten Kreuzzug wichtige Impulse dazu mit, vielleicht auch von der Burg Dürn-

*Links: Die Gründungslegende von Vierzehnheiligen wurde für die Nothelferkapelle in Dischingen übernommen und auf Tafeln festgehalten. Ein Schäfer hatte beim Hüten mehrere unerklärliche Erscheinungen. Beim dritten Mal sah er ein „nackend Kind" auf dem Acker sitzen und das hatte „14 Kindlein um sich stehen". Da beschwört er das Kind bei der „Heiligen Dreifaltigkeit" und es antwortet: „Wir sind die 14 Nothelfer und wollen eine Kapelle hier haben".*

*Rechts: 14-Nothelfer-Tafeln von Anton Perthaler, Brannenburg, 1782, heute in der Christkönigskirche in Degerndorf.*

*Seite 137:*
*Textblatt einer Nothelfer-Messe aus Regensburg, 1889*

stein, wo er auf der Rückreise lange gefangen gehalten wurde. Bis zum Ersten Weltkrieg galt bei den englischen Streitkräften der offizielle Schlachtruf „St. George for England", eine Formulierung, mit der man hoffte, die Soldaten verschiedener Bekenntnisse enger zusammenzuschweißen. Und wie populär die Georgs-Verehrung noch heute ist, beweist wohl nicht zuletzt Queen Elisabeth: welches Fahrzeugmodell sie auch immer für ihre Ausfahrten wählt – ehe der Wagen aus der Garage kommt, wird auf die Kühlerhaube eine kleine Silberstatuette des Drachentöters geschraubt.

Nicht nur der Drachentöter, auch die Nothelfer als Gruppe sind nicht unbekannt, „the fourteen helpers in need". 1983 kamen rund 30 Wallfahrer aus Cornwall nach Vierzehnheiligen, unter ihnen auch anglikanische Christen. Sie kamen wieder und wieder und haben das jüngste Nothelfer-Lied, das in der fränkischen Basilika gesungen wird, ins Englische übersetzt. Als „Fourteen holy helpers" hat die Nothelfer-Gruppe sogar den Weg über den Atlantik gefunden. Im amerikanischen West Seneca bei Buffalo gründeten deutsche Aussiedler im 19. Jahrhundert eine kleine Nothelfer-Kirche. Verehrt werden sie aber auch in Baltimore, die Herz-Jesu-Kirche in Chicago hat einen Seitenaltar mit Nothelfer-Darstellungen und seit der Jahrhundertwende gibt es dort sogar eine Nothelfer-Bruderschaft. Kirchen mit entsprechenden Patrozinien gibt es außerdem noch in Gardenville, in Cedarville bei Buffalo und seit der Jahrhundertwende in Maryland.

Weltweit sind bis jetzt 2500 Stätten bekannt, an denen die Vierzehn Nothelfer als geschlossene Gruppe auftreten. Daß sie im Rahmen dieses Buches vorgestellt werden können, ist das Verdienst von Pater Dominik Lutz, OFM, der als Wallfahrtsseelsorger in Vierzehnheiligen zwanzig Jahre lang alle erreichbaren Dokumente gesammelt und archiviert hat und zudem das erarbeitete Verzeichnis zur Verfügung stellte.

*Spätgotisches Tafelbild in St. Sebastian, Wenigumstadt*

# In Festo
## Sanctorum Quatuordecim Auxiliatorum.

**Introitus.** **Ps. 33.** Multæ tribulationes justorum, et de his omnibus liberavit eos Dominus: Dñs custodit omnia ossa eorum, unum ex his non conteretur. **Ps. ibid.** Benedicam Dominum in omni tempore, semper laus ejus in ore meo. ℣. Gloria Patri. Multæ.

**Oratio.** Omnipotens sempiterne, et mitissime Deus, qui electos Sanctos tuos, Georgium, Blasium, Erasmum, Pantaleonem, Vitum, Christophorum, Dionysium, Cyriacum, Achatium, Eustachium, Ægidium, Margaritam, Barbaram et Catharinam specialibus Privilegiis decorasti: da nobis, quæsumus, nostrorum veniam peccatorum; et, ipsorum intercedentibus meritis, ab omnibus adversitatibus nos libera, et deprecationes nostras benignus exaudi. Per Dominum.

Lectio Epistolæ beati Pauli Apostoli ad Hebræos. **Hebr. 11. f.** Fratres: Sancti per fidem vicerunt regna, operati sunt justitiam, adepti sunt repromissiones: obturaverunt ora leonum, exstinxerunt impetum ignis, effugerunt aciem gladii, convaluerunt de infirmitate: fortes facti sunt in bello, castra verterunt exterorum: acceperunt mulieres de resurrectione mortuos suos: alii autem distenti sunt, non suscipientes redemptionem, ut meliorem invenirent resurrectionem: alii vero ludibria et verbera experti, insuper et vincula, et carceres: lapidati sunt, secti sunt, tentati sunt, in occisione gladii mortui sunt: circuierunt in melotis, in pellibus caprinis, egentes, angustiati, afflicti, quibus dignus non erat mundus: in solitudinibus errantes, in montibus, et speluncis, et in cavernis terræ. Et hi omnes testimonio fidei probati, inventi sunt in Christo Jesu Domino nostro.

**Graduale. Ps. 33.** Clamaverunt justi, et Dominus exaudivit eos, et ex omnibus tribulationibus eorum liberavit eos.

℣. Juxta est Dominus his, qui tribulato sunt corde: et humiles spiritu salvabit.

Allelúja, allelúja.

℣. Justi epulentur et exsultent in conspectu Dei, et delectentur in lætitia. Allelúja.

**Temp. pasch. omissis Graduali et versiculis dicitur:**

Allelúja, allelúja.

℣. **Ps. 31.** Lætamini in Domino et exsultate justi: et gloriamini omnes recti corde. Allelúja.

℣. **Ps. 115.** Pretiosa in conspectu Domini, mors sanctorum ejus. Allelúja.

**In Septuag. Tractus. Ps. 125.** Qui seminant in lacrimis, in gaudio metent.

# Literarische Kostbarkeiten

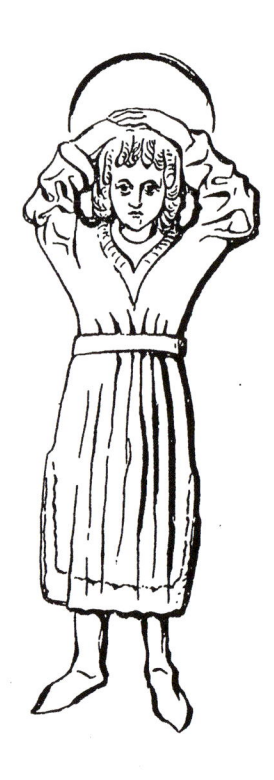

Abends, wenn ich schlafen geh, vierzehn Englein um mich stehn ..." – wem kämen da nicht Kindheitserinnerungen an den ersten Opernbesuch, an Engelbert Humperdincks „Hänsel und Gretel"? Kein Zweifel, Humperdincks Schwester Adelheid Wette, die um 1890 das alte Kindergebet ins Libretto schrieb, mußte das Erscheinungsbild der Frankenthal-Legende vor Augen gehabt haben, als sie den im Wald verirrten Geschwistern den zärtlichen Text in den Mund legte. Und neue Forschungen ergaben denn auch, daß dieses Gebet mindestens ins 16. Jahrhundert zurück reichen soll, sich aber wohl direkt auf die Erscheinung des Langheimer Schäfers bezieht.

*„Abends, wenn ich schlafen geh,*
*Vierzehn Englein um mich stehn,*
*Zwei zu meiner Rechten*
*Zwei zu meiner Linken*
*Zwei zu meinen Häupten*
*Zwei zu meinen Füßen*
*Zweie, die mich decken*
*Zweie, die mich wecken*
*Zweie, die mich weisen*
*Zu Himmels Paradeisen"*

Behütet und beschützt fühlen sich Hänsel und Gretel – doch nicht nur sie.

Ganz und gar nicht märchenhaft war die Situation, in der sich im Konzentrationslager Flossenbürg der evangelische Theologe Dietrich Bonhoeffer am 19. 12. 1944 im Weihnachtsbrief an seine Braut Maria von Wedemeyer daran erinnert:

„Wenn es in einem alten Kinderlied von den Engeln heißt ‚zweie, die mich decken, zweie, die mich wecken': so ist diese Bewahrung am Abend und am Morgen durch gute, unsichtbare Mächte etwas, was wir Erwachsenen nicht weniger brauchen als die Kinder".

Der literarischen Zeugnisse über die Nothelfer-Verehrung gibt es manche, wohlvertraute, unbekannte, überraschende.

Da wäre beispielsweise Peter Roseggers berühmte Geschichte „Als ich Christtagsfreude holen ging". Besorgt, ja voller Angst ist der zwölfjährige Bub, wie es ihm – vor dem notwendigen Einkauf im weit entfernten Dorf, zu dem er durch Eis und Schnee stapft – gelingen soll, das Geld von Vaters Schuldnern einzutreiben. Aber dann sieht er ein Bild vor sich, das ihm Vertrauen gibt, Mut macht, Schritt für Schritt weiterhilft:

„Ferner erinnerte ich mich, an jenem Morgen nach dem Gottesdienste vor ein Heiligenbild hingekniet zu sein und gebetet zu haben um Glück und Segen zur Erfüllung meiner bevorstehenden Aufgabe. Das Bild stellte die vierzehn Nothelfer dar – einer wird doch dabei sein, der zur Eintreibung von Schulden behilflich ist. Es schien mir aber, als schiebe während meines Gebetes auf dem Bilde einer sich sachte hinter den anderen zurück".

Im Lyrik-Sammelbändchen „Saat und Ernte", 1924 erschienen, findet sich die Ballade „Die vierzehn Nothelfer" des aus dem Hunsrück stammenden Dichters Jakob Kneip:

*„Mitten in schauriger Winternacht*
*Weckte der Vater uns Buben auf.*
*Da war unsrer Kammer blutroter Schein,*
*Da ging im Dorf ein Rufen und Schrein,*
*Da stoben Funken zum Fenster hin,*
*Da stand drüben die Scheuer vom Schneider Valentin*
*In Flammen.*
*Die schlugen schon übern Dachfirst zusammen.*
*Da hieß es flink in die Kleider hinein:*
*Treppab, treppab!*
*Der Vater voran*
*Wir hinterdrein.*
*Und immer noch in der Ferne*
*Dies bange Rufen und Schrein!*
*Und hinab in den Hof.*
*Dumpf brüllte das Vieh.*
*Und hinaus!*
*Mit gereckten Armen*
*Stand der Schneider vor seinem Haus,*
*Hoch auf der Böschung, vor den Flammen,*
*Und schrie ...*
*Am Kelterhaus*
*Zitternd duckten wir uns zusammen,*
*Festumschlungen! Sprachen kein Wort.*
*Starrten nur nach den Flammen hin.*
*Und die Flammen rasten fort und fort.*
*Da schrie*
*Wieder der Schneider Valentin*
*In den dunklen Himmel hinein:*
*Das ging uns Buben durch Mark und Bein.*
*Helft mir, ihr heiligen Helfer*

*in aller Not,*
*Helft mir durch Gott!*
*Rettet mein Haus,*
*Löscht die Flammen aus,*
*Ihr vierzehn großen Helfer vor Gott!*
*Da klangen alle Glocken mit einemmal*
*Durch die Nacht.*
*Und sieh:*
*Eine Brücke vom Kirchturm her,*
*In den Gassen erhob sich ein Braus und Geschrei:*
*eine schwebende Brücke aus blankem Stahl!*
*Vierzehn blaue Lichter schwankten vorbei,*
*Vierzehn Schatten, gewaltig und schwer,*
*Traten um die Flammen in einem Kreis,*
*Standen da fest und schlossen Hand zu Hand,*
*Und plötzlich stockte die Flammen und stand.*
*Plötzlich bog sich nieder der Brand,*
*Flog es darüber wie Schneesturz und Eis,*
*Ragte ins Dunkel die glühende Wand,*
*Knackten die Balken und leckten die Flammen,*
*Bogen sich kreischend und krümmend zusammen,*
*Krochen unter die Asche von dannen –*
*Und wieder die Brücke aus blankem Stahl.*
*Vierzehn Lichter, vierzehn Schatten wehten zu Tal.*
*Dumpf rauschte ums Dorf die Nacht in die Wälder,*
*Und die Sterne flimmerten über die Felder."*

Unter dem Titel „Die vierzehn Nothelfer" veröffentlichte auch Karl Bröger eine Legendensammlung. Von den vierzehn Geschichten bezieht sich freilich eine einzige auf einen Nothelfer aus der traditionellen Reihe, nämlich die „Legende vom Kind", das Christophorus durch den Fluß trägt. Allenfalls die „Legende vom Kreuz", bei Bröger auf St. Hubertus bezogen, könnte man auch Eustachius, und damit einem der traditionellen Nothelfer, zuschreiben.

„Barbaratag" überschreibt Hans Carossa ein zärtlich-zauberhaftes Gedicht:

*Kirschenzweige bringt ein Mädchen*
*über kahle, kalte Heide.*
*Dämmertag ist Nacht geworden,*
*Dörfchen glänzt wie Lichtgeschmeide.*

*Engelstimme singt vom Himmel:*
*Dunkle Reiser, seid erkoren,*
*Staubverweht sind lang die Blumen,*
*Feld und Garten eingefroren.*

*Ihr nur werdet grünend leben,*
*Wenn der Erde Pflanzen fehlen.*
*Heilge Nacht wird Blüten treiben*
*Und ein Glück kommt in die Seelen.*

*Rotes Licht verlischt am Walde.*
*Ton in Lüften bebt entschwindend.*
*Über die verhüllte Heide*
*Haucht der Bergwind,*
*Schnee verkündend.*

Alle vierzehn Nothelfer stellt Ruth Vogelsang, Meistererzählerin der Europäischen Märchengesellschaft, unter dem Titel „Helfer und Heilige" als liebenswerte Märchenfiguren neu vor und schließt die reichbebilderte Sammlung mit der tiefsinnigen Geschichte „Die Rückkehr der hilfreichen Vierzehn":

„Vom Himmelswind sacht bewegt glitten vierzehn glänzende Wolken zwischen den Sternen hindurch, Sitze für die heiligen Nothelfer, denen es nach vollbrachter Erdenarbeit frei stand, durch die endlosen, wunderbaren Räume des Weltalls zu reisen. Die Ungeduld der irdischen Zeit war verschwunden, Tag und Traum glitten ineinander. Eile und Weile spielten keine Rolle mehr. Seligkeit umhüllte, erfüllte die Vierzehn.

Aber dann geschah es, daß die Wölkchen sich der alten Erde näherten, dem kleinen, blauen Stern – und da erfaßte die Vierzehn eine mächtige Sehnsucht, die alte Heimat zu besuchen. Gerade schwebten sie über die eisigen Spitzen des Pamirgebirges – und leichtfüßig hüpften sie auf einen der Gipfel herab. Hier brauste ihnen ein so gewaltiger Sturm entgegen, daß sie beinahe wieder umgekehrt wären; doch Margaretas und Georgs Drachen bliesen Feuer aus den Nüstern – da schmolz der Schnee, Frühlingsblumen blühten, die Sonne schien vom blauen Himmel und der eisige Sturm wehte als sanftes Lüftchen. Vergnügt setzten sich die Vierzehn auf den Hirsch des Eustachius und ließen sich talwärts tragen.

Aber weil die Vierzehn wieder in der Zeit reisten, dauerte es lange, bis sie zu einem Ort kamen, wo Menschen wohnten. Was sie sahen, schien ihnen zunächst ganz fremd und unverständlich; denn es war ein Kloster tibetischer Mönche, die in größter Einsamkeit lebten. Doch Ägidius, der selbst lange als Eremit gehaust hatte, faßte rasch Vertrauen zu ihnen und stellte sich und seine Gefährten vor. Die Mönche hatten noch nie von ihnen gehört, jedoch sie bewirteten sie freundlich mit ihren kargen Speisen und führten sie dann auf einen kleinen Turm, auf dem der heilige Alte, der Sternenkundige, lebte. Beglückt über den himmlischen Besuch, lud er sie ein, hier zu bleiben; doch die Vierzehn sagten, sie würden gern ihre frühere Heimat wiedersehen.

Der weise Alte, der nicht nur sternenkundig, sondern auch auf Erden weitgereist war, schaute sie nachdenklich an. „Ihr werdet die Welt sehr verändert finden" sagte er. Er schwieg eine Weile; dann holte er einen Schlüssel hervor und schloß eine Tür auf, die sie bisher gar nicht bemerkt hatten. Er führte sie in eine kleine, dunkle Kammer, in der sich eine winzige Maueröffnung befand. Sie war mit einem merkwürdig schimmernden Glas verkleidet. Der Alte ließ die Vierzehn nacheinander hindurch blicken. Da schauten sie Unerhörtes, nie Dagewesenes – die Welt, wie sie fast zweitausend Jahre nach ihrem Erdenleben war. Lange schauten sie, lange sannen sie nach, dann sprachen sie zueinander: „Es hat wohl nicht viel Sinn, wenn wir noch einmal zurückkehren. Es kennt uns ja auch niemand mehr".

Als der Alte ihre Trauer bemerkte, lächelte er und sagte: „Ich will euch noch etwas zeigen." Er drehte ein wenig an dem geheimnisvollen Glas, daß es in den Farben des Regenbogens aufleuchtete. Er drehte weiter, die Farben flossen ineinander, und das Glas strahlte in himmlischem Weiß. „Schaut!" sagte der Alte. Einer nach dem anderen blickte wieder hindurch – und Rufe des Staunens und der Freude waren zu hören: Vor ihren Augen erhob sich ein prächtiger Bau auf einem grünen Hügel. Sie konnten auch ins Innere sehen, das glänzte im Licht zahlreicher Kerzen. Mitten im Raum war ein Gebilde, sie wußten nicht, war es ein Baum, ein Brunnen, ein Altar. Vierzehn Gestalten schienen darauf zu schweben in Gewändern aus klarem Weiß und glänzendem Gold. „Wer sind diese vierzehn Figuren?" flüsterten die Heiligen. „Das sind eure Abbilder", sagte der Alte lächelnd. „So sind wir noch nicht vergessen?" fragten die Vierzehn.

Der Alte wiegte der Kopf. „Vergessen oder nicht vergessen – was bedeutet das schon?" „Aber die Vierzehn hörten ihm kaum noch zu. „Wir wollen dorthin reisen", sagten sie. „Wir möchten endlich wieder zu den Menschen gehen. Vielleicht brauchen sie uns noch. Kannst du uns den Weg zeigen?"

„Der Weg ist weit", erwiderte der Alte, „und da ihr schon zur anderen Welt gehört, könnt ihr ihn nicht so ohne weiteres gehen. Bis hierher zu uns konntet ihr noch gelangen, denn wir sind dem Himmel näher als der Erde. Aber ehe ihr das Gebirge verlassen könnt, müßt ihr durch das Tor der Geschriebenen Worte – und das ist fester verschlossen als jede andere Tür der Welt".

„Mein Drache wird es öffnen", rief Georg feurig. Aber der weise Alte lächelte nur. „Kein Drache, kein Zauberstab, kein geheimes Wort öffnet dieses Tor, wenn der Herr der Tausend Bücher es nicht will. Nur er hat den Schlüssel, und gegen seinen Willen kommt keiner durch das Tor". Niedergeschlagen fragten die Vierzehn: „Wie sollen wir ihn bewegen, uns zu öffnen?" Der Alte sagte: „Am besten geht ihr zur alten Thura. Die wohnt in der Nähe des Tors beim Fluß der Geschichten. Vielleicht kann sie euch beraten."

Nun wurden die Vierzehn nochmals mit Tee und Fladen bewirtet, die Drachen bahnten den Weg, und der Hirsch trug sie zur alten Thura. Freundlich empfing sie die Vierzehn, und begrüßte sie bei ihren Namen. Sie staunten: „Woher kennst du uns?"

„Der Fluß der Geschichten hat mir von euch erzählt", sprach sie. Da nahmen sie ein Rauschen wahr, das war so seltsam, wie sie es noch nie vernommen hatten. Es schien ihnen so stark wie der Sturm des Gebirges, wild wie das Tosen des Wasserfalls und zugleich so sanft wie das Wiegenlied der alten Großmutter, die den Enkel in Schlaf singt. Am liebsten hätten sie sich am Ufer niedergesetzt und immerzu gelauscht. Doch sie erinnerten sich gerade noch daran, daß sie ja zu den Menschen wollten. „Alte Thura", sprachen sie, „kannst du uns sagen, wie wir durch das Tor der Geschriebenen Worte kommen?" Thura sagte: „Das ist fast unmöglich. Viele versuchen es – kaum einem gelingt es. Doch ich will euch einen guten Rat geben: Badet im Fluß der Geschichten, und was er euch zuraunt, das erzählt dem Herrn der Tausend Bücher. Vielleicht gefallen ihm die Geschichten so gut, daß er euch passieren

*Aus dem Graduale Cisterciense, 1496 im Kloster Langheim gestaltet durch den Mönch Amandus*

läßt." Die Vierzehn dankten der alten Thura und gingen zum Fluß.

Thura schaute ihnen nach. Wie würde es ihnen weiter ergehen? Sie wußte es nicht, aber sie wünschte ihnen Glück zu der Reise."

„Die vierzehn Nothelfer" – diese zauberhaft-romantische Novelle von Heinrich Wilhelm Riehl haben in den Jahren nach dem Zweiten Weltkrieg wohl viele von uns geradezu „verschlungen" – die Geschichte eines jungen, begabten Malers, dem der Pinsel flott in der Hand lag, wenn ihn nicht gerade der leichte Sinn und die Verliebtheit von der Leinwand wegholten:

„Konrad Lenz, geboren 1513, gestorben um 1590, Schüler des Christoph Amberger, ausgezeichnet durch den warmen Goldton seiner Farbe, malte Historien und Legenden, auch Mythologisches auf Holztafeln in kleinem Format …

Der leichtmütige Künstler zählte erst vierundzwanzig Jahre, als er einen großen Auftrag erhielt. Auf vierzehn schmalen Tafeln sollte er die vierzehn Nothelfer darstellen nebst erläuternden Szenen aus ihrer Legende im Hintergrund … Der Besteller, Ritter Hans von Haltenberg, war vordem auf einer Fahrt von Genua nach Neapel in die Hände tunesischer Seeräuber gefallen. Während seiner Gefangenschaft flehte er zu den vierzehn Nothelfern und gelobte jedem derselben bis Leonhardi 1538 ein schönes Bild in seiner Burgkapelle, wenn er binnen zwei Monaten aus dem Kerker erlöst würde. Wirklich gewann er bald darauf die Freiheit wieder.

Mit wahrem Feuereifer hatte sich Konrad Lenz in die Arbeit gestürzt. Die drei Frauen des hilfreichen Kreises, Sankt Katharina, Margaret und Barbara, malte er im Sturm, Tafel für Tafel binnen vierzehn Tagen, und sie gelangen vortrefflich. Dann machte er sich an Sankt Pantaleon, Veit und Eustachius. Da ging's schon etwas langsamer; er brauchte drei Wochen für den Mann und malte so hin und her bald am einen, bald am anderen.

Beim heiligen Blasius kam er wieder recht frisch in Zug; aber bei Papst Gregor wollte es umso weniger flecken. Volle zwei Monate schleppte er sich mit dem Bild herum … Noch hatte er sechs Bilder vor sich. Sechs ist zwar die kleinere Hälfte von vierzehn, allein es schien ihm jetzt eine Riesenzahl, an die er gar nicht denken durfte, wollte er nicht das Gehirnfieber kriegen.

Darum trug er die fertigen Bilder auf den Speicher und die sechs leeren Tafeln dazu, damit er sie beileibe nicht mehr sehe, und trieb sich wochenlang müßig umher, als ob es gar keine Nothelfer jemals gegeben hätte.

Der Ritter, welcher zeitweilig von seiner Burg in das Reichsstädtchen herüber ritt, um den Fortgang des Bilderwerks zu überwachen, entdeckte mit Schrecken diesen vollkommenen Arbeitsstillstand … und hielt ihm seinen Leichtsinn vor, durch welchen er nicht nur ihn erzürne, sondern was noch viel schlimmer, sogar die Heiligen. Und was glaubt ihr – so schloß er – daß ein Maler nicht auch zuzeiten die vierzehn Nothelfer brauche? Sie werden euch stecken lassen, wie ihr mich jetzt stecken laßt.

Der Maler sah den Alten mit seinen großen blauen Augen anfangs so unschuldig an, wie ein Kind, dann ward er purpur rot im Gesicht, senkte den Blick und rief: Bei Gott, ihr habt recht. Das ist ja entsetzlich, welch eine Kette von Unheil ich mit meinem Leichtsinn um uns schlinge. Und er ... lief im Sturmschritt heim, um ja die letzte Stunde vor Sonnenuntergang noch an der Staffelei zu stehen.

Es war eine Lust zu sehen, wie Konrad Lenz jetzt wieder malte; der Pinsel flog nur so übers Bild, rastlos, von früh bis spät. In wenigen Tagen war der heilige Nikolaus fertig bis aufs Firnissen, der heilige Eustachius untermalt, der heilige Ägidius fein aufgezeichnet, der heilige Georg samt seinem Lindwurm grob umrissen." Dann freilich kam ein wunderschöner Sommermorgen. Da entdeckte der Maler auf der Straße eine Matrone, begleitet von einem jungen Mädchen, die offensichtlich etwas suchten. Von Hilfsbereitschaft, aber mehr noch von der Neugierde, die Jungfer näher zu sehen, stürmte er – ohne Mütze, aber mit Pantoffeln und seiner farbverkleckstesten Schürze – hinaus und geleitete die Frauen, ihrem Wunsch entsprechend, zum Katharinenkloster. Ein für seinen Geschmack nur allzu kurzer Weg ...

Das Bild des Mädchens ließ dem Maler keine Ruhe ... Wie konnte er da den heiligen Erasmus fertig malen! Wenn es noch eine Erasma gewesen wäre, er hätte ihr das Gesicht der unvergleichlichen Jungfrau gegeben und hätte sich so seine Träume von der Seele gemalt. Aber leider gibt es unter den vierzehn Nothelfern auf elf Männer nur drei Frauen, und die waren ja zuerst fertig gewesen.

„Konrad holte die drei Gemälde wieder herbei. Wie dünkten diese Frauengestalten ihm jetzt kalt und trocken; keine glich entfernt der Unbekannten. Aber die erste derselben hieß doch wenigstens Katharina, und das Mädchen, dessen Namen er nicht wußte, war im Katharinenkloster verschwunden. So sollte die heilige Katharina zum mindesten ihre Züge bekommen.

*Geschnitzter Nothelfer-Altar, 1498, im Münster zu Heilsbronn, Nürnberger Arbeit*

*Detail aus einem Flügelaltar um 1480; Nürnberger Arbeit, evtl. Wolgemut-Werkstatt, Osternohe/ Mittelfranken*

Er kratzte die Tafel ab und begann sie neu zu übermalen. Doch sein Pinsel erreichte nicht entfernt das Ideal seiner Seele. Fünf Tage lang setzte er Farbe auf Farbe, der Auftrag wurde immer plastischer und dicker, aber die Katharina wurde auch der Unbekannten immer unähnlicher.

Also goß er zum zweitenmal Spiritus über die Tafel und rieb sie wieder mit Bimsstein ab. Es waren nur noch die Füße der Heiligen und ihr halbes Marterrad sichtbar, als der Herr von Haltenberg eintrat um zu sehen, was inzwischen gefördert worden sei. Er fand allerdings den heiligen Nikolaus fertig bis aufs Firnissen, aber dafür die heilige Katharina wieder ganz in Spiritus aufgelöst".

Alles Jammern nützte dem Maler nun wenig, der Ritter schickte zunächst seinen Torwart als Aufseher in Konrads Atelier, aber statt an der heiligen Katharina weiterzuarbeiten, porträtiere er den alten Mann als einen fröhlichen Satyr. Nun ließ der Ritter den Maler kurzerhand auf seine Burg umsiedeln und quartierte ihn in einer alten Alchimisten-Werkstatt ein, mit Blick auf ein verwunschenes Gärtchen. Alle Proteste waren vergebens, keine Trotzreaktion des Malers konnte den Ritter erweichen, schon gar nicht Konrads Versuch, die Nothelfer im Schnellverfahren fertig zu malen, als Holzpuppen und Zinnfiguren karikiert. Dem aber wurde angesichts dieser Bilder doch plötzlich unheimlich zumute.

„Beging er nicht eine Sünde? Zwar wollte er zunächst des Ritters spotten, aber verspottete er nicht zugleich die Heiligen? Ein Meister aus der alten Schule hätte dergleichen gewiß nicht getan. Er hätte dem groben Ritter vielleicht noch viel gröber gedient; aber die Heiligen hätte er um Gottes willen so schön gemalt, als nur immer möglich. Und wenn mir nun die Nothelfer wirklich zürnten? Sie haben den Ritter aus dem Kerker der Türken befreit; könnten sie mich nicht ebensogut im Kerker des Ritters auf ewig stecken lassen?

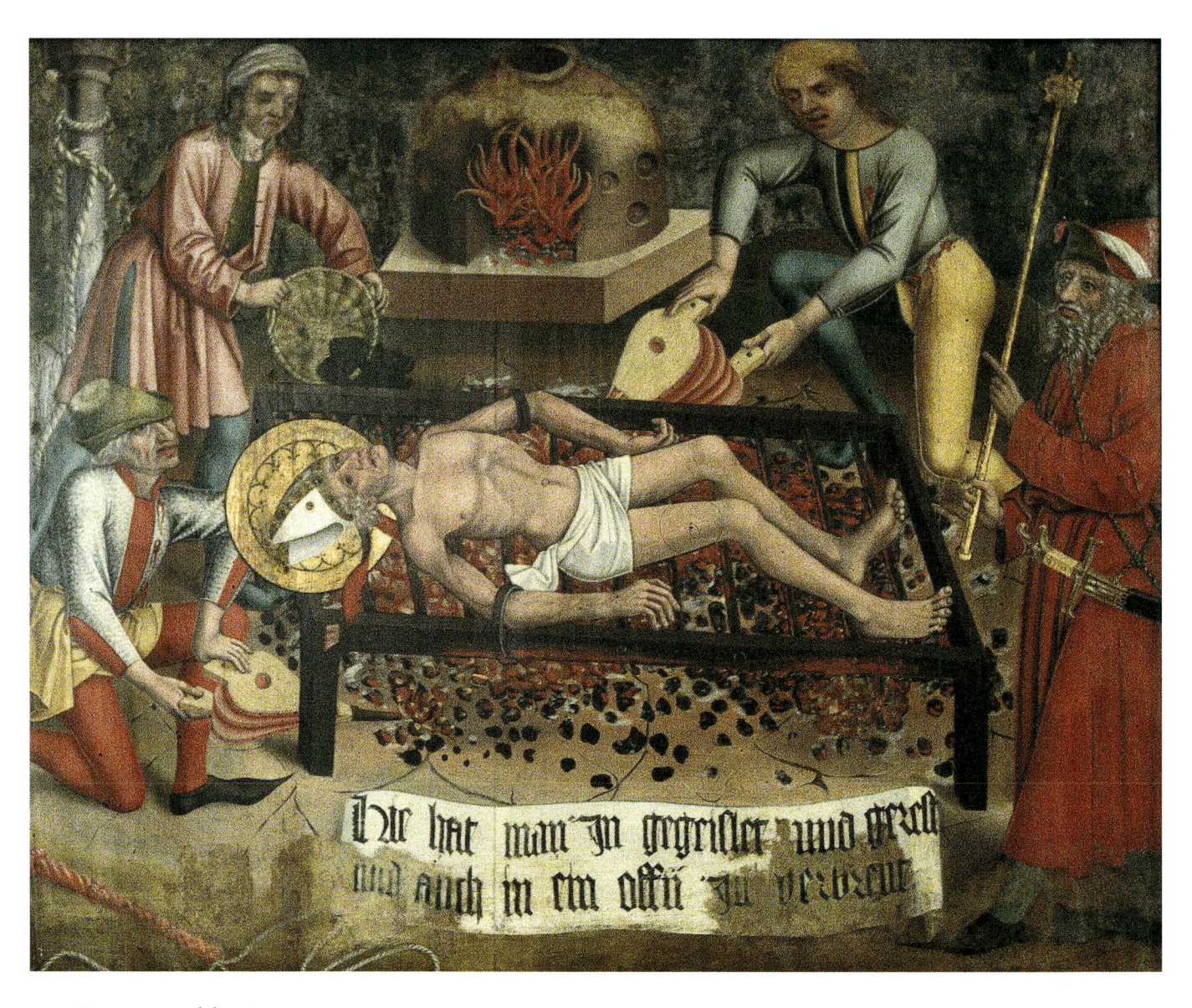

*Dionysius auf dem Rost (Wanderlegende, die auch auf Laurentius, Vincentius, Blandina und Christina bezogen wird)*

Bei diesem Selbstgespräch blickte er auf. Und wie erstaunte er! Gegenüber der Fensternische, wo er vor seiner Staffelei saß, hing ein Spiegel, und in dem Spiegel erschien mit einem Male ganz hell und klar das leibhafte Bild der heiligen Katharina, nicht jener Katharina, die er anfangs gemalt und nachher wieder abgekratzt, sondern der anderen, schöneren, die er vergeblich hatte malen wollen.

Eine Vision? Erschien ihm die Heilige strafend oder helfend? Im ersten Augenblick glaubte der erschrockene Maler wirklich, es sei eine überirdische Erscheinung. Aber das liebliche Mädchengesicht war gar zu irdisch lebensfrisch ..."

Wie könnte es in einer romantischen Novelle anders sein, als daß eben jenes Mädchen, das Konrad einst zum Katharinenkloster geleitet hatte, inzwischen auf der Burg lebte, sich heimlich in das verbotene Gärtlein geschlichen hatte und schließlich Tag für Tag ans vergitterte Fenster kam. Und aus ihrem anfänglichen Mitleid mit dem Maler wurde – wie könnte es anders sein, auch ihrerseits Zuneigung, ja Liebe. Und es fiel ihm schließlich nicht allzu schwer, das Mädchen – das freilich nicht Katharina, sondern Susanne hieß – zu überreden, ihm Modell zu stehen, weil er seine Katharina ansonsten niemals würde fertig malen können.

„Wie hatte die Erscheinung dieses Naturkindes unseren Maler wieder von Grund aus verändert! Er freute sich seines Gefängnisses...Und malen wollte er jetzt die rückständigen Heiligen um der schönen Susanne willen so begeistert und so pflichtgetreu, wie es nur je ein alter Meister um Gottes willen getan! ..." Obweil – oder weil – Susanne während der warmen Sommertage brav und regelmäßig Modell saß, kam das Bildnis der heiligen Katharina nur langsam voran und während

*Dionysius-Legende: Enthauptung des Heiligen und seiner Gefährten. Beide Darstellungen in Munderkingen*

der beginnenden herbstlichen Regentage stellte Konrad natürlich fest, daß ihm auch die Männerbildnisse viel schlechter gelingen wollten, wenn er nicht die Gegenwart des Mädchens spürte. Trotzdem, der Herbst war vorgerückt, die Tage kürzer und kälter geworden, vollendete Konrad nun die Bilder, vierzehn Tage vor dem verlangten Termin, „und die letzten Tafeln waren schöner als die ersten, die heilige Katharina aber das weitaus schönste Bild von allen."

Für Konrad war der Tag des Triumphes gekommen, auch – wie er glaubte – der Tag der Rache, denn im Glauben, Susanne sei des Ritters Tochter, wollte er diesem nun die gegenseitige Liebe erklären und ihm das schöne Kind entführen. Für den Nachmittag ließ er den Herrn von Haltenberg in seinen Kerker bitten, damit er die Bilder noch im besten Tageslicht sähe. Dann wollte er – trotz aller Bedenken wegen des damals wohl kaum überwindlichen Standesunterschiedes – den Ritter um Susannes Hand bitten, wobei er Susanne, und wohl auch sich selber, immer wieder schilderte, welch hohen Rang Künstler in jener Zeit im nahen Italien genießen könnten. In ihrer Begeisterung und Verliebtheit merkte das Pärchen natürlich nicht, daß der Ritter längst in den Raum gekommen war und leicht amüsiert Konrads Geflunker verfolgte. Erst als er dem Maler auf die Schulter klopfte, schreckte der aus seinen Träumen hoch, wollte rasch den Kopf aus dem Fenstergitter zurück ziehen – und blieb jämmerlich stecken. Aus der grandiosen Pose, mit der Konrad dem Ritter entgegentreten wollte, war eine peinliche Szene geworden, die schließlich in einem allgemeinen Gelächter sich löste. Als er seine Fassung zurückgewonnen hatte, deutete Konrad auf die prächtigen Bilder

*Munderkingen, St. Dionysius, Holzrelief am Seitenaltar um 1510: „Der Schmerzensmann breitet seinen Schutzmantel über die Vierzehn Nothelfer aus"*

*Detail des Munderkinger Altars*

**Heiliger Christophorus**
Du bist nicht nur für Reisende und Wanderer da
Du bist auch immer da für jene Menschen
die auf der Suche nach dem Sinn des Lebens sind
Du bist auch immer da für Menschen
die im Leben Gott suchen
Du hast den Sinn des Lebens gefunden
Gott dienen und den Menschen
Du hast auch Gott gefunden
die ewige Liebe
die den Menschen liebt und trägt
wir beten zu Dir
Sei Stock und Stab für suchende Menschen unterwegs
Wir danken Dir
Amen

und „sagte geradeaus wie immer, diese Tafeln seien so gut und pünktlich zu Ende gediehen, nicht durch die Langeweile des Kerkers, sondern einzig und allein durch die Beihilfe der reizenden Susanne. Nur sie habe des Ritters Wort vor den Nothelfern gerettet. Die hundert Goldgulden begehre er nicht für eine durch Gewalttat erpreßte Arbeit; für das, was er frei getan, habe er bereits den höchsten Preis gewonnen, Susannens Liebe – keine Macht könne ihre Herzen wieder auseinanderreißen, das stehe jetzt so fest und fertig, wie sämtliche vierzehn Nothelfer. Und also bitte er ihn um Susannes Hand".

Schöne alte Geschichten bedürfen kurz vor ihrem Ende einer dramatischen Verwicklung. Und als diese erweist sich für den ebenso verblüfften wie ehrgeizigen Maler die Erkenntnis, daß die schöne Susanne nicht des Ritters, sondern des alten Torwarts Töchterlein war. Gekränkt war er und voller Zorn.

„Er sah sich betrogen von Susannen, die vor ihm das Fräulein gespielt, vielleicht gar im Komplott mit seinen beiden Kerkermeistern. Und als sich das Mädchen mit Tränen im Auge und doch fest und hoffnungssicher ihm näherte, stieß er sie hinweg und rief: Ich glaubte einem ehrbaren Fräulein Lieb' und Treu geschworen zu haben; einer buhlerischen Dienstmagd gilt mein Wort nicht"

Da freilich kam Konrad beim Herrn von Haltenberg gerade an den Rechten! Der hielt ihm vor, er hätte sich als junger Mann zweifellos nicht so rasch und heftig verliebt, aber „wenn ich einmal einem ordentlichen Mädchen mein Wort gegeben, dann hätt ich's auch gehalten, selbst wenn ich hinterher erfahren hätte, daß sie statt eines Fräuleins bloß eine Kammerjungfer wäre."

Natürlich kommt der Maler rasch wieder zur Besinnung, erkennt, daß Susanne sich nie als des Ritters Tochter ausgegeben, sondern immer nur von dem Herrn gesprochen habe, daß nicht Susanne ihn, sondern er sich mit seinen hochfliegenden Hoffnungen selbst betrogen habe. Reumütig versöhnt sich Konrad mit dem Mädchen und schließlich gibt, auf des Ritters Drängen, auch der Torwart sein Einverständnis.

„Nun aber kam der Ritter noch mit einem schweren Bedenken. Er hob die neue Tafel der heiligen Katharina gegen das Licht und rief: Das ist gar nicht die rechte Katharina, sondern Jungfer Susanne – ganz aus dem Gesicht geschnitten! Die Tafel laß ich nicht gelten! Soll ich die ehemalige Kammerjungfer meiner Familie und meinen Dienstleuten zur Anbetung aufstellen! Hättet ihr meine wirkliche Tochter mit dem Marterrad gemalt, so ließe sich darüber reden. Es ist noch vierzehn Tage bis Sankt Leonhard: Ihr müßt eine neue Tafel malen."

Der Maler erklärte, daß er mit Freuden das Bild, sein Bild zurücknehme, sein bestes Gemälde, Frucht und Zeuge seiner seligsten Stunden. Und wenn der Ritter es durchaus wünsche, so wolle er ihm auch dies, aber auch nur dies noch zu Gefallen tun. Doch der Herr von Haltenberg bereute bereits das Wort, welches er so unbedacht gesprochen. Es faßte ihn ein plötzliches Grausen vor der dämonischen Malerei. Wer stand ihm gut, daß sich seine wirkliche Tochter beim Sitzen nicht am Ende auch noch in diesen unwiderstehlichen Wildfang von Maler verliebte?

Auf ein Drittes aber ging Konrad durchaus nicht ein. Er behielt das Bild und malte keine neue Heilige. Leonhardstag kam, der Künstler war gar nicht mehr zu haben; er rüstete sich eben in der Stadt zur Hochzeit, und um ein Haar wären es jetzt doch bloß dreizehn Nothelfer gewesen.

Da nahm der entschlossen Ritter kühnen Griffs jene mit dem Borstenpinsel gemalte heilige Katharina und reihte sie zu den dreizehn anderen in der Kapelle. Spätere Geschlechter hielten dieses Gemälde wegen seiner abscheulichen Malerei für ein ganz uraltes und darum besonders weihevolles Stück, und so kam es in den Ruf eines Mirakelbildes und genoß der allgemeinen Verehrung bei allem Volke. Die dreizehn feinen Bilder sind zur Revolutionszeit in verschiedene Galerien gewandert, aber die heilige Katharina hängt noch immer, von brennenden Kerzen umgeben, in der Burgkapelle.

„Konrad Lenz lebte überaus glücklich mit seiner Susanne, und an ihrem goldenen Hochzeitstage schmückten blühende Enkel mit frischen Kränzen das Kunstheiligtum des Hauses, die andere Tafel der heiligen Katharina, das wundervolle Brautbild ihrer Großmutter."

Agatha Christie endlich – es gibt wohl kaum jemanden, der nicht ihre hinreißenden Krimis kennen würde, der nicht um ihr Engagement für archäologische Ausgrabungen an der Seite ihres Mannes wüßte. Wer aber kennt ihre zauberhaften

*Evangelische Nothelferkirche in Gera-Langenberg*

*Dreiteiliges Altarretabel von 1491, eine der frühesten Darstellungen der Erscheinungslegende, im Mittelalter Silberfiguren der Nothelfer; Nothelfer-Kirche in Gera*

Geschichten von himmlischen und irdischen Wundern? „Es begab sich aber" heißt das 1965 in deutscher Übersetzung erschienene Büchlein. Da greifen „Die vierzehn Nothelfer" in der Nacht zum Neujahrstag 2000 noch einmal ins Erdengeschehen ein. Es ist freilich eine uns recht ungewohnte Heiligen-Reihe, die uns da entgegentritt: sieben weibliche Nothelfer setzt die Autorin sieben männlichen entgegen, nur vier von ihnen zählen zu unserer Tradition: Katharina, Barbara, Cyriakus und Margaret, von der wir freilich keine Wundertat erfahren. Die anderen aber greifen recht handfest in irdische Nöte ein, nachdem sie sich vom himmlischen Gerichtshof mühsam einen zweiten Erdenaufenthalt erbettelt, ihre Kronen und Heiligenscheine an der Himmelstür abgegeben hatten. Alle Vierzehn versuchten nämlich dem „protokollführenden Engel" deutlich zu machen, alles, was sie während ihres Lebens an guten Taten getan und an Martern erlitten hatten, sei nicht genug gewesen, um damit allein die ewige Seligkeit zu verdienen.

Die Geschichte beginnt, als der Jacob Narracott nach der heftig durchzechten Nacht vom 31. Dezember 1999 und dem 1. Januar 2000 im Straßengraben aufwacht und unsicher den patrouillierenden Dorfpolizisten fragt:

„Hast du eben 'nen Haufen Leute gesehen, George? Die Straße runterkommen?"

Nein, was für Leute?

Komische Leute. Merkwürdig angezogen.

Meinst du Punker?

Nein, keine Punker. Anders. Irgendwie altmodisch. Paar davon trugen so Zeugs.

Gar nicht schlecht sah die aus, prima angezogen, mit 'nem Korb voll Rosen".

Jacob meint zwar, die Leute schon einmal gesehen zu haben, ohne zu wissen, wo. Aber verständlicherweise schreibt der Polizist das Gesicht Jacobs nächtlichem Bierkonsum zu und schickt ihn, begleitet von guten Neujahrswünschen, heim ...

„Die vierzehn setzten ihren Weg fort. Die heilige Katharina trudelte ihr Rad unzufrieden vor sich her. Sie wandte den Kopf und sprach mit dem heiligen Lorenz, der seinen Rost untersuchte.

Was soll ich eigentlich mit dem Ding anfangen? fragte sie.

Ich nehme an, ein Rad ist immer nützlich, sagte der heilige Lorenz etwas unsicher.

Wofür?

Ich verstehe, was du meinst. Es war für die Folter gedacht, um jemandem die Knochen zu brechen

Auf's Rad geflochten! Die heilige Katharina überlief ein Schaudern. Was wirst du mit deinem Rost machen?

Ich dachte mir, ich könnt ihn brauchen, um irgendwas zu kochen" ...

Im Weitergehen verfolgten die Heiligen die Frage, warum sie immer paarweise gehen und was es wohl sein würde, was sie derart verbinde. Eine unvergessene, unvergeßliche Lüge beispielsweise, mit der Petrus den Herrn verleugnet, Elisabeth die Almosen vor ihrem zornigen Ehemann vertuscht habe. Endlich trifft der Zug auf Menschen, ärmliche, elende Menschen.

„Mrs. Badstock zog und zerrte. Der Geruch der Abfallhalde des Dorfes war nicht angenehm. Ein häßlicher Berg von alten Reifen, kaputten Stühlen, Lumpen, zerbeulten Büchsen und zerbrochenen Bettgestellen. Alles Dinge, die niemand mehr haben wollte. Aber Mrs. Badstock stocherte hoffnungsvoll darin herum. Wenn der alte Kinderwagen noch zu reparieren wäre – sie zerrte erneut und er löste sich.

Mist! sagte Mrs. Badstock. Der obere Teil des Kinderwagens war gar nicht so schlecht, aber die Räder fehlten. Sie schmiß ihn ärgerlich zur Seite.

Kann ich ihnen helfen? kam eine Frauenstimme aus der Dunkelheit.

Zwecklos. Das blöde Ding hat keine Räder mehr.

Sie brauchen ein Rad? Ich habe eins dabei.

Danke, Herzchen. Aber ich brauche vier. Und Ihres ist sowieso viel zu groß.

Deshalb dachte ich, ich könnte vielleicht vier draus machen – mit ein bißchen ändern. Die Finger der Frau strichen zupfend und ziehend über das Rad.

So! Wie finden Sie das?

Na, so was! Wie haben Sie denn ... Also, wenn ich jetzt noch ein paar Nägel oder Schrauben hätte ... Ich hol mal meinen Mann –

Ich glaube, ich kann das auch. Die Frau beugte sich über den Kinderwagen. Mrs. Badstock schaute genau hin und versuchte zu sehen, was passierte.

Die Frau richtete sich plötzlich auf. Der Kinderwagen stand auf vier Rädern.

Jetzt braucht er noch etwas Öl und muß innen neu ausgeschlagen werden.

Das ist kein Problem! Ein netter kleiner

*Der hl. Georg errettet die Königstochter Margareta vor dem Drachen (vom Meister der Meinradlegende im Bamberger Heilstum).*

151

Heimwerker sind Sie, Herzchen. Wie haben Sie das bloß hingekriegt?

Ich weiß es eigentlich auch nicht so genau, sagte die heilige Katharina ausweichend. Es ist halt einfach – passiert."

Es war nicht die einzige Begegnung der Heiligen an diesem Neujahrsmorgen.

„Die hochgewachsene Frau im Brokatkleid sagte gebieterisch: Bringt sie ins Haus!

Der Mann und die Frau schauten sie mißtrauisch an und die sechs Kinder auch.

*Kelch mit Nothelfer-Darstellungen, gestaltet von Maria Mlecnik, 1993; Gottschuchen/Kärtnen*

Die Gemeinde wird uns schon irgendwo unterbringen, sagte der Mann mürrisch.

Aber die werden uns auseinanderreißen, meinte die Frau.

Und das wollen Sie nicht?

Natürlich wollen wir das nicht!

Drei der Kinder begannen zu heulen. Haltet euren verdammten Mund, sagte der Mann, aber ohne Groll.

Ham uns schon lange angedroht, uns rauszusetzen, sagte er. Jetzt ham'ses gemacht. Dauernd wird über die Miete gezetert. Ich hab was Besseres mit meinem Geld vor, als Miete zu zahlen. Typisch für die Gemeinde.

Ein netter Mann war das nicht. Auch seine Frau war nicht gerade nett, dachte die heilige Barbara. Aber sie liebte ihre Kinder.

Ihr könnt alle mit zu mir kommen, sagte sie.

Wohin denn?

Da oben, zeigte sie.

Sie wandten sich alle um und schauten.

Aber – das ist ja ein Schloß, rief die Frau in ehrfürchtigem Ton aus.

Ja, es ist ein Schloß. Ihr seht, daß da eine Menge Platz ist ..."

Indessen stand der heilige Cyriakus etwas unschlüssig am Meer.

„Er war sich nicht ganz sicher, was er mit seinem Lachs anfangen sollte. Er konnte ihn natürlich räuchern – dann wäre er länger haltbar. Die Schwierigkeit war nur, daß eigentlich bloß die Reichen geräucherten Lachs mochten, und die Reichen hatten wirklich schon genug. Die Armen mochten Lachs lieber in Dosen. Vielleicht –

Der Lachs wand sich in seiner Hand, und der heilige Cyriakus schrak zusammen.

Herr! sagte der Lachs. Der heilige Cyriakus betrachtete ihn.

Ich habe seit bald tausend Jahren das Meer nicht mehr gesehen, sagte der Lachs flehend.

Der heilige Cyriakus lächelte ihm liebevoll zu. Dann watete er ins Meer und setzte den Lachs behutsam ins Wasser.

Geh mit Gott, sagte er.

Er watete an den Strand zurück und stolperte beinahe über einen großen Haufen von Lachskonserven – und eine purpurne Blume steckte oben drin ..."

Agatha Christie läßt uns nicht im unklaren, woher die Vierzehn kamen und warum sie ihre erneute Erdenwanderung angetreten hatten. Betrübt läßt sie den Pfarrer der Kirche St.-Peter-auf-dem-Hügel in der Kirchenbank sitzen, während ein junger Kunsthistoriker die uralten Nothelfer-Figuren für schlecht erhalten und nicht renovierungswürdig erklärt, von der Schönheit hypermoderner Kirchenbauten schwärmt und nachzuweisen versucht, daß diese alten Heiligen ohnehin keiner mehr kennen würde. Wie in Agatha Christies Krimis: kein Happy End?

Die zauberhafteste Geschichte über die kurzfristige Rückkehr der Nothelfer ins Erdenleben aber stammt wohl aus der Feder des Mettener Benediktiners Adalbert Seipolt, eine hintersinnige Geschichte voller Anspielungen auf menschliche, himmlische, profane und klerikale Schwächen, voller Humor, voller Zeitkritik.

Trotz aller Aufregung in den himmlischen Gefilden will sogar ein Bischof von Paris an der Exkursion teilnehmen, und

*Fresken im Chor von Maria Himmelfahrt, um 1390. Terlan/Südtirol. Identifizierung nicht gesichert, vermutlich (von links): ein Diakon, Pantaleon, Erasmus und Eustachius*

dabei ist er sich auch noch der Begleitung seiner „Kolleginnen und Kollegen aus der Vereinigung der Vierzehn Nothelfer" sicher, denn „drei dienten lange genug beim Militär: Georg, Eustach und Achaz, denen steckt der Gehorsam im Blut. Bei unseren drei Damen Katharina, Margareta und Barbara hoffe ich auf die Mithilfe geschlechtsspezifischer Neugier. Veit ist jung genug, um Abwechslung zu schätzen, Cyriak, unser Diakon, greift nach jeder Chance, um sich zu profilieren. Doktor Pantaleon kann sich als Vereinsarzt nicht ausschließen. Christophorus hat nie ein Risiko gescheut. Meine bischöflichen Freunde Erasmus und Blasius lassen mich kaum mit lauter Laien allein und unser braver Ägidius zockelt automatisch hinter uns her, wenn wir dreizehn ihm vorausgehen". Nicht auf dem Petersplatz wollten sie, erläuterte St. Dionysius den aufgeregt umherflatternden Reporterseelen weiter, landen, denn das könnte bei der Kurie „zu Irritationen führen. Und solche auszuräumen dauert hinter den Mauern des Vatikans meist ziemlich lange". Stattdessen will man nach Vierzehnheiligen und zwar in der sterblichen Hülle, was für Dionysius bedeute mußte, „mit dem abgeschlagenen Haupt in der Hand".

Schwierig genug ist schon die Anreise: Mit „einem Brustharnisch und dem Panzerschurz, dem mit dicken Nägeln bestückten Buckelschild und einem Schwert, wie es kein Operntenor mehr zu schwingen vermag" hechtet St. Achaz hinter den beiden reitenden Kollegen drein, „schwitzend wie ein bayerischer Politiker bei seiner Aschermittwochspredigt". Die Reiter sehen aus, als seien sie altdeutschen Tafelbildern entlaufen – Georg „mit seiner blonden Lockenpracht, mit seinen stahlblauen Augen" und der ältere Eustachius, Legat der Legion Flavia Felix, „von seinen Kameraden kurz General genannt". Über den Rittern schwebt ein silberner Lastensegler, aus dem eine ringgeschmückte Hand winkt. „Sollten das unsere Bischöfe sein?" fragt Georg und Eustachius erwidert: „Möglich, die schwebten schon immer gern in unerreichbaren Sphären".

Erst müssen die Ritter ihr Erstaunen über die Basilika, den Prachtbau des Balthasar Neumann, verkraften, ehe sie den wartenden Diakon Cyriakus erkennen, denn der „war in eine weiße Dalmatika mit goldenem Saum gekleidet und trug darüber eine rotgoldene Stola aus reiner Seide, wie er sie im Leben niemals hätte tragen dürfen". Auch Ägidius wartet; daß er seine Hirschkuh mit ins Gotteshaus nehmen will, löst eine ähnlich wortreiche Diskussion aus wie die Mitnahme der verrosteten Ritterschwerter. Über die Verspätung der drei heiligen Madl tröstet man sich mit der Vermutung, sie müßten sich wohl noch frisch machen, denn „Damen bleiben ja auch als Heilige noch Damen". Die freilich hatten auf einen freundlichen Autofahrer gehofft, und tatsächlich hielt umgehend „ein toller Superschlitten ... mit dem Kennzeichen HIM 007 ..." „Aus stieg ein stattlicher, schöner Mann mit breiten Schultern, zu dem das Automobil paßte, wie das Auto zu ihm. Bekleidet war er mit tadellos weißen Jeans, hellblauem Hemd und einer leger geschnittenen Jacke aus weißem Leder..." Natürlich erkannten die drei Damen sofort St. Christophorus, der sich nach seiner anschließenden Fahrt – 140, 160 auf der Landstraße – einer Polizeistreife nur entziehen kann, indem er „raketengleich über den Flusß" entschwindet. Beginn einer Polizeiaktion, die den Vierzehn später noch allerlei Probleme bereiten sollte.

Veit und Pantaleon, die erst einen Streit darüber austragen mußten, wer von ihnen im Lauf der Jahrhunderte die meisten Patienten kuriert hätte, trafen endlich ein, sie gehörten „zu den Nichtorgani-sierten in der Nothelferschaft, denn sie zählten weder zum Klerus noch zur Ritterschaft und schon gar nicht zum Jung-fernbund". Und Cyriakus mußte noch einen Seitenhieb auf Vitus loswerden, seiner

*Predella in der evangelischen Saalkirche St. Georgen in Flöha*

sizilianischen Herkunft wegen. „Dort herrschen nun einmal höchst wunderliche Vorstellungen von Recht und Moral – bis heute. Denkt nur an die Kunststückchen der Straßenjungen von Palermo. Die fromme Legende verschweigt es, aber ich bin genau informiert: er spezialisierte sich auf Geldbörsen und machte sein Diplom als Taschendieb".

Ganz klar – mit der irdischen Hülle hatten die Nothelfer eben auch alle menschlichen Eigenschaften übernommen und so war auch die geplante Konferenz, in der eine Neuverteilung der Patronate angesichts der modernen Bedürfnisse besprochen werden sollte, nicht frei von Problemen. Zunächst hieß es auf die hohe Geistlichkeit zu warten, weil der Pilot des Lastenseglers, der würzburgische Ingenieurhauptmann Balthasar Neumann, ein paar Mal über seinen Prachtbauten kreisen wollte. Endlich wurde dann doch ein Konferenzpräsident gewählt, nicht der ehrwürdige Dionysius – „schließlich habe man mit kopflosen Bischöfen nicht die besten Erfahrungen gemacht" –, sondern die Professorin aus Alexandria. Mit der Mehrheit von zwölf Stimmen, obwohl sich Achatius seine persönliche Übersetzung des Pauluswortes nicht verkneifen könnte: „Weiber haben in der Kirche den Schnabel zu halten".

Katharina kam rasch zur Sache: die Nothelfer hätten ihre Aufträge längst abgegeben „an Ärzte, Psychotherapeuten, Heilpraktiker, Gesundbeter, Gruppendynamiker, Versicherungsagenten, Flurbereiniger, Polizisten, Soziologen... wenn wir nicht ein wenig Imagepflege betreiben, geraten wir hoffnungslos ins Out". Diverse Zwischenrufe waren zwar störend, aber doch nicht so wie die Sprechanlage, mit der Christophorus mangels der überirdischen Telepathie Kontakt mit seiner irdischen Kundschaft hielt: „Freundin später umarmen, nicht jetzt, Sie Wahnsinniger! Tempo drosseln, runter auf 100! Aquaplaning am Biebelrieder Kreuz, geben Sie acht, Mann!" Christoph fühlte sich vom Konferenzthema ohnehin wenig angesprochen, seit man ihn zum Patron der Autofahrer ernannt hatte, war er rund um die Uhr ausgelastet und würde „auch gerne das Patronat über die Motorradfahrer an jemanden abtreten". Immerhin brachte ihm das die Anerkennung der Präsidentin ein: „Er hat den Sprung in die Neuzeit geschafft ... wie viele strapaziöse Patronate hatte er nicht schon auf seinem breiten Buckel und nun, da manche von diesen überflüssig wurden, lädt er sich noch Millionen von Autofahrern auf. Einfälle muß man haben!"

„Gibt's dafür auch einen Patron? Fragte der vorlaute Veit. Ich melde mich gern für diesen Job. Dann rufen mich vielleicht die Programmdirektoren des Deutschen Fernsehens an". Mit dem Modewort Job hatte Vitus die Präsidentin inspiriert. Jetzt fielen ihr einige Anfragen nach zeitgenössischen Patronaten ein, von Softwaremachern, von Wehrdienstverweigerern, von südamerikanischen Fußballern fürs Elfmeterschießen, von Feministinnen. Und das brachte sogar den kopflosen Dionysius

*Gotischer Flügelaltar, um 1510, in der romanischen Saalkirche St. Georgen in Flöha. St. Georg erscheint dreimal*

155

*Nothelfer-Tafel um 1500 im Privatklinikum Josefinum, München*

*Seite 157 oben: Nothelfer-Altar in St. Vitus, Stockheim/Rhön (neu gruppiert bei der Restaurierung 1987/90)*

*Seite 157 unten: Feldkapelle zu den Vierzehn Nothelfern in Marktheidenfeld*

zum Lachen, zumal als er erfuhr, dass sich die emotional getönten Frauen Maria Magdalena wünschten, die rational getönten St. Katharina, obwohl sie eine Frau war. Keiner der modernen Berufsstände fand einen hilfreichen Patron. Da wurde Achaz ungeduldig: „Was geht hier eigentlich vor? Wir werden zusammengetrommelt, weil wir angeblich arbeitslos sind und einen ‚Dschobb' brauchen, der ‚abtudät' ist und nun beteuert jeder, daß er hundertprozentig ausgelastet ist". Die Diskussion wurde hitzig und – im Hinblick auf den historischen Kern der individuellen Legenden oder irdischen Verfehlungen – gar ein wenig bissig.

Veit, der sich gern um die Extremsportler gekümmert hätte, wurde als zu unreif übergangen – und ging beleidigt aus der Basilika. Was die anderen der jugendlichen Blase des Bettnässerpatrons zuschrieben. Der allerdings rächte sich mit einem fürchterlichen Unwetter, „sämtliche heidnischen Wettergötter hätten ein derartiges Spektakel mit blankem Neid erfüllt". Die Konferenzteilnehmer indes bemerkten Blitz und Donner gar nicht, sie erhitzten sich gerade über ein Patronatsgesuch der Ehrenwerten Gesellschaft, der Mafia. Vergeblich hoffte Veit, der ja auch als Wetterpatron Dienst tut, auf ein Bittgebet, stattdessen klärten ihn zwei patschnasse

*Predella des rechten Seitenaltars in Mariae Himmelfahrt, um 1500, zu Wolframs-Eschenbach*

Männer, die vor dem Gewitter ins Gotteshaus flüchteten, über Agrarüberschüsse und die versicherungstechnische Absicherung von Ernteschäden auf. Seine Erzählung des Vorfalles bestätigte die einleitenden Bemerkungen St. Katharinas: „Wozu noch himmlische Nothelfer, wenn die irdischen buchstäblich aus dem Boden schießen? Schaut euch nur ihre klotzigen Versicherungspaläste an! Gegen alle Risiken des Lebens sind sie versichert, vom verregneten Urlaub bis zum schulischen Versagen ihrer Sprößlinge. Und die Versicherungen ihrerseits sind rückversichert... Sogar die Ordensleute lassen sich versichern, seit die Kosten im Gesundheitswesen explodiert sind. Der Darmverschluß eines Abtes und die psychogene Migräne einer Provinzialoberin könnten sonst ganze Klöster ruinieren".

Über die vergangenen Jahrhunderte sinnierten die Nothelfer lange, über die Mönche, die einst von Langheim „hoch zu Roß herüberritten, mit silbernem Zaumzeug, um den Wallfahrern die Beichte abzunehmen", über Klostersturm und Säkularisation, den Brand der Basilika und die Aufbauhilfe aus der königlichen Privatschatulle. Da endlich merkten sie, daß sie längst vom Thema abgewichen waren und, wie meist bei irdischen Konferenzen, keinen Fortschritt erzielt hatten. Wie konnten Heilige auch vergessen haben, den Heiligen Geist um Beistand zu bitten! Und mit seiner Hilfe ging es dann endlich Schritt für Schritt voran, bis sich die Heiligen nach zwei Stunden endlich eine Pause gönnten. Eine verhängnisvolle Pause. Pantaleon und Dionysius bildeten eine Arbeitsgruppe über psychogene Migränen und vergaßen darüber die mitgebrachten Lunchboxen, weshalb nicht zu erfahren ist, „auf welch unnachahmliche Weise der kopflose Oberhirte von Paris die Speisen einzunehmen pflegte". Georg flirtete auf einem einsamen Waldweg mit Barbara und erfreute sich an den gemeinsamen Erinnerungen an längst vergangene Zeiten. Nur das Auftauchen des Cyriakus störte das Geturtel, im ungeeignetsten Moment natürlich. Katharina gönnte sich eine Zigarette, Vitus, der seine Brotzeit schon während der Konferenz aufgefuttert hatte, mußte die traurige Erfahrung machen, daß der himmlische Zahlmeister ihnen längst verfallene Münzen mitgegeben hatte, mit treuherzigem Blick konnte er sich wenigstens einen Hamburger erbetteln. Die gleiche Erfahrung mußte

*Erfurt: Regler-Altar*

auch St. Margareta machen, die hingebungsvoll den Kitsch der Andenkenstände durchforstete. Nach langen Gesprächen mit der Souvenirhändlerin bekam sie ein Heiligenbildchen geschenkt, mit St. Margareta drauf. Doch die altmodischen Münzen veranlaßten die mißtrauisch gewordene Frau zu einem Anruf bei der Polizei. Dort konkretisierten sich nun endlich die seit Stunden flackernden Ängste, von einem Raketenauto, einem unbekannten Flugobjekt war den Ordnungshütern berichtet worden, von schwer bewaffneten Reitern, von Komödianten, die für ein Festspiel probten, von Terroristen. Nun wußte man, wo die Leute sich befanden und eine Polizeiaktion lief an, eine Polizeiaktion, die nur harmlose Dorfpolizisten ersinnen können, die sich plötzlich im Mittelpunkt der Weltgeschichte fühlen. Während die Nothelferkonferenz in der Basilika weiterging mit der Suche nach einem Patron für die Geldsorgen der Menschen, überschlugen sich die Aktivitäten der Ordnungshüter in der Lichtenfelser Inspektion ebenso wie im nahen Bayreuth, wo sich die politische Prominenz gerade an der Eröffnungsvorstellung der Festspiele delektierte. Und natürlich diskret, aber wirksam vor den möglichen Terroristen beschützt werden mußte. Wie kurios die ganze Aktion verlief, beweisen am besten die Überlegungen des verantwortlichen Inspektors, als die Verdächtigen endlich in Vierzehnheiligen abgeholt und auf die Wache verbracht worden waren. Keine Sicherheitsbehörde, keine übergeordnete Dienststelle kam ihm zu Hilfe, nicht einmal die aufgeregt alarmierte Nato – schließlich konnte der festgenommene Christophorus ja nicht in die Verkehrslenkung eingreifen und so kam es zu Unfällen und Staus wie sonst nur bei Ferienbeginn. Und nun hatten diese vierzehn Verdächtigen in ihren altmodischen Kostümen noch nicht einmal gültige Ausweise – sie verwiesen nur auf ein überirdisches Attribut, aber was sollte ein Kleinstadtpolizist davon halten. Waren es doch Terroristen? Der Palästinenser Christophorus könnte doch der PLO angehören, der Syrer Erasmus müßte ein

*Darstellung der Erscheinungslegende, Altarbild von Oberweißenbrunn*

Schiite sein, Blasius könnte zur armenischen Befreiungsfront gehören. Georg und Barbara, die mittlerweile ihre Verlobung bekannt gegeben hatten, waren wie Margareta und Pantaleon den Grauen Wölfen oder der kurdischen Ernk zuzuordnen, Vitus war vielleicht doch ein Mafioso, Eustachius konnte der Camorra nahe stehen, Cyriakus den Roten Brigaden, Dionys und Ägidius der Action Directe, Katharina war vielleicht Mitglied einer Moslem-Bruderschaft und Balthasar Neumann – ach ja, plötzlich waren die Vierzehn zu Fünfzehn geworden – der war wohl bei der RAF.

Bayerns Ministerpräsident war inzwischen informiert worden, daß es sich bei den Verdächtigen doch um Heilige handeln könnte, er zwängte sich schnellstmöglich in einen Hubschrauber, denn solche Staatsgäste hatte er als Landesvater doch persönlich zu begrüßen. Ob dieser Aktion Erfolg beschieden war, wie die Geschichte ausging? Auf jeden Fall sollten die Nothelfer, falls sie sich je wieder aus Vierzehnheiligen in ihre himmlischen Gefilde zurückbegeben, schon überlegen, ob sie nicht ein Patronat ganz speziell für diejenigen Erzähler einrichten sollten, die solch wunderschöne Geschichten ersinnen.

*Barockes Wachsmedaillon in Schnurei, gestaltet von Rosel Termolen*

# Alte Gebete und neue Lieder

*Litanei zu den heiligen 14 Nothelfern*

*Herr, erbarme dich*
*Christus, erbarme dich*
*Herr, erbarme dich*
*Gott Vater im Himmel, erbarme dich unser*
*Gott Sohn, Erlöser der Welt*
*Gott Heiliger Geist*
*Heilige Dreifaltigkeit, du einziger Gott*
*Heilige Maria, du gütige Mutter und größte Nothelferin*
*bitte für uns*
*Ihr heiligen Patriarchen und Propheten*
*bittet für uns*
*Ihr heiligen Apostel und Evangelisten*
*Ihr heiligen Martyrer und Bekenner*
*Ihr heiligen Päpste und Bischöfe*
*Ihr heiligen Priester und Diakone*
*Ihr heiligen Ordensleute*
*Ihr heiligen 14 Nothelfer*
*Heiliger Georg, du starker Beschützer der Schwachen,*
*bitte für uns*
*Heiliger Blasius, du väterlicher Freund der Armen*
*Heiliger Erasmus, du treuer Beschützer der Verfolgten und Bedrängten*
*Heiliger Pantaleon, du helfender Arzt der Kranken*
*Heiliger Vitus, du jugendlicher Blutzeuge Christi*
*Heiliger Christophorus, du Schutzpatron der Reisenden und der Verkehrsteilnehmer*
*Heiliger Dionysius, du vorbildlicher Bischof und Helfer in Glaubensnot*
*Heiliger Cyriakus, du standhafter Kämpfer gegen die Mächte der Finsternis*
*Heiliger Achatius, du aufrechter Streiter für die Sache Christi*
*Heiliger Eustachius, du Vorbild des Glaubens und des geduldigen Vertrauens*
*Heiliger Aegidius, du demütiger Lehrmeister der Einsamkeit und des Schweigens*
*Heilige Margareta, du siegreiche Überwinderin der bösen Mächte*
*Heilige Barbara, du tröstende Helferin der Sterbenden*
*Heilige Katharina, du weiser Beistand der Wissenschaftler*
*Alle Heiligen Gottes, ihr Helfer des pilgernden Gottesvolkes*
*bittet für uns.*

1. Den Herrn laßt uns loben, den Herrn laßt uns preisen,
   der sich in den Heiligen will gnädig erweisen.
   Ihr Nothelfer alle, den Leib und die Seelen
   wir stets eurer Hilfe und Fürsprach empfehlen.

2. Mit Freunden wir schauen die heiligen Erben
   der göttlichen Hilfe im Leben und Sterben.
   Ihr Nothelfer alle ...

3. Auf Erden verbrachten sie treulich ihr Leben;
   im Himmel hat Gott ihnen Vollmacht gegeben.
   Ihr Nothelfer alle ...

4. So kommen wir Menschen in Ängsten und Nöten,
   aus Tiefen des Herzens um Rettung zu beten:
   Ihr Nothelfer alle ...

5. Sankt Blasius, heile die Kehlen und Zungen,
   das Übel, das Menschen und Tiere bezwungen.
   Ihr Nothelfer alle ...

6. Zerstörung und Feindschaft und Krieg herrscht hienieden:
   Sankt Georg, erbitt uns Versöhnung und Frieden!
   Ihr Nothelfer alle ...

7. Erasmus, du mußtest viel Martern bestehen:
   hilf allen, die leiden an Krämpfen und Wehen!
   Ihr Nothelfer alle ...

8. Sankt Veit, sei ein Freund unsern Jungen und Kindern;
   hilf allen, die schwere Gebrechen behindern!
   Ihr Nothelfer alle ...

9. Pantaleon, segne den Ärzten die Hände,
   die heilenden Kräfte dem Leben zuwende!
   Ihr Nothelfer alle ...

10. Sankt Christoph, du Fährmann, des Christentums Bote,
    beschütz uns vor Wettern und plötzlichem Tode!
    Ihr Nothelfer alle ...

11. Sankt Dionys, heile die stechenden Schmerzen
    und laß uns gesunden am Haupt und am Herzen.
    Ihr Nothelfer alle ...

12. Cyriakus, banne die Nacht der Dämonen,
    wo Kräfte des Bösen dem Menschen einwohnen!
    Ihr Nothelfer alle ...

*Bruderschaftsblatt des adligen Ritterbündnisses „zu den 14 Nothelfern" zu Veßra, gegründet 1465*

13. In Zweifeln und Ängsten, in Todesgefahren
    hilf uns, Sankt Achaz, die Hoffnung bewahren!
    *Ihr Nothelfer alle …*

14. In Krisen und Drangsal erhalte die Treue,
    Sankt Eustach, die Liebe und Ehe erneue!
    *Ihr Nothelfer alle …*

15. Sankt Ägid, gib Mut, zu bekennen die Sünden
    und hilf uns, den Frieden des Herzens zu finden!
    *Ihr Nothelfer alle …*

16. Dich, heilige Margaret, wollen wir ehren!
    Erbarm dich der Mütter, die Kinder gebären!
    *Ihr Nothelfer alle …*

17. Dein Wort, Katharina, zerschlug falsche Lehren:
    erbitte uns Weisheit im Reden und Hören!
    *Ihr Nothelfer alle …*

18. Sankt Barbara hilf! Steh uns bei, wenn wir sterben,
    damit wir das ewige Leben erwerben.
    *Ihr Nothelfer alle …*

19. So klagen wir euch unsre Schmerzen und Nöte
    und bringen voll Zuversicht unsre Gebete:
    *Ihr Nothelfer alle …*

20. Ihr seid uns ein Zeichen im Leben und Sterben.
    Mit euch laß' uns Gott einst das Himmelreich erben.
    *Ihr Nothelfer alle …*

21. Den Herrn laßt uns loben, den Herrn laßt uns preisen,
    der sich in den Heiligen will gnädig erweisen!
    *Ihr Nothelfer alle …*

Text: Maria Luise Thurmair

*Schon im Dunkel der Welt
folgten sie dem Licht,
hielten der Finsternis stand,
kämpften den guten Kampf.
Glaube wies ihnen den Weg,
Hoffnung verlieh ihnen Kraft,
Liebe verband sie mit Christus.*

### Altartafel aus Oberrohr bei Ursberg

*Oh ihr vierzehn lichten Sterne,
blickt auf unsre Not herab.
Seid uns Armen niemals ferne,
denn wir leiden bis ins Grab.
Wenn wir gläubig zu euch rufen,
leiht uns liebreich euer Ohr.
Tragt an seines Thrones Stufen
Gott dann unser Elend vor.*

*Oh ihr lieben Gottesfreunde,
euch befehlen wir zumal
alle Not der Christgemeinde,
die da seufzt im Tränental.
Lindert alle Schmerzenstränen,
lenket jedes Lebenslos:
führt im Tode uns zu jenen
die da ruhn in Gottes Schoß.*

### Aus: Novene zu den Nothelfern von P. Dominik Lutz

*Herr,
wir meinen oft, es sei nicht möglich, heute entschieden
als Christ zu leben; und doch wissen wir, daß die Welt
der Heiligen nicht weniger weltlich war. Wir werden
ungeduldig an dieser Welt.
Wir vergessen oft, daß Heilige im Alltag wachsen; wir
verzagen oft, wir verlieren allen Mut. Und wenn wir wieder
und wieder fallen, dann fehlt uns die Kraft und der
Wille zum Neubeginn.
Herr, laß uns die Heiligen nicht vergessen; laß uns
bedenken, daß du auch uns berufen hast, deine
Freunde zu sein. Amen.*

*Gütiger Gott,
wir bekennen im Glauben die Gemeinschaft der
Heiligen, zu der du auch uns berufen hast. In den Nöten
und Sorgen unseres Lebens blicken wir auf die
Vierzehn Heiligen Nothelfer. Sie sind uns Vorbilder eines
erfüllten und heiligen Lebens, das in dir seine
Vollendung gefunden hat.
Wir bitten dich: Führe uns auf ihre Fürbitte hin aus der
Vorläufigkeit dieses Lebens zur endgültigen
Gemeinschaft mit dir durch Christus, unsern Herrn.
Amen.*

*Freunde Gottes*

*Gott, froh bin ich,
daß du eine so großartige und bunte Schar
von verschiedenen Originalen deine Freunde nennst.*

*Gott, froh bin ich,
daß deine Heiligen in all den dunkeln Kapiteln der
Kirchengeschichte unübersehbare Lichtblicke waren
und sind.*

*Gott, froh bin ich,
daß neben den namhaften Frauen und Männern
des Heiligenkalenders an Allerheiligen
die unbekannten gefeiert werden.*

*Gott, froh bin ich,
daß deine Heiligen mir zeigen,
auf welch unterschiedlichen Wegen
wir zu dir gelangen und dir dienen können.*

*Gott, froh bin ich,
daß die heiligen Frauen und Männer mir auch
auf der Straße und am Krankenbett,
in Fabriken und Klöstern begegnen.*

*Gott, froh bin ich,
daß du zu deinen Heiligen Frohnaturen und Asketen,
Querdenker und Ungebildete jeden Alters zählst.*

*Gott, froh bin ich,
daß ich unter deinen Heiligen so viel Unbequeme,
aber auch Geduldige,
so Demütige und erfrischend Humorvolle finde.*

*Gott, froh bin ich,
daß deine Heiligen mich erinnern,
Gebet und Arbeit, Einsatz und Besinnung zu verbinden.*

*Gott, froh bin ich,
daß deine Heiligen mich lehren,
Frucht zu bringen und nicht Leistung,
mehr auf deine Gnade zu bauen als auf meine Kraft.*

*Paul Weismantel, Würzburg*

Aus dem Büchlein Brot der Engel,
das meiner lieben Großmutter Maria in Münster (Westfalen)
im Jahre 1923 zu ihrer Ersten Heiligen Kommunion
geschenkt wurde

*Oh Ihr Heiligen,*
*die ihr in besonderen Nöten*
*als mächtige Fürbitter des christlichen Volkes geltet,*
*kommet auch mir in meinem Anliegen zu Hilfe*
*und erflehet mir von Gott die Gnade,*
*daß ich alle Leiden dieses Lebens*
*mit christlicher Geduld*
*nach eurem Beispiel ertragen*
*und mir dadurch für die Ewigkeit*
*einen herrlichen Schatz von Verdiensten*
*erwerben möge.*

*Ihr waret stark in der Erduldung*
*grausamer Marter für den Glauben*
*und habt glücklich die Siegespalme errungen;*
*helfet auch mir,*
*der ich so leicht ungeduldig werde und verzage,*
*daß ich mit größerem Mute*
*in den Leiden ausharre*
*und bereitwilliger werde,*
*um des Himmelreiches willen*
*hier auf Erden*
*Mühen und Beschwerden zu ertragen*
*und freiwillige Abtötungen zu übernehmen.*

*Bittet aber auch für mich,*
*daß Gott jene Leiden von mir gnädig abwende,*
*die für mich zu tragen zu schwer sind*
*und mir eine Gelegenheit zur Sünde werden können.*

*Bittet,*
*daß ich die Gefahren dieses Lebens*
*glücklich bestehe*
*und im Himmel für die erlittenen Leiden*
*mit euch die ewigen Freuden erlange.*

*Amen.*

*Großer Gott, zum Heiligtume
kommen wir aus Not und Leid:
Schenk zu Deinem größern Ruhme
Frieden und Barmherzigkeit!*

*Christus, Herr, auf allen Wegen
bitten wir um Dein Geleit.
Führe uns mit Deinem Segen
durch die Zeit zur Ewigkeit.*

*Vierzehn Heil'ge, Vierzehn Freunde,
zu Euch ziehn wir voll Vertrauen;
singen Gott zu Lob und Ehre,
wolln auf seine Gnade bau'n.*

*Vierzehn Helfer, wir auf Erden
brauchen Helfer in der Not,
weil in vielerlei Beschwerden
Unheil und Versagen droht.*

*Uns're Tage sind voll Sorgen,
oft verzagen wir im Leid,
bittet doch an jedem Morgen
für uns um Barmherzigkeit!*

*Die Ihr steht am höchsten Throne,
bringt dem Vater Lob und Preis.
Saget Dank auch seinem Sohne,
ehret Gott, den Heil'gen Geist!*

*Mutter Gottes, Deinem Sohne
bringe unser kindlich Flehn,
daß auf seinem Himmelsthrone
wir ihn voll Erbarmen sehn.*

*Mutter, bitt um Jesu Segen
für uns in der letzten Stund!
Gnade sei uns dann gegeben
aus des Richters heil'gem Mund.*

*Rosel Termolen 1995*

# Gonsenheimer Nothelferlied

*O ihr auserwählten Seelen, die wir dort zu Freunden wählen
und zu Helfern in der Not! Fleht bei Gott um alle Gaben,
wie wir Menschen nötig haben in dem Leben und im Tod.
Gib, o Herr! Uns allen Segen! Deiner lieben Heil'gen wegen,
die bei dir in Gnaden steh'n; Und vorm Fuße deines Thrones,
durch die Liebe deines Sohnes dort im Himmel für uns fleh'n.*

*Heil'ger Georg, starker Ritter, sei der Schutz und Gnadenbitter
für die ganze Christenheit. Hilf dem Christenheere siegen,
laß im Kampf es nicht erliegen, wenn es für den Glauben streit'.*

*Bringe dort vom Himmelsrande Segen unserm Vaterlande,
Blasius – du Wundermann! Jede Seuche laß verschwinden,
die zur Strafe unsrer Sünden Vieh und Menschen schaden kann.*

*O Achatius, du Krieger und gekrönter Glaubenssieger!
Bitt' mit deiner Heldenschar, daß uns Gott im steten Frieden
wolle vor dem Krieg behüten, Haus und Gut vor der Gefahr.*

*Großer Arzt, dem manche Kranken schuldig sind ihr Wohl zu danken,
heiliger Pantaleon. Wirft uns eine Krankheit nieder,
hilf uns zur Genesung wieder: Bitt' darum bei Gottes Thron.*

*Vitus, schau' auf manche Seele, die, wie du, im heißen Oele
dort in Marter Flammen büßt. Ach erbitt beim höchsten Gute
Labung in dem teuren Blute, das vom Kreuze Jesu fließt.*

*Hilf, Aegidius, den Armen, fleh' zu Gott, der voll Erbarmen
selbst sich ihren Vater heißt; Der die Vögel in den Lüften,
wie einst dich in deinen Grüften, täglich wunder bargespeist.*

*Wenn, Eustachius, die Wellen allen Unglücks auf uns prellen,
Flöß' uns wahre Großmut ein; Laß in solchen bittern Stunden
Jesu Kreuz und teure Wunden unser Trost und Zuflucht sein.*

*Du, Erasmus! hast in Banden und in Peinen festgestanden,
wie ein Fels in wilder Flut; Hilf uns unser Kreuz doch tragen,
ohne Murren, ohne Klagen fleh' zu Gott um Kraft und Mut.*

*Wagt's der Satan, uns're Seelen mit Versuchung hart zu quälen,
Cyriakus, zeig' dein' Macht! Weis' ihn ab zu seiner Schande,
wie du manche Teufelsbande von Besess'nen ausgejagt.*

*Dionysius! den herben Seelentod laß uns nicht sterben;
Wenn uns der Versucher naht, rette uns! und wenn wir fallen,
auf der Sünden Bahn wir wallen, führ' uns auf der Buße Pfad.*

*Heil'ger Christoph! hilf beschützen, hilf die Eltern unterstützen
in der Last der Kinderzucht, daß sie gute Bäume ziehen*

*aus den Zweigen die jetzt blühen,*
*keine, die einst Gott verflucht.*

*Katharina! schütz die Ehre unsrer wahren Glaubenslehre*
*wider jeden Irrtums Gift! Bitte Gott, daß der die alte*
*Kirch' auf festem Grund erhalte, die sein liebster Sohn gestift'.*

*Barbara! bring' uns im Tode Jesum in dem Engelbrote*
*in das schwache Herz hinein! Daß wir allen Höllenfürsten,*
*die nach unsrer Seele dürsten, Löwen gleich dann furchtbar sein.*

*Margaretha! schließ die Rachen der erbosten Höllendrachen*
*vor'm Gerichte Gottes zu! Mit dem Kreuze deck' die Sünden,*
*lasse dort uns Gnade finden! Und den Kläger weis' zur Ruh!*

*Helfer ihr, im Himmel droben! Sind wir einst zu euch erhoben*
*in das Reich der Seligkeit, wollen wir euch Dank erweisen,*
*und mit euch den Schöpfer preisen durch die ganze Ewigkeit.*

*(Der Ursprung des Liedes ist unbekannt. Es wird auch in*
*Ockenheim gesungen.)*

Melodie: O mein Christ...

*Gott den Vater anzubeten,*
*auch den Sohn, das ew'ge Wort,*
*und den Heil'gen Geist daneben,*
*wallen wir zum Gnadenort.*
*Heilige Dreifaltigkeit,*
*erzeige uns Barmherzigkeit.*

*Jesus unser Weg und Leben,*
*der du selbst die Wahrheit bist,*
*du versprachst, dem Gnad zu geben,*
*der in Not und Elend ist,*
*wenn er nur an diesem Ort*
*ruft an Vierzehnheil'ge dort.*

*Heil'ge Jungfrau Margarete,*
*du verschähtest einen Bund,*
*welcher dich von Gott nur trennte,*
*hast besiegt den Höllenhund.*
*Steh uns bei im letzten Streit,*
*hilf auch uns zur Seligkeit!*

*Vierzehn Heilige, wir bitten*
*euch durch Jesu Christi Blut,*

*euch, weil ihr soviel gelitten*
*wegen Gott, dem höchsten Gut,*
*daß ihr bitt' bei Gott dem Herrn,*
*er möcht unsere Bitt' gewährn!*

*Jesus, Gotteslamm, verschone*
*uns vor Seel- und Leibesnot.*
*Jesus, Gotteslamm, erhöre*
*unsre Bitten, liebster Gott.*
*Gotteslamm, erbarme dich*
*über uns, verwirf uns nicht!*

### Der Vierzehn-Nothelfer-Rosenkranz in Limbach/Saar

*... Jesus, ihr Vierzehn Nothelfer groß bei Gott*
  *alle: Helfet uns in Not und Tod!*
*... Jesus, die sich erniedrigen ließen und ihm*
  *gehorsam waren bis zum Tod*
  *alle: Helfet uns in Not und Tod!*
*... Jesus, der die Vierzehn Nothelfer zu*
  *Glaubenszeugen bestimmt hat*
  *alle: Helfet uns in Not und Tod!*
*... Jesus, die durch ihre Fürsprache unsere*
  *Bittsteller bei Gott sind*
  *alle: Helfet uns in Not und Tod!*
*... Jesus, du Königin der Märtyrer*
  *alle: Helfet uns in Not und Tod!*

### Gebet

*Mein Herr und mein Gott, Du lenkst das All und die*
*Geschicke der Menschen. Blicke erbarmend auf die Not*
*der Menschheit, die du in Liebe zu erlösen kamst.*
*Auch mein Los liegt in deiner Hand.*
*Du kennst alle meine Sorgen und Anliegen.*
*Du kannst mir helfen, und du wirst mir helfen. Amen.*

## Gebet an den heiligen Christophorus

*Du, der heidnische Riese, der Jesus erkennt*
*Im einfachen und sanften Kind*
*Beim Durchfahren der Furt,*
*Schaue ich Dein Antlitz an und fahre in Sicherheit.*

*Christophorus.*
*du bist heilig!*

*Träger Christi*
*Ich nenne dich bei einem Namen, der schön ist.*

*Auf Deinem Bild sehe ich Jesus,*
*Der auf Deiner Riesen-Schulter sitzt.*

*Beschütze mich, beschütze uns!*

*Und da man sich dessen sicher sein kann,*
*Heiliger Christophorus, zwischen Dir und mir,*
*Die Hände am Steuer…*

*Sage mir, daß das Leben zerbrechlich ist,*
*Das der Anderen,*
*So auch das Meinige.*

*Lehre mich, daß geduldig zu sein*
*Mehr wert ist als den Mutigen zu spielen.*

*Erinnere mich, daß auf der Straße zu sein*
*Ständige Aufmerksamkeit erfordert.*

*So werde ich heute, heiliger Christophorus,*
*Von Dir beschützt und Deiner Begleitung bewußt,*
*Im Vertrauen zu Dir fahren,*
*Mit ruhigem Gewissen, ohne zu vergessen,*
*Daß das Leben eine Reise ist,*
*Die weiter und höher führen kann,*
*Als man sich vorstellt…*
*Amen.*

*Gebet zum hl. Christophorus*
*(aus Locranon in Frankreich)*

## Heiliger Christophorus

*Du bist nicht nur für Reisende und Wanderer da*
*Du bist auch immer da für jene Menschen*
*die auf der Suche nach dem Sinn des Lebens sind*
*Du bist auch immer da für Menschen*
*die im Leben Gott suchen*
*Du hast den Sinn des Lebens gefunden*
*Gott zu dienen und den Menschen*
*Du hast auch Gott gefunden*
*die ewige Liebe,*
*die den Menschen liebt und trägt.*
*Wir beten zu Dir:*
*Sei Stock und Stab für suchende Menschen unterwegs*
*Wir danken Dir*
*Amen*

*Gebet der Bruderschaft St. Christoph am Arlberg*

---

*Vierzehnheilige, Schutzpatrone / für die Welt an Gottes Throne, / starke Helfer in der Not, / mächtig, hoch geehrt*
*bei Gott! / Laßt uns eure Hilfe sehen, / laß uns nicht vergebens flehen, / Vierzehnheilige, auserwählt, / uns von Gott zum Heil bestellt.*

*Allen, die verlassen weinen, / trost- und freudlos hier erscheinen, / eure Hilfe ist bereit, / Gnad und Friede jederzeit. / Laßt uns eure Hilfe sehen ...*

*Jesus ist in eurer Mitte, / er versagt euch keine Bitte, / er, dem ihr gedient so treu, / auch uns Sündern gnädig sei. / Laßt uns eure Hilfe sehen ...*

*Märtyrer, durch Leid geschritten, / habt die Palme ihr erstritten, / stärkt uns in des Leidens Nacht, / über unsre Seelen wacht. / Laßt uns eure Hilfe sehen ...*

*Öfters habt auch ihr erfahren, / Gottes Schutz in den Gefahren, / wir vertrauen Hab und Gut, / Leib und Seele eurer Hut. / Laßt uns eure Hilfe sehen ...*

*Altes Wallfahrtslied*
*Melodie: „Mutter Christi, hoch erhoben"*

## Vierzehnheiligenlied

Die Herzen hoch zu Gott empor
Und zu der Vierzehn Heil'gen Chor!
Sie stehn bereit am Thron des Herrn
Und helfen allen Christen gern.

O helfet uns in Not und Leid!
O stärket uns in Kampf und Streit!
Und führt uns einst zur Herrlichkeit.

Ihr Heil'gen habt des Lebens Zeit!
Allein dem Dienst des Herrn geweiht;
Ihr liebtet ihn mit heißer Glut,
Ihr starbt für ihn voll Heldenmut.
O helfet uns …

Ihr heil'gen Hirten Blasius,
Erasmus, Dionysius!
Des Evangeliums steile Bahn
Führt uns zum Paradies hinan.
O helfet uns …

Sankt Ägid, Abt voll Gotteskraft,
Lehrt' uns die wahre Wissenschaft;
Die Erdengüter sind nur Schein,
Das höchste Gut ist Gott allein.
O helfet uns …

Cyriakus, Levit des Herrn,
Den bösen Geist halt von uns fern.
Den Geist der Liebe flöß' uns ein,
Der Bruderliebe treu und rein.
O helfet uns …

Christophorus, du starker Held,
Du trugst den mächt'gen Herrn der Welt.
Das soll auch unsre Freude sein:
Im Herzen tragen Gott allein!
O helfet uns …

O heil'ger Arzt Pantaleon,
Tritt ein für uns an Gottes Thron.
Durch Deine Hilf' werd' uns zuteil
Des Leibes und der Seele Heil.
O helfet uns …

Sankt Georg, Achaz, steht uns bei,
Sankt Eustach auch, ihr Ritter drei.
Helft kämpfen uns, wenn Feinde drohn
Und reicht uns einst die Siegeskron.
O helfet uns …

*Sankt Vitus, Jungmann hochgemut,*
*Die Jugend nimm in Deine Hut!*
*Im Leben mög' sie wahr und rein,*
*Im Glauben treu und tapfer sein.*
*O helfet uns ...*

*Sankta Margareta, Barbara*
*Und Katharina, seid uns nah!*
*Es zeigt uns eures Lichtes Strahl,*
*Den Weg zum ew'gen Hochzeitsmahl.*
*O helfet uns ...*

*Wir grüßen auch mit frommem Sinn*
*Der Vierzehn Heil'gen Königin.*
*Sie steht ganz nah' an Christi Thron,*
*Erfleht uns Hilf' bei ihrem Sohn.*
*O helfet uns ...*

*Schließt einst die kurze Lebensbahn*
*Und tritt der Tod an uns heran,*
*Dann, Vierzehn Heil'ge, steht uns bei,*
*Daß Gott am End' uns gnädig sei.*
*O helfet uns ...*

*Melodie: Ihr Freunde Gottes allzugleich*
*Wallfahrtslied aus Vierzehnheiligen*

*Martyrium der hl. Barbara,*
*Kunstsammlungen der Stadt*
*Weimar*

## Wallfahrt nach Vierzehnheiligen

*Ihr Nothelfer alle,
wir rufen zu euch,
erhört unser Flehen
vom himmlischen Reich;
o tragt unsre Bitten
zum göttlichen Thron,
auf daß Gott uns helfe und gnädig verschon.*

*Nothelfer bedürfen die Menschen so sehr
Ihr Elend und Jammer sind tief wie das Meer,
o zeigt euch als Helfer in jeglicher Not,
in aller Bedrängnis, im Leben und Tod.*

*So bleibet denn immer am heiligen Ort,
in Unglück und Leiden uns Zuflucht und Hort
am göttlichen Throne, im ewigen Licht
vergesset die Nöte der Sterblichen nicht.*

*Und wenn wir vollendet den irdischen Lauf,
so führet uns liebreich zum Himmel hinauf
und bittet um Gnade, daß Gott euch verleiht
mit euch ihn zu loben für ewige Zeit.*

*Melodie: Maria, dich lieben ...*

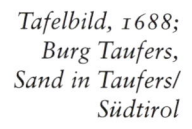

*Tafelbild, 1688;
Burg Taufers,
Sand in Taufers/
Südtirol*

## Vierzehnheiligen-Lied

*Margareta, Barbara, Sankt Katharina zum Siege da.*
*Ihr tragt drei Kronen von Gold auf dem Haupt,*
*Schwert, Kelch und Rad hat Euch Gott auch erlaubt,*
*rettet vor Drachen, aus Trümmern und Not,*
*führt aus dem Dunkel ins Morgenrot!*

*Margareta, Barbara,*
*Sankt Katharina zum Siege da,*
*Ihr tragt drei Kronen von Gold auf dem Haupt,*
*Schwert, Kelch und Rad hat euch Gott auch erlaubt,*
*rettet vor Drachen, aus Trümmern und Not,*
*führt aus dem Dunkel ins Morgenrot!*

*Blasius, Sankt Georg, Veit,*
*Achaz, Erasmus, Cyriakus, seid,*
*Christoph, Pantaleon, Ägid auf Wach,*
*Sankt Dionysius, Schutzherr Eustach!*
*Führt uns heraus aus dem endlosen Streit,*
*endlich in Freiheit und Friedenszeit!*

*Hilf, Erasmus, gegen Schmerz,*
*hilf ihn verwinden und heil das Herz,*
*hilf, Dionysius, Veit, hilf auch mit,*
*jedem, der Schaden am Leibe erlitt,*
*Leibarzt Pantaleon, hilf in der Not,*
*hilf auch, Cyriakus noch im Tod!*

*Blasius leg Kerzen an,*
*hilf uns, Sankt Georg, du Reitersmann,*
*schütze, Eustachius, jegliches Tier,*
*Du auch, Ägid, aller Tierfreunde Zier,*
*biete, Achatius, Machthabern Trutz,*
*trage uns, Christoph, wohl übern Fluß.*

*Melodie: GL Wü 860 „Wahrer Gott wir glauben Dir"*

## Hymnus zur Lesehore in der Festmesse

*Gegrüßt seid ihr vierzehn Zeugen,*
*die Christus mit dem Blut bekannt.*
*Gott heißt euch unsrer Not sich neigen,*
*zu Helfern hat er euch benannt.*

Wir sind zum Berg gekommen
mit Sorgen, Kreuz und Leid,
wie schon vor uns die Frommen
getan in schwerer Zeit.
Gott, dir trauen wir,
auf dich bauen wir.
O lass die Heilgen dein
uns allen Helfer sein.

Maria, wir dich bitten
in der Nothelferschar,
dein Sohn in ihrer Mitten
beschütz uns in Gefahr.
Höre unser Flehn,
wenn wir vor dir stehn.
Es helf uns in der Not
der ewig treue Gott.

zeitgenössisch
Mel. GL 639 Ein Haus voll Glorie

*Modernes Christophorus-Fresko in Landeck*

*St.-Barbara-Lied*
*Melodie: O Himmlische Frau Königin*

*Sankt Barbara, du edle Braut,*
*meine Arme Seel' sei dir vertraut.*
*Ach hilf, daß ich vor meinem End,*
*empfang das heilge Sakrament!*

*Sankt Barbara, eine Jungfrau zart,*
*vom Heidenstamm geboren ward.*
*Und weil sie wollt eine Christin sein,*
*mußte sie leiden große Pein.*

*Ihr Vater, der war ein Tyrann,*
*und redet sie ganz höflich an.*
*Er sprach: Ach liebste Tochter mein,*
*Warum willst du eine Christin sein?*

*Sie sprach: Ach liebster Vater mein,*
*so wahr ich bin eine Jungfrau rein,*
*geboren von dem Heidenstamm,*
*ist Christus doch mein Bräutigam.*

*Ihren Vater faßt ein großer Zorn,*
*er ließt sie werfen in den Turm.*
*Sprach: Glaubst du an den Christen Gott?*
*So mußt du leiden Pein und Tod!*

*St. Barbara ward mit dem Schwert,*
*weil's Vater Maximus begehrt,*
*von dem Tyrannen hingericht;*
*sie kam vor Gottes Angesicht.*

*St. Barbara lebt in der Freud,*
*bei Gott in alle Ewigkeit*
*und hilft uns in der letzten Not*
*durch ihre Fürbitte bei Gott.*

*St. Barbara ruf ich jetzt an,*
*weil sie bei Gott uns helfen kann:*
*Daß ich vor meinem letzten End,*
*empfang das heil'ge Sakrament.*

*Überliefert aus Sulzfeld im Grabfeldgau*

*St.-Blasius-Lied*

*Sankt Blasius, du guter Hirt,*
*du unser Schutz und Hort!*
*Hilf tragen uns all unsre Bürd',*
*belehr' uns durch dein Wort!*
*Daß wir hienieden sicher gehn,*
*der Tugend Pfade wahr,*
*dort oben einst dein Antlitz sehn*
*im Himmel immerdar!*

*Vor allem Leid, vor Halskrankheit*
*bewahr' uns für und für!*
*So rufen wir zu aller Zeit,*
*Sankt Blasius, zu dir.*
*Du siehst auf Erden uns bedrückt*
*von Krieg und Kreuz und Tod.*
*O hilf, daß uns einst Gott beglückt,*
*du Helfer in der Not!*

*Dir, heiligste Dreifaltigkeit,*
*sei Ehr' und Preis zugleich*
*jetzt und in alle Ewigkeit*
*im lichten Himmelreich!*
*Wie deinen Diener Blasius*
*nun ziert die Himmelskron',*
*so schenk' uns ewig zum Genuß*
*einst auch der Sel'gen Lohn!*

*Pfarrei St. Blasius in Biberach in Baden*

*Bayrisches „Bandl-Ei" mit ausziehbaren Nothelfer-Darstellungen, gestaltet von Rosel Termolen*

*Zum heiligen Cyriakus*

*Cyriakus, du Diakon,
einst unsrer Kirche Schutzpatron.
Du Vorbild auf dem Weg zu Gott,
mit Jesu Auftrag und Gebot.*

*Cyriakus, du Diakon,
dein Beispiel galt dem Gottessohn.
Hast ihn bezeugt in Wort und Tat,
steh uns auch bei mit deinem Rat.*

*Cyriakus, du Diakon,
dich schreckte nicht der Spötter Hohn.
Trugst Jesus in dem Lebensbrot
hin zu den Brüdern in der Not.*

*Cyriakus, du Diakon,
du starbst für Jesus, Gottes Sohn.
Den bösen Feind weit von uns treib,
daß teure Liebe in uns bleib.*

*Cyriakus, du Diakon,
vollendest vor des Ewigen Thron.
Die letzte Stund am Lebensrand
leg ich wie Du in Gottes Hand.*

*Cyriakus, du Diakon,
im Himmel hast du deinen Lohn.
Nimm unser Dorf in deine Hut,
daß Leib und Leben bleibe gut.*

*Text: Pfr. Herbert Kringe
Bruchhausen, 1994*

*Nothelfer-Fresken in der Vierzehnheiligen-Kapelle in Obersilenen/Kanton Uri (1662); von links: Pantaleon, Vitus, Christophorus und Margaret*

## St.-Georgs-Lied

*Melodie: Preis dem Todesüberwinder...*

Heil'ger Georg, hör uns beten,
Martyrer an Gottes Thron!
Zu dir in der Zeit der Nöten
rufen wir, o Schutzpatron:
Heil'ger Georg, hilf uns streiten,
siegreich kämpfen, opfern, leiden
für den Herrn der Herrlichkeit,
gottgeweiht allezeit,
christustreu in Ewigkeit.

In dem Kampfe mit dem Drachen
botest du dem Feinde Trutz.
Rett' auch uns vor Höllendrachen,
In Gefahr sei Schirm und Schutz!
Heil'ger Georg, hilf uns streiten...

In der Waffenrüstung Gottes
kämpftest du für Christus kühn.
Laß auch uns voll starken Mutes
treu zu Gott und Kirche stehn!
Heil'ger Georg, hilf uns streiten...

Ohne Furcht und ohne Zagen
gingst du in den Martertod;
lehr auch uns Verfolgung tragen
zuversichtlich in der Not!
Heil'ger Georg, hilf uns streiten...

In des Himmels sel'gen Höhen,
reichte dir der Herr den Lohn.
Glaubenszeuge, hör uns flehen:
hilf auch uns zur Himmelskron!
Heil'ger Georg, hilf uns streiten...

Als Nothelfer breit die Hände
betend aus für uns bei Gott,
daß zum Himmelsglück sich wende,
Kreuz und Krankheit, Sorg und Not!
Heil'ger Georg, hilf uns streiten...

Heil'ger Georg, deinem Vorbild
woll'n wir Pilger folgen gern;
bitt' für uns um reiche Gnade
Gott, den allerhöchsten Herrn!
Heil'ger Georg, hilf uns streiten...

Sankt Georg, treuer Gottesmann,
du führst die junge Kirche an!
Und tratest für das Gute ein,
dies sollte uns ein Vorbild sein.
So hilf uns jetzt und alle Zeit,
stets sein für Gottes Ruf bereit
und ihn erkennen jeder Zeit!

Du tapf'rer Mann im Kaiserheer,
gabst alles hin für Gottes Ehr;
gabst Beispiel für die Christenheit,
für Gott zu streiten, jederzeit!
Hilf uns in diesem Erdenreich,
zu kämpfen für das Gottesreich
bis wir einst sind im Himmelreich.

Du großer Helfer allezeit,
dir viele Kirchen sind geweiht.
Das Volk rief dich um Fürsprach an
und hat es nicht umsonst getan.
Erflehe uns am Gottesthron
und bei dem eingebornen Sohn,
daß Gott in unsren Herzen woh'n!

Die Lauheit in der Christenheit,
dies ist der Drache dieser Zeit.
Besiege ihn mit deinem Schwert,
daß unser Volk das Böse wehrt!
Leg' du bei Gott doch Fürbitt ein,
damit wir leben, treu und rein
bis wir zum Vater kehren heim!

Text: Georg Semmler

*Nothelfer-Fresken in der Vierzehnheiligen-Kapelle in Obersilenen; von links: Georg, Blasius, Erasmus, Katharina und Barbara*

Pfarrlied zum hl. Pantaleon

1. Noch Heide war Pantaleon als guter Arzt begehrt,
   Er half und heilt um Gotteslohn, war allgemein geehrt.
   Der Kaiser Maximilian berief ihn an den Thron,
   vertraute ihm sein Leben an, dem Arzt Pantaleon.
   Vertraute ihm sein Leben an, dem Arzt Pantaleon.

2. Nun wurde Christ Pantaleon, war seinem Glauben treu,
   bekannte sich zu Gottessohn, ganz offen ohne Scheu.
   Von Neidern ward er angeklagt, nun mußt er leiden sehr.
   Doch trug er alles unverzagt und gab sein Leben her.
   Doch trug er alles unverzagt und gab sein Leben her.

3. O heiliger Pantaleon, in Trübsal, Angst und Leid
   sei uns als Helfer und Patron, als guter Arzt bereit.
   Und wenn wir ringen mit dem Tod, dann fürchten wir uns nicht,
   da du uns hilfst in jeder Not und führst zum Himmelslicht,
   da du uns hilfst in jeder Not und führst zum Himmelslicht.

Gde. St. Pantaleon in Brühl-Badorf

Mittelalterliches Sterbegebet

*Nothelfer, treue Freunde mein,*
*ich lad' zu meinem Tod euch ein:*
*schlägt einstens meine letzte Stund,*
*so suche ich euch in der Rund.*
*O laßt mich nicht vergebens flehn,*
*wollt helfend mir zur Seite stehn.*

*Vierzehnheiligen in Thüringen: spätgotsche Kirche der Gottesmutter und den Vierzehn Nothelfern geweiht. 1451 Gelöbnis zum Kirchenbau durch Kurfürstin Margarete von Sachsen. 1453 Grundsteinlegung, 1464 vollendet; in der Reformation Nothelfer-Altäre entfernt, Kirche geschlossen. 1801 Chor abgerissen*

HIER RUHT IN GOTT
MAX KUNZE
ELLA KUNZE
GEB. HÜTTENRAUCH
Heino Wimmer
+ 24.1.1894 † 4.2.1971
PAUL FABER
+ 22·10·1902
+ 18·2·1977
ERICH POMPLITZ
Erna Guthmann
geb. Faber
+ 5·11·1899
Paula
Guthmann
+ 19·6·1925
† 4·5·1998
Bruno Patzer
Otto Baumann
+ 20·7·1886
+ 6·5·1962

# Verwendete und weiterführende Literatur

Andergassen Leo: Vierzehnheiligen in Südtirol, in: „Der Schlern" 66/1992, Heft 11

Andergassen Leo: Nothelferverehrung in Südtirol, in: Die vierzehn Nothelfer so zu Anger und in den Alpenländern, Verlag Marktgemeinde Anger 1993

Bohren Rudolf: Martin Luther Tröstungen Verlag Kaiser, München 1983

Bonhoeffer Dietrich: Brautbriefe Zelle 92, C. H. Beck Verlag München 1997

Bröger Karl: Ein Buch der Legenden

Christie Agatha: Es begab sich aber, Scherz-Verlag Bern, München, Wien 1965

Dehio Georg: Handbuch der Deutschen Kunstdenkmäler, verschiedene Ausgaben

Dörr Friedrich, Nothelferlied 1982/1989

Dünninger Josef: Die Wallfahrtslegende von Vierzehnheiligen, Festgabe für Wolfgang Stammler, Berlin-Bielefeld 1953

Dünninger Josef: Sprachliche Zeugnisse über den Kult der vierzehn Nothelfer im 14. und 15. Jht., Festschrift Matthias Zender, Bonn 1972

Geldner Ferdinand: Nothelferverehrung vor, neben und gegen Vierzehnheiligen 89. Bericht des Historischen Vereins Bamberg, Jg. 1948, Bamberg 1949

Geldner Ferdinand: Die vierzehn Nothelfer in der frühen Druckgraphik, Gutenberg-Jahrbuch, 1985

Guth K: Frühe Verehrung der 14 Nothelfer in Süddeutschland, in: Ammon/ Guth: Heilige in Franken, Forchheim 1994

Großmann Ursula: Studien zur Zahlensymbolik des Frühmittelalters, ZKTh 76, Jg. 1954

Grün Anselm: Wunden zu Perlen verwandeln, Vier Türme Verlag, Münsterschwarzach 1997

Korth Thomas: Das Jesuskind von Franckenthal, Lebendige Volkskultur Bamberg, Festgabe für Elisabeth Roth, Bamberg 1985

Lexikon für Christliche Ikonographie, Verlag Herder, Freiburg 1976

Lexikon für Theologie und Kirche, Verlag Herder, Freiburg, 1998 Spalte 923 und 2001 Spalte 782

Lutz Dominik: Basilika Vierzehnheiligen Verlag A. Bornschlegel, Staffelstein, 1992

Lutz Dominik: Gnadenaltar, Verlag A. Bornschlegel, Staffelstein 1993

Lutz Dominik: Nothelfer heute, Verlag A. Bornschlegel, Staffelstein 1998

Lutz Dominik: Wallfahrt nach Vierzehnheiligen, Obermain Buch + Bildverlag Bornschlegel, Staffelstein 1989

Pölnitz Sigmund von: Vierzehnheiligen, Verlag Anton H. Konrad, Weißenhorn 1971

Riehl Wilhelm Heinrich: Die vierzehn Nothelfer, Reclam-Verlag, Stuttgart 1951

Rosegger Peter: Als ich noch ein Waldbauernbub war, Arena-Verlag, Würzburg 1996

Ruderich Peter: Die Wallfahrtskirche Mariä Himmelfahrt zu Vierzehnheiligen, Collibri Verlag, Bamberg 1998

Schnell & Steiner Kirchenführer: diverse

Schönfeld Sybil: Feste und Bräuche, Verlag Otto Maier, Ravensburg 1980

Schreiber Georg: Die vierzehn Nothelfer in Volksfrömmigkeit und Sakralkultur, in: „Der Schlern" 1959

Schreiber Georg: Gemeinschaften des Mittelalters, Kult und Frömmigkeit, in: Das Münster, Jahrgang 1948

Schreiner F. P. Simone: Franckenthal/ oder Beschreibung vnd ursprung der Walfahrt / und Gottshauß zu den viertzehen Heiligen 1623

Sergel Albert: Saat und Ernte Deutsches Verlagshaus Bong & Co, Berlin und Leipzig 1924

Seipolt Adalbert: Und es nickte der kopflose Bischof, Echter-Verlag Würzburg 1989

Vogelsang Ruth: Helfer und Heilige, Verlag Herder, Freiburg 1993

Weber Heinrich: Die Verehrung der heiligen vierzehn Nothelfer, ihre Entstehung und Verbreitung, Kempten 1886

Weingartner Josef: Die Kunstdenkmäler Südtirols, Band 1: Eisacktal, Pustertal, Ladinien, Bozen, 1985; Band 2: Bozen und Umgebung, Unterland, Burggrafenamt, Vinschgau, 1991

# Gruppendarstellung der Nothelfer

Ein vielfach schon geäußerter Wunsch geht in Erfüllung: Eine Gesamtliste der Stätten der Nothelferverehrung oder Kunstwerken liegt vor. Somit ist die Frage nach Vorkommen und Häufigkeit der Nothelfer klar zu beantworten. Fast 2500 Nothelfer (N. B.: es geht immer um die Vierzehnergruppe) wurden aufgespürt, ein zeitraubendes und mühevolles Unternehmen. 20 Jahre lang wurde gesammelt, dokumentiert und archiviert.

Das erarbeitete Ortsverzeichnis folgt nicht der üblichen alphabetischen Reihenfolge, sondern ist nach Postleitzahlen geordnet. Der Vorteil ist evident: gleichnamige Orte sind geographisch auffindbar, weiter fällt sofort die Dichte in einigen Gegenden auf, ja ganze „Nothelfer-Nester" lassen sich so ausmachen.

Die vorliegende Gesamtliste erhebt keinen Anspruch auf Vollständigkeit. So manche versteckte Kapellen, Altargemälde oder Bildstöcke harren noch der Entdeckung. Oder wer möchte schon abschätzen, wie viele Nothelfer-Bilder, -Kunstwerke, -Exponate sich in Privathand bzw. in Museen befinden?

Fehlerquellen sind nicht auszuschließen. Anfragen und Rückfragen führten nicht immer zu präzisen Angaben. Bei der Fülle der Daten konnte natürlich nicht jeder Fundort in Augenschein genommen werden. Eine Rückmeldung fälliger Korrekturen wird dankbar entgegengenommen.

Die Gesamtliste läßt interessante Einsichten und Rückschlüsse zu: Die Nothelferverehrung des Spätmittelalters war doch eine rein deutschsprachige Angelegenheit. Frankreich weist 40 NH-Gruppen auf; ihr Vorkommen ist auf das ehemals deutschsprechende Elsaß und Lothringen beschränkt. Gleiches gilt für Ungarn: zwei Einwanderungswellen brachten die Verehrung ins Land.

Die Verehrung eines einzelnen Nothelfers, die Feier seines Patronziniums oder die Verehrung seiner Reliquien zog oft die ganze Gruppe nach.

Durch die Reformation wurde in vielen Regionen die Volksandacht des Spätmittelalters förmlich ausradiert. Bei Kirchenrestaurierungen fangen Wände zu „sprechen" an: freigelegte Fresken bringen verschwundene Heilige ans Licht: Die Nothelfer kommen wieder ...

*P. Dominik Lutz*

## Bundesrepublik

| PLZ | Bundesländer | Häufigkeit |
|---|---|---|
| 01000 | Sachsen, Sachsen-Anhalt, Thüringen | 43 |
| 10000 | Berlin, Brandenburg, Mecklenburg | 2 |
| 20000 | Hamburg, Oldenburg, Schleswig-Holstein | 6 |
| 30000 | Niedersachsen, Nordrhein-Westfalen, Sachsen-Anhalt, Hessen, Thüringen, Eichsfeld | 185 |
| 40000 | Nordrhein-Westfalen, Niedersachsen | 18 |
| 50000 | Nordrhein-Westfalen | 102 |
| 60000 | Rheinland-Pfalz, Saarland, Hessen, Untermaingebiet um Aschaffenburg | 55 |
| 70000 | Baden-Württemberg | 108 |
| 80000 | Oberbayern, Niederbayern, Oberpfalz, Schwaben, Mittelfranken | 382 |
| 90000 | Mittelfranken, Oberfranken, Unterfranken, Badisch-Franken, Thüringen, Niederbayern, Württembergisch-Baden | 866 |
| Bundesrepublik gesamt (entspricht 61,2 Prozent) | | 1765 |
| außerhalb der Bundesrepublik gesamt (entspricht 38,8 Prozent) | | 700 |
| In- und Ausland gesamt | | 2465 |

## Häufigkeit der Verehrungsstätten

| | |
|---|---|
| Bistum Würzburg | 353 |
| Österreich | 320 |
| Bistum Bamberg | 182 |
| Altbayern | 165 |
| Bistum Augsburg | 145 |
| Oberpfalz, Niederbayern, Mittelfranken | 125 |
| Bistum Fulda | 103 |
| Südtirol | 103 |
| Baden-Württemberg | 75 |
| Schweiz | 64 |
| Böhmen/Mähren | 58 |
| Eichsfeld | 44 |
| Schlesien/Oberschlesien | 40 |
| Frankreich | 40 |
| Ungarn | 26 |
| Dänemark | 21 |
| Amerika | 6 |
| Italien | 5 |
| Polen | 5 |
| Slowakei | 3 |
| Niederlande | 3 |
| Belgien | 2 |
| England | 1 |
| Schweden | 1 |
| Kroatien | 1 |
| Slowenien | 1 |

## Darstellungen in der Bundesrepublik

(nach PLZ sortiert)

| | |
|---|---|
| 01560 | Coswig, urspr. NH-Altar |
| 01662 | Meißen, NH-Kapelle (abgerissen) |
| 01744 | Reichstädt, NH-Kapelle (Dippoldiswalde) |
| 01816 | Gottleuba, Verehrung, NH-Weg |
| 01917 | Kamenz, Klosterkirche OFM, Flügelaltar |
| 01920 | Kamenz, Kloster Mariastern, Flügelaltar |
| 02681 | Schirgiswalde, Seitenkapelle NH |
| 02899 | Marienthal bei Görlitz, Flügelaltar |
| 02899 | Bärwalde, Triumphbogen mit NH (?) |
| 03253 | Doberlug-Kirchhain, Lindena, Flügelaltar mit Predella |
| 04100 | Leipzig, Museum, Gitterbild NH |
| 04420 | Kulkwitz, Glocke vor 1500, |
| 04509 | Delitzsch, Hospitalkirche, Flügelaltar NH |
| 04567 | Hainichen, Stadtkirche, Glocke mit NH-Relief |
| 04643 | Ebersbach, Flügelaltar mit NH-Figuren (gestohlen) |
| 04736 | Reinsdorf, Predella mit NH-Reihe |

| | | | | | |
|---|---|---|---|---|---|
| 04808 | Küren, Wandmalerei NH-Zyklus 1430/40 | 26180 | Rastede, St. Marien, NH-Verehrung | 36119 | Rommerz, Barockretabel, 1740 |
| 04860 | Torgau, Stadtkirche, Cranach-Tafel | 26919 | Brake, Altenwohnheim St. Christophorus mit NH | 36119 | Neuhof, Altar mit Schnitzfiguren |
| 06108 | Halle, Marktkirche U.L.F. Predella | 30150 | Hannover, Kestner-Museum, Pilgerzeichen NH | 36119 | Hattenhof, Altarblatt von J. A. Herrlein |
| 06110 | Halle, Barbara-Krhs., Altarbild | 30900 | Beneckenstein, St. Bernward, Altarbild VNH | 36119 | Giesel, Bildstöcke von 1693, 1702, 1821 |
| 06118 | Halle, Dom, Plastiken an Pfeilern | 31241 | Ilsede, Altarbild | 36124 | Lütter, Bildstöcke 1763, 1839 |
| 06246 | Bad Lauchstädt, Glocke m. Kleinplastiken | 33044 | Brakel, VHN-Altar | 36124 | Welkers, Bildstock 1762 |
| | | 34513 | Waldeck, VHN in der Pfarrkirche | 36124 | Rothemann, Altarblatt von J. A. Herrlein |
| 06268 | Querfurt, ehem. Kloster mit „Viertzehn Noth-Helfer" | 35266 | Niederklein, Bildstock | 36129 | Altenfeld, Bildstock 1821 |
| 06420 | Könnern, Stadtkirche, Flügelaltar | 35287 | Erfurtshausen, Bildstock | 36129 | Gersfeld, Bildstock |
| | | 35396 | Gießen, Bildstock | 36132 | Leimbach, Bildstock 1735 |
| 06449 | Aschersleben, Flügelaltar mit NH | 35761 | Weilburg, Heilig-Kreuz-Kirche | 36132 | Betzenrod, Glocke mit Medaillon |
| | | 35792 | Haintchen, Heiligenhäuschen | 36132 | Eiterfeld, Bildstock 1692 |
| 06484 | Quedlinburg, Marktkirche St. Benedikt, Flügelaltar | 35794 | Mengertshausen-Elsoff, Bildstock | 36132 | Soisdorf, Bildstock |
| 06547 | Stolberg, kleine Schnitzfiguren, um 1510 | 36037 | Fulda, Dommuseum, Figuren | 36132 | Treischfeld, Bildstock 1701 |
| | | 36039 | Fulda, Kloster Frauenberg, Bildstock | 36137 | Großenlüder, Altarblatt 1817 |
| 06682 | Kistritz, Flügelaltar, 12 NH | | | 36137 | Großenlüder, Bildstock 1703 Wallfahrtskapelle 1682, Langenbergkapelle Glocke |
| 06917 | Arnsdorf, Flügelaltar mit NH | 36039 | Pilgerzell, Bildstock 1795 | | |
| 07318 | Saalfeld, Kapelle- ehem. OFM-Kloster, Museum mit NH | 36039 | Niesig, Bildstock 1706 | | |
| | | 36040 | Langenberg, Bildstock 1750 | 36137 | Haselstein, Bildstock 1885 |
| 07318 | Saalfeld, Gehülfenkapelle (abgerissen) | 36041 | Malkes, Altar 1681 | 36137 | Oberbimbach, Schnepfenkapelle 1775, Bildstock 1790 |
| | | 36041 | Fulda, Bildstock Maberzellerstr., abgegangen | | |
| 07368 | Friesau, Bildstock NH | | | | |
| 07407 | Etzelbach, NH-Verehrung, einst Wallfahrt | 36093 | Wissels, Bldstock | 36137 | Unterbimbach, Bildstock 1850 |
| | | 36093 | Engelhelms, Bildstock 1750 | | |
| 07407 | Großkochberg, Flügelaltar, Predella | 36093 | Dirlos, Bildstock 1746 | 36137 | Kleinlüder, Bildstock |
| | | 36093 | Dietershausen, Bildstöcke 1842 und 1843, Fresken um 1340 | 36137 | Eichenau, Bildstöcke 1780 und 1791 |
| 07751 | Vierzehnheiligen, Patronat, einst Wallfahrtskirche | | | 36145 | Kleinsassen, Bildstöcke 1730 und 1810 |
| | | 36093 | Dassen, Bildstock 1768 | | |
| 07552 | Gera-Langenberg, Patronat Altarretabel mit 15 NH | 36100 | Petersberg, Bildstock 1845 | 36145 | Allmus, Feldkapelle mit NH-Relief 1975 |
| | | 36100 | Margaretenhaun, Bildstöcke 1866, 1870 | | |
| 08141 | Reinsdorf, Flügelaltar, Predella | | | 36145 | Langenberg, Bildstöcke 1750 und 1767 |
| | | 36100 | Melzdorf, Bildstock 1824 | | |
| 08393 | Meerane, Schnitzaltar, Flügel NH | 36100 | Böckels, Bildstock 1871 | 36145 | Waltings, Bildstock 1825 |
| | | 36100 | Almendorf, Bildstock 1917 | 36145 | Elters, Bildstöcke 1789, 1833, 1850 |
| 09306 | Rochlitz, Flügelaltar von Hans Dürer mit NH | 36100 | Rex, Bildstock 1848 | | |
| | | 36103 | Höf und Haid, Bildstock 1719 | 36145 | Wittges, Bildstock 1852 |
| 09306 | Stollberg, Marienkirche 1450, Flügelaltar NH | | | 36145 | Steens, Bildstock 1857 |
| | | 36115 | Simmershausen, Fahne mit NH, Wallfahrt Vierzehnheiligen | 36145 | Rödergrund, Bildstock 1876 |
| 09557 | Flöha, Flügelaltar NH | | | 36145 | Boxberg, Bildstöcke 1780 und 1867 |
| 09599 | Freiberg, Johanniskirche, Flügelaltar NH | | | | |
| | | 36115 | Liebhards, Bildstöcke 1800, 1850 | 36151 | Steinbach, Bildstock 1848 |
| 12000 | Berlin, Museum, zwei Altarflügel mit NH | | | 36154 | Hosenfeld, Bildstock 1824 |
| | | 36115 | Oberbernhards, Bildstock 1714 | 36154 | Hainzell, Seitenaltarbild, sign., Cl. Witzel |
| 18528 | Bergen-Rügen, Wandmalerei NH | | | | |
| | | 36115 | Unterbernhards, Bildstock 1850 | 36154 | Schletzenhausen, Bildstock 1837 |
| 24000 | Kiel, Landesmuseum | | | | |
| 24340 | Eckernförde, frühe Nothelferreihe mit Dorothea | 36115 | Reulbach, Bildstöcke 1840, 1861 | 36157 | Thalau, Bildstöcke 1826 und 1830 |
| | | 36115 | Eckweisbach, Bildstock 1839 | 36157 | Altenhof, Bildstöcke 1762, 1823, 1826, 1837 |
| 25876 | Schwabstedt, NH-Verehrung vor 1400 belegt | 36115 | Dietges, Bildstock 1854 | | |
| | | 36115 | Ehrenberg, mehrere Bildstöcke | 36157 | Ebersberg, Bildstöcke 1806, 1807, 1822 |
| 25938 | Süderende-Utersum, alle 14 NH | | | | |
| | | 36115 | Findlos, Bildstock 1839 | 36157 | Ried, Bildstock 1770 |
| | | | | 36157 | Weyers, Bildstöcke 1759 u. 1770 |

| | | |
|---|---|---|
| 36160 | Friesenhausen, Bildstock 1816 |
| 36160 | Kohlgrund, Bildstock 1753 |
| 36160 | Dipperz, Bildstöcke 1848 und 1875 |
| 36160 | Finkenhain, Bildstöcke 1789, 1801 und 1845 |
| 36163 | Abtsroda, Bildstock 1750 |
| 36163 | Rodholz, Bildstöcke 1767 und 1873 |
| 36167 | Morles, Bildstock 1870 |
| 36167 | Gotthards, Bildstock 1852 |
| 36167 | Hofaschenbach, Kapelle NH Figuren |
| 36168 | Steinwand, Bildstöcke 1680, 1763, 1777, 1798, 1808, 1823, 1825 |
| 36168 | Tränkhof, Bildstock 1845 |
| 36168 | Sieblos, Bildstöcke 1623 und 1767 |
| 36169 | Rasdorf-Gehülfenberg, NH-Kapelle und 7 Bildstöcke |
| 36199 | Rotenburg, Kapelle NH |
| 36364 | Bad Salzschlierf, Altarbild |
| 36364 | Herbstein, Bildstock |
| 36369 | Klesberg, Wallfahrtskapelle NH-Patronat |
| 36381 | Herolz, Kirche mit NH |
| 36419 | Geisa, Bildstock Gußeisen |
| 36419 | Geismar, Seitenaltar, Figuren |
| 36419 | Ketten, Bildstock 1876 |
| 37115 | Duderstadt, Bild |
| 37115 | Mingerode, Vierzehnheiligen-Klus |
| 37308 | Hülfensberg, Wallfahrtskirche NH-Verehrung |
| 37308 | Heiligenstadt, St. Ägidien NH-Altar, Krankenhaus NH-Fresken |
| 37308 | Heuthen, Bildstock, NH-Gemälde |
| 37308 | Günterode, Bildstock 1882 und 1999 |
| 37308 | Mengelrode, Bildstock 1989 |
| 37308 | Volkerode, Kapelle, NH-Bild |
| 37308 | Ershausen, Bild und Glasfenster |
| 37318 | Mackenrode, Bildhaus mit NH |
| 37318 | Steinheuterode, Flügelaltar |
| 37318 | Lutter, Bildstock |
| 37318 | Schachtebich, Gemälde |
| 37318 | Thalwenden, Bildstock mit Relief |
| 37327 | Leinefelde, Klüschen mit Bild |
| 37327 | Kallmerode, Bildnis |
| 37327 | Hausen, VHN-Patrozinium |
| 37327 | Birkungen, Kapelle mit VHN |
| 37327 | Wingerode, Gemälde |
| 37339 | Worbis, Hochaltarblatt mit VHN |
| 37339 | Breitenworbis, Klüschen |
| 37339 | Gernrode, Gemälde |
| 37339 | Berlingerode, Bildstock |
| 37351 | Dingelstädt, spätgotische Figuren |
| 37351 | Kefferhausen, Bildzeichen |
| 37351 | Werdingshausen, Kapelle mit NH |
| 37351 | Sagen, Bild |
| 37351 | Silberhausen, NH-Figuren |
| 37359 | Großbartloff, Bildstock |
| 37359 | Küllstedt, Nothelfer-Kapelle |
| 37359 | Klüschen-Hagis, Wallfahrtskirche |
| 37359 | Effelder, Nothelfer-Altar |
| 37359 | Wachstedt, Bild |
| 37359 | Großbartloff, Bikldstock 1751 |
| 37399 | Breitenworbis, Hardt-Kapelle |
| 37432 | Gieboldehausen, Bildstock auf dem Friedhof, privates Schnitzwerk |
| 37434 | Bilshausen, Nothelferkapelle |
| 37434 | Wollbrandshausen, Höherberg NH-Kapelle |
| 37434 | Rollshausen, Kapelle |
| 37434 | Obernfeld, Nothelfer-Klus |
| 37434 | Rhumspringe, Zentrum der NH-Verehrung |
| 38820 | Halberstadt, Missale mit NH-Messe 1516 |
| 38885 | Werningerode, Nothelfer-Verehrung |
| 39576 | Stendal, Dom mit Glasfenster |
| 40212 | Düsseldorf-Bilk, Stoffeler-Kapelle (NH) |
| 41061 | Mönchengladbach, Bildstock Stadtwappen 14 Sterne |
| 41061 | OFM-Kloster VHN, Kirche St. Barbara |
| 41069 | Heiligenpesch, Grotte mit NH |
| 41363 | Hochneukirch, NH-Figuren und Lied |
| 41500 | Büttgen-Vorst, Kapelle, Glocke, NH-Oktav |
| 41516 | Neuenhoven, NH-Verehrung |
| 41812 | Erkelenz, NH-Kapelle in Oestrich |
| 44793 | Bochum, Schnitzwerk Nothelfer |
| 44795 | Bochum-Weitmar, Patronat, Rosette, Traghimmel |
| 45239 | Essen-Werder, Altarflügel mit NH, 1516 |
| 45355 | Essen, Barmh. Brüder, 2 Bilder von P. Cornelius |
| 46509 | Lüttingen, Fresken mit NH |
| 47623 | Kevelaer, Flügelaltar mit NH |
| 47920 | Oedt, Bronze-Bildstock-Weinert |
| 48301 | Nottuln, Nothelferstola 1950 |
| 49076 | Osnabrück, Dom Flügelaltar mit NH |
| 49377 | Vechta, Bildstock |
| 50000 | Köln, Diözesanmuseum Figuren |
| 50667 | Köln, Apostelkirche NH-Kapelle, Figuren |
| 50169 | Brauweiler, St. Nikolaus, Altar NH |
| 50668 | Köln, Wallraf-Museum Pantaleon mit den NH |
| 52062 | Aachen, Hl. Kreuz, NH-Bild mit Statuetten |
| 52062 | Altenstadt, Wallfahrtskirche 15. Jh. NH |
| 52152 | Simmerath-Kestenich, 14 Statuen der NH |
| 52499 | Loverich, Altar mit früher Gruppe |
| 52531 | Übach-Palenberg, NH-Verehrung, am 1. 9. Kindersegnung |
| 53340 | Longuich, Kapelle in Kirsch |
| 53533 | Eichenbach, Dorfkapelle mit NH-Figuren |
| 53534 | Wirft, Kapelle, Patrozinium VHN, Statuen, Lied |
| 53534 | Bauler, St. Quirinus NH-Relief |
| 53562 | Hähnen, Kapelle Glasfenster mit NH |
| 53567 | Buchholz, Nothelfer-Bild |
| 53572 | Unkel-Rhein, Bruderschaft, früher Wallfahrt |
| 53902 | Hoerath, Kapelle Altarbild und NH-Figuren |
| 53940 | Dickenschied, NH-Patrozinium |
| 53945 | Waldorf, Kapelle |
| 53949 | Berk-Eifel, Bruderschaft, Wallfahrt, NH-Lied |
| 54292 | Eitelsbach, NH-Kapelle, großes Altarbild |
| 54316 | Hinzenberg, Kapelle mit NH-Figuren |
| 54317 | Korlingen, Altarretabel |
| 54340 | Riol, St. Martin, Ölbild der NH |
| 54340 | Kirsch, NH-Kapelle, Doppelbilder |
| 54497 | Wenigerath, Kapelle mit NH-Bildern |
| 54497 | Morbach, Pfarrkirche NH-Patrozinium |
| 54498 | Reinsport, Nikolaus-Kapelle mit NH-Altar |
| 54516 | Wittlich, Heiligkreuzkapelle, früher NH-Kapelle |
| 54533 | Oberkail/Eifel, Frohnertkapelle |
| 54533 | Gelsdorf-Oberkeil, Relief |

| PLZ | Ort |
|---|---|
| 54550 | Rengen, Wallfahrtskirche zu den 14 NH |
| 54552 | Demerath, Kirche mit NH |
| 54578 | Loogh, Kapelle, NH-Figuren |
| 54608 | Sellerich, Kirchenfenster mit NH |
| 54612 | Wawern, Nothelferkapelle |
| 54636 | Niederweiler, Kapelle mit NH |
| 54636 | Idesheim, Kapelle mit NH-Figuren |
| 54639 | Bauler, Altar-Relief NH |
| 54655 | Steinborn, Deckenfresko |
| 54662 | Herforst, Wallfahrtsort zu den NH |
| 54668 | Peffingen, Patrozinium, Relief, NH-Lied |
| 54668 | Holstum, lebendige NH-Verehrung |
| 54673 | Bellscheid, Kapelle mit NH-Altarbild |
| 54689 | Olmscheid, NH-Bruderschaft gegr. 1730 |
| 55110 | Mainz, Mainzer Missale 1493 |
| 55110 | Mainz, NH-Reliquien aus Rom |
|  | St. Peter, Nothelferrahmen |
| 55122 | Gonsenheim, Nothelferkapelle 1729, Wallfahrt |
| 55124 | Mainz, St. Christoph, Nothelfer-Bilderrahmen, verbrannt |
| 55126 | Mainz, St. Stephan, Nothelfergruppe |
| 55126 | Drais, Nothelferkapelle, Figurengruppe |
| 55232 | Heimersheim, NH-Statuen |
| 55234 | Bechtolsheim, Reliefs um 1500, Altarreste |
| 55278 | Undenheim, neugot. Schrein mit Figuren |
| 55411 | Rochusberg, Rochuskapelle mit Glasgemälde, Nothelfergruppe in der Sakristei |
| 55411 | Kleiner Jakobsberg, NH-Patrozinium, 250j. Tradition |
| 55437 | Ockenheim, NH-Kirche, Wallfahrt, Fahne mit NH |
| 55469 | Mutterschied, NH-Kirche 1758 |
| 55483 | Dickenschied, NH-Kirche 1700, Halbreliefs |
| 55576 | Pleitersheim, Wandfresko vor-reformatorisch |
| 56057 | Königsbach, Patronat, Wallfahrt zur Klause |
| 56070 | Wallersheim, Ölgemälde |
| 56072 | Koblenz, St. Servatius, Altar mit Figuren |
| 56072 | Niederberg, Wegkapelle, Bildstock, NH-Gemälde |
| 56154 | Boppard, Karmeliterkirche, NH-Gemälde |
| 56259 | Grauweiler, Michaelsaltar mit NH |
| 56379 | Dörnberg, freigelegte Fresken |
| 56341 | Bornhofen, Franziskanerkloster Ölbild |
| 56479 | Westernohe, Heiligenhaus mit NH |
| 56729 | Langenfeld, Kapelle mit NH-Figuren |
| 56746 | Engeln, NH-Patrozinium, Altarbild |
| 56762 | Mosbruch, NH-Kapelle, Hochaltar NH 1762 |
| 56812 | Cochem-Cond, NH-Kapelle, Altarrelief |
| 57392 | Schmallenberg, Heiligenhäuschen NH |
| 57392 | Ortenau, NH-Kapelle 1764 |
| 57462 | Rhode, NH-Kapelle auf dem Eben 1834 |
| 57462 | Sassmicke, Kapelle, NH-Altar |
| 58339 | Breckerfeld, ev. Jakobskirche, NH-Altar |
| 59439 | Unna-Holzwickede, Wallfahrt nach Vierzehnheiligen |
| 59557 | Hörste, Kunstwerk NH |
| 59872 | Kaulenberg, NH-Kapelle |
| 59872 | Remblinghausen, NH-Kapelle, Figuren |
| 59872 | Grevenstein, NH-Kapelle, Prozession |
| 59872 | Olpe, NH-Kapelle |
| 59872 | Kaulenberg, NH-Kapelle |
| 59873 | Esecke, NH-Kapelle |
| 59939 | Bruchhausen, St. Cyriakus, NH-Stola, Verehrung |
| 59939 | Gevelinghausen, Schlosskapelle mit Glasfenstern |
| 59969 | Hallenberg, NH-Kapelle mit orig. Bildern |
| 60400 | Frankfurt, Städel-Museum, Holztafel |
| 60437 | Weißkirche, Wegkapelle mit Relief |
| 61231 | Bad Nauheim, St. Bonifaz, Altar |
| 61267 | Neu-Anspach, Bildstock im Freilichtmuseum |
| 61462 | Königstein, zwei Bildstöcke im Wald |
| 63500 | Seligenstadt, St. Georg, Nothelferaltar |
| 63628 | Alsberg, Wallfahrtskirche, Patrozinium, NH-Altar |
| 63739 | Aschaffenburg, Stiftskirche NH-Altar, Schloß Johannisburg, Predella |
| 63755 | Michelbach, Kirche Wandmalerei |
| 63762 | Großostheim, Kreuzkapelle mit NH-Altarbild |
| 63762 | Wenigumstadt, Wegkapelle mit NH-Altar |
| 63773 | Goldbach, Bildstock am Pfarrhaus |
| 63776 | Mömbris, NH-Statuen |
| 63778 | Menschengesäß, Hüttenbergerkapelle NH |
| 63785 | Obernburg, Anna-, Marien- und Kreuzkapelle, jeweils mit NH |
| 63834 | Sulzbach a. M., Nothelferkranz |
| 63856 | Keilberg, NH-Altar |
| 63874 | Winterbach, Bildstock 1763 und 1992 |
| 63875 | Mespelbrunn, Wegtafel |
| 63911 | Trennfurt, Pfarrkirche NH-Schrein und Wegkapelle |
| 63916 | Beuchen, NH-Kirche |
| 63930 | Neunkirchen, NH-Altar |
| 63931 | Breitenbach, NH-Altar 1776 |
| 63936 | Schneeberg, Bildstock |
| 65379 | Hallgarten, Pfarrkirche Kapellenstatuen |
| 65383 | Assmannshausen, Altarbild |
| 65551 | Lindenholzhausen, Altarbild |
| 65589 | Steinbach, NH-Kapelle |
| 65614 | Beselich, Kirche, NH-Statuen |
| 65817 | Ehlhalten, Pfarrkirche NH-Altar |
| 65936 | Sossenheim, Feldkapelle mit NH |
| 66265 | Eiweiler, NH-Kirche |
| 66589 | Wemmetsweiler, NH-Altar |
| 66687 | Kostenbach, Heiligenhäuschen |
| 66687 | Wadern, Bildstock |
| 66709 | Rappweiler, Kapelle |
| 66763 | Dillingen-Pachten, Altar mit 9 Statuen |
| 66822 | Steinbach, NH-Altar |
| 66839 | Limbach-Saar, Altarbild |
| 66877 | Miesenbach, NH-Patronat |
| 67149 | Forst, Kloster Reute NH-Kapelle |
| 67280 | Ebertsheim, NH-Kirche, Patronat |
| 67434 | Bilshausen, NH-Kapelle |
| 67435 | Königsbach, Klausenkapelle, lebendige NH-Verehrung |
| 67480 | Edenkoben, St. Ludwig, NH |
| 67547 | Worms, Dom, Glasfenster |
| 67551 | Heppenheim, Bildstock |
| 67714 | Waldfischbach, moderne Glasfenster NH |
| 69434 | Hirschhorn, Karmeliterkirche, Glasschrein mit NH |

| PLZ | Ort |
|---|---|
| 69439 | Zwingenberg, Schlosskapelle, Fresken |
| 69469 | Weinheim-Bergstraße, St. Laurentius mit Fresken |
| 71000 | Hohenzollern, NH-Bild mit Gottesmutter |
| 71263 | Weil der Stadt, Altar in Seitenkapelle |
| 72108 | Rottenburg, Gutleuthauskapelle mit NH |
| 72108 | Weggental, Wallfahrtskirche NH-Altar |
| 72355 | Schönberg-Palmbühl, Wallfahrtskirche, NH-Altar |
| 72359 | Dermetingen, Deckenfresko NH |
| 72393 | Salmendingen, Emporenbrüstung mit NH |
| 72414 | Höfendorf, Fresko Maria mit NH |
| 72474 | Harthausen, NH-Kapelle |
| 72388 | Sigmaringen, St. Johann, Reliefs mit NH |
| 72505 | Bittelschieß, Altarblatt NH |
| 72510 | Stetten a. k. M., Kapelle mit NH-Altar |
| 72818 | Steinhilben, Nothelferkapelle |
| 73326 | Reichenbach im Täle, Deckenfresko mit NH |
| 73433 | Wasseralfingen, Flügelaltar |
| 73433 | Waldhausen, Bild und Figuren der NH |
| 73463 | Reichenbach, NH-Kirche |
| 73466 | Röttingen, Bildstock |
| 73466 | Lauchheim-Hülen, NH-Kapelle |
| 73479 | Eggenroth, St. Patricius, NH |
| 73483 | Nordhausen, Hochaltarbild |
| 73479 | Neinstadt, Kapelle mit NH |
| 73525 | Schwäbisch Gmünd, Münster Predella Maria mit NH |
| 73525 | Buch, NH-Predella |
| 73547 | Waldhaus-Härtsfeld, Hochaltar Nikolaus mit NH |
| 73575 | Leinzell, Altarbild NH |
| 74177 | Duttenberg, Seitenaltar |
| 74206 | Bad Wimpfen, St. Peter im Tal, Glasfenster |
| 74214 | Sindelsdorf, Bildstock, Heiligenhaus und Kapelle jew. m. NH |
| 74214 | Altdorf, Altarblatt und Gemälde |
| 74214 | Schöntal, NH-Altar |
| 74238 | Klepsau, NH-Patronat |
| 74523 | Unterlimburg, Schloß Flügelaltar 1491 |
| 74523 | Einkorn, NH-Kapelle, uralte Verehrung |
| 74613 | Oehringen, NH-Kapelle |
| 74626 | Bretzfeld, evang. 1961 Fresken freigelegt |
| 74673 | Allringen, Kapelle mit NH-Predella |
| 74673 | Zaisenhausen, alle NH |
| 74706 | Osterburken, Bildstock |
| 74722 | Hainstadt, Bildstock 1711, ehem. Wallfahrtskirche NH-Altar |
| 74722 | Walldürn, Wallfahrt n. Vierzehnheiligen, Fahne, Bildstock 1871 |
| 74731 | Altheim, Bildstock 1820 |
| 74731 | Ober-Lauda, Bildstock |
| 74736 | Erfeld, Bldstock 1869 |
| 74736 | Gerichtsstetten, Bildstock 1883 |
| 74736 | Bretzingen, Bildstock 1842 |
| 74736 | Hardheim, Bildstock |
| 74736 | Schweinsberg, Bildstock |
| 74743 | Großeicholzheim, Altarbild aus Hainstadt |
| 74744 | Berolzheim, Bildstock |
| 74746 | Höpfingen, Bildstock |
| 74747 | Erlenbach, NH-Kapelle |
| 74747 | Oberwittstadt, NH-Kapelle |
| 74931 | Lobenfeld, evang. Kirche mit alten NH-Fresken |
| 74953 | Hof Weikerstetten, Bildstock |
| 75233 | Tiefenbronn, NH-Altar |
| 75242 | Steinegg, Schlosskapelle mit NH |
| 76133 | Karlsruhe, staatl. Kunsthalle, NH-Bild |
| 76227 | Ebersweiler, NH-Altar |
| 76530 | Baden-Baden, Altkath. Kirche, Maria und die NH |
| 76599 | Weisenbach, Seitenaltar mit NH-Gemälde |
| 76646 | Untergrombach, Michaelskapelle mit 14 Plastiken |
| 76646 | Langenbrücken, Statuen der NH |
| 76800 | Dirbach, NH-Altar |
| 76831 | Impflingen, Bildstock 1799 |
| 76857 | Wernersberg, Patrozinium, NH-Kapelle |
| 76872 | Steinweiler, Wallfahrtskirche NH |
| 77728 | Oppenau, Friedhofskapelle NH |
| 77743 | Müllen, Ulrichskapelle, NH 1400 |
| 77746 | Schotterwald, NH-Kirche |
| 77770 | Durbach, 3 Altäre aus Oberkirch, NH-Altar, Spitalkirche Patronat |
| 77781 | Biberach, Wallfahrtskirche St. Blasius NH, Bruderschaft, Bronzeskulptur |
| 77789 | Seebach, NH-Kapelle |
| 77815 | Kappelwindeck, Altarblatt NH |
| 77833 | Ottersweier, lebensgroße Pfeilerfiguren |
| 78166 | Donaueschingen, Rosenkranzaltar mit NH |
| 78333 | Schweinsgruben, NH-Kapelle |
| 78479 | Reichenau, Münster Mitterzell, NH-Altar |
| 78564 | Wehingen, NH-Kapelle |
| 78628 | Rottweil, Waldkapelle Bürgle NH |
| 78669 | Wellendingen NH |
| 78713 | Schramberg-Sulgen, Marienkapelle mit NH-Figuren |
| 79089 | Freiburg, Münster Altarretabel, Flügel mit NH, Augustinermuseum NH-Figur; St. Johann, Statuen aus alter Kapelle |
| 79183 | Kollnau, NH-Verehrung |
| 79235 | Niederrotweil, Wallfahrtskirche |
| 79238 | Ehrenkirchen, Streicherkapelle |
| 79253 | Oberrotweil, Wallfahrtskirche Votivbilder |
| 79274 | St. Margen, Wallfahrtskirche Ohmen, Seitenaltar |
| 79286 | Glottertal, St. Blasius Flügelaltar |
| 79346 | Kiechlinsberg, NH-Gemälde am Seitenaltar |
| 79618 | Adelhausen, alte NH-Kapelle Patrozinium |
| 79771 | Klettgau, St. Peter und Paul, NH |
| 79771 | Grießen, St. Katharina NH |
| 79777 | Löhningen, NH-Kapelle |
| 79780 | Stühlingen, Kapelle |
| 79834 | Löffingen, Seppenkirche, Hochaltarbild |
| 79848 | Wellendingen, evang. Kirche, NH-Figuren im Chor |
| 79851 | Grafenhausen NH-Verehrung |
| 79859 | Blasiwald, Pantaleonskapelle NH-Bild |
| 80331 | München, Dom, Nothelferaltar um 1580, NH-Bild gez. Melchior Michael Steidl, gotisches Glasfenster |
| 80331 | München, St. Peter, 1348 NH bezeugt |
| 80331 | München, Heilig Geist, Josefsaltar mit NH |
| 80538 | München, Bayr. Nationalmuseum div. Exponate |
| 80538 | München, Josefinum, gute Bildtafel |

| PLZ | Ort |
|---|---|
| 80539 | München, Bayerische Staatsbibliothek Gebete |
| 80637 | München, Altenheim Hl. Geist Tafelbild |
| 80802 | München, St. Sylvester, barocke NH-Figuren |
| 80932 | München, Pfarrei 14 Nothelfer, Gemälde, Tür, Prozessionsstange |
| 80247 | München, Blutenburg – Schlosskapelle Predella |
| 81369 | München, St. Achaz, NH-Figuren |
| 82057 | Walchstadt, Fresko |
| 82064 | Dingharting, Kapelle |
| 82140 | Esting, Seitenaltar |
| 82235 | Mörlbach, Flügelaltar |
| 82250 | Hohenzell, NH-Plastiken |
| 82256 | Markt Bruck, Seitenaltar |
| 82282 | Aufkirchen, St. Georg div. NH |
| 82282 | Niederding, Seitenaltar mit NH |
| 82299 | Zankenhausen, NH-Plastiken |
| 82362 | Weilheim, NH-Fresken |
| 82405 | Wessobrunn, frühe Verehrung nachweisbar |
| 82418 | Riegsee, Altarbild |
| 82441 | Ohlstadt, Fiberkapelle, alte Reihe |
| 82488 | Graswang, Emporenbrüstung |
| 82497 | Kappel, Bild |
| 82520 | Hohenzell, Altartafel |
| 82538 | Geretsried, Nikolauskapelle mit NH |
| 82541 | Degerndorf, Seitenaltar |
| 82541 | Staudach, Einöd-Kapelle Predella |
| 82547 | Beuerberg, Nebenaltar |
| 83000 | Rosenheim, St. Nikolaus NH Predella |
| 83022 | Rosenheim, St. Quirinus Votivtafeln, Schlosskapelle NH |
| 83026 | Aising, Emporenbild NH |
| 83043 | Weihenlinden, Museum Altarbild |
| 83064 | Großholzhausen, Altar NH |
| 83071 | Kleinholzen, Altarblatt |
| 83071 | Schloßberg, Altar mit NH |
| 83080 | Oberaudorf, NH-Kapelle mit NH-Figuren |
| 83083 | Beuerberg, Nothelferaltar |
| 83093 | Degerndorf, St. Ägidius Schildtafeln mit NH |
| 83101 | Höhenmoos, NH-Kapelle |
| 83122 | Törwang, Sammerberg Kapelle, Predella |
| 83122 | Grainbach, Altar, NH-Fresken |
| 83123 | Amerang, Altar, Bruderschaft, NH |
| 81126 | Flintsbach, St. Margarethen Emporenbrüstung |
| 83128 | Halfing, Predella NH 1662 |
| 83135 | Schechen, Votivbild NH |
| 83209 | Urschalling, Freskoreste, fragmentarische Reihe |
| 83229 | Aschau, NH-Kapelle Wandfresken |
| 83224 | Staudach bei Grassau, Patrozinium NH |
| 83224 | Mietenham, NH-Reihe, Florian statt Achatius |
| 83228 | Hohenaschau, Maria Verkündigung NH |
| 83236 | Westerbuchberg, Freskenzyklus NH 1525 |
| 83246 | Streichenkirche, Fresken mit einigen NH |
| 83254 | Breitbrunn, Bild mit NH |
| 83257 | Gollenshausen, NH-Gruppe im Ovalbild |
| 83265 | Sondermoning, Pfarrei Nussdorf NH |
| 83278 | Rettenbach, Nebenaltar NH |
| 83308 | Engertsham, Schnitzwerk 1515/1520 |
| 83308 | Trostberg, NH-Fresko |
| 83317 | Neukirchen, Altarblatt NH |
| 83317 | Teisendorf, Altarblatt NH |
| 83342 | Emertsham, St. Vitus und NH Altar |
| 83346 | Schneckenhoffen, Kapelle m. NH |
| 83349 | Palling, ungefasste NH-Statuen |
| 83355 | Grabenstedt, Altar mit NH-Gruppe |
| 83357 | Rabenden, Flügelaltar m. NH |
| 83359 | Ettendorf, Fresken mit NH 1450/70 |
| 83370 | Kloster Seeon, Fresken im gotischen Netzgewölbe |
| 83371 | Hampersdorf, NH-Altar |
| 83371 | Buchberg, Wallfahrt zu den NH |
| 83410 | Laufen, Stiftsdekanatshof Bildtafeln NH |
| 83413 | Kirchdorf/Inn, historisch-soziale Bedeutung der NH-Verehrung |
| 83416 | Abtsdorf, Fresken Maria und NH |
| 83451 | Mauthausen, Fresken mit NH |
| 83457 | Bayrisch Gmain, Altarfresko NH |
| 83512 | Wasserburg, Burgkapelle Fresken mit NH |
| 83543 | Dobl, alle NH in der Kirche |
| 83547 | Babensham, Altarbild |
| 83552 | Ebrach, Seitenaltar 1680 |
| 83552 | Kleinholzen, Wallfahrt 14 NH, Altar |
| 83556 | Maiselsberg, Wallf.kirche, Seitenaltar NH |
| 83576 | Grüntal, alle NH |
| 83607 | Hartpenning, Beinhaus den NH geweiht |
| 83607 | Roggersdorf, NH-Bild 1710 |
| 83623 | Bairawies, Patrozinium, Altarbild |
| 83623 | Thannkirchen, Votivtafeln 1744, Wallfahrt |
| 83624 | Otterfing, zwei NH-Tafeln |
| 83646 | Einbachmühle, Feldkapelle mit NH |
| 63546 | Bad Tölz, Leonhardikapelle Orgelbrüstung |
| 83661 | Lenggries, St. Jakobus NH auf Tragstangen |
| 83684 | Tegernsee, Abteikirche einst NH-Altarbild |
| 83684 | Titelmoos, Altarblatt NH |
| 83684 | Pinzenaus, NH-Kapelle |
| 83714 | Schliersee, St. Sixtus Seitenaltar 1770, St. Georg NH |
| 83727 | |
| 83730 | Elbach, Triumphbogen Maria mit NH |
| 84028 | Landshut, St. Martin Altar XIV Auxil.-Heiliggeist, Altarblatt NH 1683 |
| 84036 | Salzdorf, Ottilienkapelle Ölbild NH |
| 84036 | Hohenegglkofen, Seitenaltar NH |
| 84069 | Mannsdorf, Hochaltar mit Schnitzwerk NH |
| 84082 | Asbach, Seitenwandgemälde 1779 |
| 84085 | Leitenhausen, Gemäldezyklus Zug der NH |
| 84085 | Sandsbach, NH-Gemälde (8 gestohlen) |
| 84088 | Salzburg Ndb., Burgkapelle mit NH |
| 84094 | Elsendorf, Feldkapelle NH |
| 84098 | Heiligenbrunn, NH-Bild über der Sakristei |
| 84103 | Unholzing, Seitenaltar NH |
| 84130 | Dingolfing, Pfarrk. Seitenaltar |
| 84137 | Vilsbiburg, Pfarrkirche NH-Altar |
| 84137 | Seyboldsdorf, NH-Relief |
| 84144 | Holzhausen, Friedhofskapelle Patrozinium NH |
| 84149 | Mariahilfberg bei Velden, Wallfahrtskirche Altarblatt |
| 84149 | Ruprechtsberg, Fresken Maria mit NH 1559 |
| 84174 | Berghofen, Nothelferfresken um 1400 |
| 84180 | Göttersdorf, Gemälde 1691 |
| 84307 | Eggenfelden, Fresken |

| | | | | | |
|---|---|---|---|---|---|
| 84323 | Oberdietfurt, Nothelferpredella 1520 | | Vitus, NH | | Kreuz mit NH-Figuren |
| 84329 | Hirschhorn, NH-Fresken | 85049 | Gerolfing, Pfarrkirche Seitenaltar Predella | 85681 | Sempt, Nebenaltar |
| 84337 | Heiligenberg, Wallfahrtskirche mit mehreren NH-Gemälden | 85051 | Wasserzell, Patrozinium NH | 85716 | Unterschleißheim, Valentinskapelle Nebenaltar |
| | | 85051 | Zuchering, Altarbild | 85746 | Schleißheim, ehem. OFM-Kirche, Nebenaltar |
| 84359 | Rottalmünster, Nothelferbild | 85051 | Eichstätt, Dom NH-Altar | | |
| 84359 | Julbach bei Simbach, St. Bartholomäus, Tafelbild 1484 | 85104 | Forchheim, Figuren über dem Chorbogen | 85777 | Weng, NH-Büsten und Grisaillebilder |
| | | 85104 | Pförring/Donau, NH-Bild | 86100 | Augsburg, Dom Flügelaltar 1510 |
| 84389 | Neuhofen bei Vilsbiburg, einst. Wallfahrtskirche NH | 85110 | Schelldorf, Altar | | |
| | | 85126 | Auhausen, Wörnitz Flügelaltar 1513 | 86100 | Augsburg, Galerie NH-Bild 1506 – NH-Bild H. Burgkmair 1510 |
| 84400 | Grünbach, St. Andreas NH | | | | |
| 84404 | Dorfen bei Erding, St. Vitus NH-Figuren | 85128 | Meilenhofen, Schrein mit NH-Figuren | | |
| | | | | 86100 | Ankhausen, Ölbild 1739 |
| 84405 | St. Colomann, Hauptaltar mit NH | 85135 | Erkertshofen, Reliefgruppe 1520 | 86165 | Oberottmarshausen, Gemälde 1798 |
| 84416 | Maiselsberg, Seitenkap. NH | 85135 | Emsing, Altar | 86199 | Göggingen, Bild 1856 |
| 84424 | Pemmering, St. Margareta NH | 85221 | Indersdorf, Codex Ind. 417 fol. 1223 b. 1519! | 86316 | Friedberg, Altarblatt |
| | | | | 86316 | Rinnental, Seitenaltar 1732 |
| 84424 | Mittbach, Vierzehn Nothelfer | 85250 | Hohenzell, Holzrelief 1500 | 86368 | Hirblingen, gotische Figurengruppe |
| 84424 | Wetting, Patrozinium NH mit Pankratius | 85250 | Pipinsried, St. Dionysius NH-Fresken | | |
| | | | | 86368 | Rettenbergen, NH-Kapelle Schnitzgruppe |
| 84424 | Dorfen, St. Veit Nothelferkranz und Halbfiguren | 85253 | Unterweikershofen, Seitenaltar NH | 86381 | Krumbach, NH-Kapelle Egarthof |
| | | 85254 | Sulzemoos, NH-Altar | | |
| 84427 | Lappach, Altarblatt | 85276 | Pfaffenhofen/Ilm, Beneficium XIV Aux. Bis 1523 | 86399 | Reinhartshausen, Seitenaltar |
| 84427 | Schönbrunn, Nebenaltar | | | 86405 | Langenreichen, Seitenaltar 1721 |
| 84439 | Hofstarring, Nebenaltar NH | 85283 | Gebrontshausen, Wallf.kirche mit NH-Altar | | |
| 84439 | Holzen, Nebenaltar | | | 86444 | Aulzhausen, Seitenaltar 1768 |
| 84444 | Schlehdorf, Klosterkirche Nebenaltar | 85283 | Wolnzach, Deckenbild NH | 86453 | Dasing, Seitenaltar |
| | | 85293 | Paindorf, Nebenaltar NH | 86459 | Wollishausen, Ölbild 1774 |
| 84453 | Kronwittl, Kapelle der NH ? | 85293 | Reichertshausen, Schlosskapelle = NH-Kapelle | 86459 | Niederschönenfeld, Predella um 1680 |
| 84453 | Mühldorf, Filialkirche Nebenaltar St. Nikolaus Fresko 1711 | | | | |
| | | 85293 | Langweid, Eggelhof-Kapelle NH | 86462 | Achsheim, Eggelhof-Kapelle Halbreliefs |
| 84453 | Eckberg, NH-Kapelle | 85302 | Eisenhut, Seitenaltar | 86462 | Langweid, Predella |
| 84478 | Waldkraiburg, St. Erasmus, „Trosen" | 85307 | Paunzhausen, Leinwandbild Christus und die NH | 86462 | Stettenhofen, Kapelle 1738 |
| | | | | 86465 | Welden, Ölbild und Friedhofskapelle |
| 84489 | Burghausen, Nebenaltar NH | 85354 | Freising, St. Georg Altar XIV Aux. | | |
| 84489 | Reitenhaslach, Klosterkirche NH-Figuren | | | 86483 | Balzhausen, Fresko 1766 |
| | | 85368 | Volkmannsdorf, Nebenaltäre | 86498 | Tafertshofen, Hochaltar, Friedhofskap., Bruderschaft |
| 84494 | Lohkirchen, Seelenkapelle mit NH | 85368 | Moosburg, Kastulusmünster Nebenaltar | | |
| | | | | 86513 | Oberrohr, Kapelle |
| 84503 | Altötting, Basilika Seitenaltar – Gnadenkapelle NH-Figuren – Stiftskirche Kreuzgang NH-Bild | 85368 | Pfrombach, Hauptaltar Maria und NH | 86513 | Ursberg, Feldkapelle |
| | | | | 86514 | Osterkühbach, 3 Votivtafeln, Altarblatt |
| | | 85411 | Schlips, NH im Chor | | |
| | | 85411 | Mühldorf, Filialkirche mit NH-Altar | 86551 | Gallenbach, Seitenaltar 1730 |
| 84508 | Margarethenberg, Wallfahrtskirche, lebendige NH-Verehrung | | | 86551 | Oberwittelsbach, Barockfiguren der NH |
| | | 85413 | Peterswahl, NH | | |
| | | 85414 | Pirmosen, Nebenaltar | 86554 | Pöttmes, Kapelle 1614 |
| 84524 | Neuötting, St. Michael NH-Gruppe – Spitalkirche NH-Figuren | 85445 | Niederding, Seitenaltarbild und Figuren | 86556 | Unterschönbach, Figurengruppe |
| | | 85462 | Eitting, Seitenaltar | 86558 | Deimhausen, Altarblatt |
| 84542 | Kirchisen, NH-Ölbild | 85464 | Finsing, Halbfiguren | 86565 | Gagenbach, Krönung Mariens mit NH |
| 84548 | Anzing, Högerkapelle NH-Darstellungen, Votivbild | 85540 | Haar, St. Konrad spätgotische NH-Figuren | | |
| | | | | 86565 | Gachenbach, Wallfahrtskirche |
| 84559 | Kolbing, St. Ägidius altes NH-Fresko | 85617 | Aßling, Halbbüsten | 86570 | Inchenhofen, Bild im Chor |
| | | 85643 | St. Christoph, Wallfahrtskirche, Bruderschaft | 86643 | Rennertshofen, Altarbild, Fresko |
| 84571 | Berg, St. Veit bei Reischach, NH-Bild | | | | |
| | | 85643 | Meiletskirchen, NH-Altar | 86646 | Kienberg, NH-Bild |
| 84577 | Tüßling, Schlosskapelle St. | 85664 | Hohenlinden, Bildstock, | 86647 | Pfaffenhofen, Gemälde 1725 |

| PLZ | Ort, Beschreibung |
|---|---|
| 86655 | Mündling, Seitenaltar von Enderle, 1780 |
| 86663 | Donaumünster, Seitenaltar mit Predella 1680 |
| 86663 | Asbach, NH-Bild |
| 86875 | Waal, NH-Kapelle 1715 erweitert |
| 86899 | Landsberg, Kloster Bildhausen Relief – Kloster Haken Christkind mit NH, Pfarrkirche, Rokokobild – Maria Himmelfahrt NH-Kapelle, Fenster |
| 86899 | Reisch bei Landsberg, NH-Gruppe 1704 |
| 86946 | Issing, St. Margareta mit NH |
| 86975 | Auerberg, Flügelaltar |
| 86977 | Tannenberg, Chorwandfresko 1774 |
| 86978 | Hohenfurch, Seitenaltarbild |
| 86989 | Steingaden, Seitenaltar 1683 |
| 86989 | Ursprung, Seitenaltar mit NH |
| 86676 | Hollenbach, Holztafel |
| 86681 | Nußbühl, Gemälde um 1700 |
| 86681 | Fünfstetten, Marienkapelle mit NH-Gemälde |
| 86681 | Pfaffenhofen, Seitenaltar |
| 86684 | Bergendorf, Kapelle mit Bildtafel |
| 86690 | Druisheim, Deckenfresko |
| 86690 | Heißenheim, Figuren 1688 |
| 86690 | Oberndorf, Wallfahrtskirche Herrgottsruh, Figuren |
| 86695 | Holzen, Kapelle mit Altarbild |
| 86700 | Otting, Seitenaltar um 1750 |
| 86709 | Hagau, Seitenaltar |
| 86732 | Oettingen, Predella |
| 86751 | Möchsdeggingen, Seitenaltar NH |
| 86736 | Auhausen, NH-Altar |
| 86741 | Ehingen, Wallfahrtsk. Fresken im Chor um 1600 |
| 86741 | Seglohe, Hochaltar Pantaleon mit den NH |
| 86742 | Hochalfingen, Hochaltar Christoph mit NH |
| 86747 | Maihingen, Hochaltar Christus, Vitus und NH |
| 86752 | Reimlingen, NH-Tafel |
| 86754 | Laub, Hochaltar Margareta mit NH |
| 86757 | Wallerstein, Schlosskapelle Flügelaltar mit NH-Figuren |
| 86825 | Stockheim, Filialkirche NH-Altar |
| 86825 | Frankenhofen, Hochaltar mit Figuren |
| 86825 | Dorschhausen, Deckenfresko 1721, Medaillons |
| 86825 | Bad Wörishofen, Kneipp-Kurhaus NH-Relief |
| 86830 | Birkach, NH-Kapelle |
| 86838 | Untermeitingen, NH-Reliefs um das Kreuz |
| 86860 | Weicht, St. Vitus Seitenaltar |
| 86856 | Hiltenfingen, NH-Fresken |
| 86857 | Hurlach, NH u. „drei Madl" |
| 86862 | Großkitzighofen, Altarbild Nazarenerzeit |
| 86866 | Münster, NH als „steinerne Säulen" |
| 86868 | Mickhausen, NH-Kapelle im Wald |
| 86869 | Unterostendorf, Altarbild Blasius mit NH |
| 86874 | Mattsies, Feldkapelle mit NH |
| 87435 | Kempten, Kapuzinerkloster Ölbild |
| 87435 | Kempten, Heimatmuseum Relief |
| 87452 | Altusried, Seitenaltar 1774 |
| 87465 | Welden, Friedhofskapelle |
| 87466 | Peresthal, NH in der Apsis |
| 87466 | Mittelberg, Schreintafel mit NH |
| 87480 | Missen, Altar |
| 87480 | Diepholz, NH-Bilder |
| 87497 | Oberelleg, NH-Kapelle |
| 87527 | Altstädten, Halbbüsten um 1500 |
| 87534 | Genhofen, Flügelaltr |
| 87534 | Zell, Flügelaltar |
| 87544 | Seifriedsberg, Altar NH-Figuren |
| 87561 | Oberstdorf, „Hexenkapelle" mit NH |
| 87561 | Pleichach, NH-Figuren |
| 87569 | Mittelberg, Schreintafel |
| 87600 | Kaufbeuren, St. Martin, Chorgestühl – Blasiuskapelle 1319 |
| 87616 | Bertoldshofen, Fresko um1750 |
| 87629 | Heimen bei Füssen, Predella |
| 87629 | Weißensee, Altarbild |
| 87634 | Mittelberg, Kapelle |
| 87640 | Biessenhofen, Decken-Medaillons |
| 87642 | Frankenhofen, Altarbild mit Figuren, Fresko |
| 87647 | Unterthingau, Felskapelle B 12 |
| 87665 | Mauerstetten, Altar |
| 87674 | Immenhofen, NH-Kartuschen |
| 87675 | Salchenried, Kapelle Altar |
| 87679 | Westendorf, Deckenfresko |
| 87719 | Nassenbeuren, Pfarrkirche und Waldkapelle |
| 87719 | Mindelheim, Gruftkapelle, Altar, Medaillons, Gebet |
| 87730 | Grönenbach, Stiftskirche NH-Altar |
| 87740 | Buxheim, Klosterkirche Deckenfresko |
| 87742 | Apfeltrach, NH-„Käpelle" |
| 87746 | Daxberg, Hauptaltar Maria und NH |
| 87755 | Kirchhaslach, Wallfahrtsk. Seitenschiff |
| 87764 | Lehenbühl bei Legau, Wallfahrtskirche, Gemälde 1718 |
| 88142 | Wasserburg – Selmau, Kapelle Statuen |
| 88145 | Bad im Lechtal, NH-Bild |
| 88167 | Grünenbach, Seitenaltar |
| 88167 | Genhofen, Wandmalereien freigelegt |
| 88221 | Ravensburg, Krankenhaus zu den NH |
| 88250 | Weingarten, Nothelfer-Krankenhaus |
| 88299 | Reichenhofen, Wolfgangskapelle mit NH |
| 88299 | Leutkirch, Museum Altarbild 18. Jh. |
| 88316 | Grünenbach, Reliefs 1904 |
| 88339 | Bad Waldsee, Bildstock |
| 88364 | Wolfegg, Fresko |
| 88427 | Schussenried, VNH-Verehrung |
| 88436 | Winterstettenstadt, Waldkapelle |
| 88499 | Heiligkreuztal, Klosterkirche Fresken |
| 88499 | Riedlingen, Weilerkapelle 1721 |
| 88512 | Mengen-Rulfingen, Bildstock |
| 88529 | Zwiefalten Münster, NH-Altar |
| 88605 | Meßkirch-Menningen, NH-Kapelle |
| 88662 | Überlingen, Kapelle St. Jodok 1462 |
| 89000 | Ulm, Münster Neidhardskapelle – St. Georg Seitenwand – Kriegergedächtniskirche Bild |
| 89165 | Dietenheim, Altarblatt |
| 89173 | Hausen, Predella |
| 89257 | Illertissen, Muttergottes mit NH |
| 89264 | Weißenhorn, NH-Kapelle |
| 89264 | Wallenhausen, Leonhardskapelle mit NH |
| 89290 | Rennertshofen, Altarblatt |
| 89297 | Schießen, Kapelle |
| 89312 | Krumbach, Ehgotthof Kapelle |
| 89312 | Langenau, Kapelle im Pestfriedhof |
| 89312 | Tafertshofen, Halbfiguren |
| 89335 | Ichenhausen, Kapelle mit NH |
| 89343 | Ried, „Wegstöcklein" |
| 89346 | Bühl, Seitenaltar |
| 89350 | Konzenberg, wertvoller Schrein |

| | | |
|---|---|---|
| 89356 Eichenhofen, Altarrelief | 91315 Zentbechhofen, Seitenaltar, Wallfahrtsbild NH | 91781 Weißenburg, Flügelaltar 1496, gemalte Predella |
| 89358 Hammerstetten, Fresko Enderle 1763 | 91320 Niedermirsberg, Altaraufsatz (im Museum Bamberg) – Wallfahrtsbild | 91790 Indernbuch, NH-Kapelle 1473, Blitzeinschlag 1624 |
| 89407 Dillingen, St. Peter Seitenaltar | | 92218 Illschwang, NH-Verehrung |
| 89415 Lauingen, Glasfenster, Beneficium XIV Aux. | 91320 Rüssenbach, Wallfahrtsbild | 92224 Amberg, Mariahilfberg Altarbild – St. Martin Schnitzaltar |
| 89423 Gundelfingen, Spitalkirche Gemälde 1775 | 91320 Moggast, NH-Kapelle, Wallfahrtsbild | |
| 89440 Unterliezheim, Klosterkirche Gemälde 1736 | 91320 Ebermannstadt, Bildstock | 92224 Hirschau, Friedhofskirche 1713 |
| | 91325 Adelsdorf, Wallfahrtsbild | |
| 89441 (Unter-) Medingen, Seitenaltar 1790 | 91325 Gößweinstein, Wallfahrtsbild | 92227 Allersburg, Fresko |
| | 91327 Morschreuth, Wallfahrt nach Vierzehnheiligen | 92237 Sulzbach-Rosenberg, Hochaltar Gebrüder Asam |
| 89446 Raistingen, Gemälde 1690 | | |
| 89446 Ziertheim, Bild a. d. Kirchennordwand | 91330 Schirnaidel, große NH-Figuren | 92239 Leising, NH-Altar |
| | | 92249 Vilseck, Figurengruppe um 1530 |
| 89457 Einöd, Thannenhärtle altes Wandbild (in Illertissen) | 91330 Drosendorf, Wallfahrtsbild | |
| | 91330 Drügendorf, Wallfahrtsbild | 92266 Eggenberg, Wallfahrtskirche 1695 |
| 89467 Dillingen, 2 Tafeln mit 16 H | 91330 Tiefenstürmig, Wallfahrtsbild | |
| 89542 Hausen, Seitenaltar | 91332 Tiefenpölz, Wallfahrtsbild | 92266 Hofstetten, Ölbild NH |
| 89561 Dischingen, Wallfahrtskirche NH, 14 Medaillons, Fresko | 91332 Heiligenstadt, Wallfahrtsbild, Altar, Bildstöcke | 92269 Wolfring, Altarblatt 1763 |
| | | 92277 Hohenburg, Altarblatt 1724 |
| 89597 Munderkingen, Schmerzensmann mit NH | 91344 Nankendorf, Wallfahrtsbild | 92277 Allersburg, Deckengem. 18. Jh. |
| | 91344 Hannberg, NH-Altar | |
| 89597 Emerkingen, Bildstock 1848 | 91344 Waischenfeld, Wallfahrtsbild, Wallfahrt, Bildstock, Friedhofskapelle, altes NH-Gebetbuch | 92280 Kastl, Marktkirche NH-Altar – Stiftskirche NH-Kapelle |
| 89601 Hausen-Ursprung, Relief 1525 | | |
| 89613 Oberstadion, Flügelaltar 1596 | | 92280 Utzenhofen, NH an Emporenbrüstung |
| 89617 Untermarchtal, Beichtkapelle Figuren um 1850 | | 92281 Schmidmühlen, NH-Kapelle |
| | 91347 Neuhaus, Wallfahrtsbild | 92318 Neumarkt, Annakirchlein NH-Altar |
| | 91347 Hochstahl, Wallfahrtsbild | |
| 90403 Nürnberg, St. Lorenz Konhofer-Fenster um 1476 und Katharinenaltar um 1485 | 91349 Dietzhof, Feldkapelle NH | 92334 Weidenwang, NH-Bild verschollen |
| | 91350 Gremsdorf, NH an der Emporenbrüstung | |
| | | 92334 Berching, alte Kirche Chorbogen – Maria Himmelfahrt Altarbild |
| 90403 Nürnberg, St. Bartholomäus Predella um 1480 | 91352 Hallerndorf, Bildstock | |
| | 91352 Pautzfeld, Altarbild | |
| 90403 Nürnberg, Germanisches Museum: Volckameraltar – Kornburgeraltar um 1450 – Kleinschwarzenloher Retabel um 1450 – Rosenkranztafel um 1500 – diverse Votivtafeln – Pustertaler Altar | 91356 Kirchehrenbach, Wallfahrtsb. | 92339 Beilngries, NH-Kapelle 1842 |
| | 91358 Regensberg, Nothelferbaum 1664 | 92339 Riedenburg, Klosterkirche Stuckrelief |
| | 91361 Pinzberg, rechter Seitenaltar | 92339 Kottingwörth, NH-Fresken um 1250 (?) |
| | 91364 Unterleinleiter, Wallfahrtsbild | |
| | 91365 Weilersbach, Wallfahrtsbild | 92342 Möninger Berg, Kapelle, NH-Darstellungen |
| | 91469 Hüggenbüchach, evang. Kirche Flügelaltar um 1520 | |
| 90409 Nürnberg, Friedenskirche Triptychon um 1435 | | 92345 Eutenhofen, NH-Altar |
| | 91520 Ansbach, Heiligkreuz 1490, den NH geweiht | 92345 Staadorf, Altar |
| 90453 Nürnberg, Langheimer Klosterhof Kapelle | | 92345 Dürn, NH-Altar, Georgs-Figur, Lied |
| | 91560 Heilsbronn, Münster Hochgrab NH, Altar 1498 | |
| 90453 Nürnberg, Ebracher Hof, Kapelle 1452 | | 92348 Gnadenberg, Pfarrkirche Altar – Klosterkirche Relief |
| | 91567 Elbersroth, Altarblatt 1750 | |
| 90489 Reutles, Flügelaltar und Predella um 1460 | 91619 Egenhausen, Rest Flügelaltar um 1520 | 92355 Deusmauer, NH-Altar 1733 |
| | | 92363 Breitenbrunn, St. Sebastian NH-Ikone – Pfarrhaus NH-Bild |
| 90492 Nürnberg. St. Jobst, einst NH-Altar und Predella | 91639 Wolframs-Eschenbach, Flügelaltar mit Predella um 1490 | |
| | | 92366 Hohenfels, Seitenaltar |
| 90556 Seckendorf, Burgkapelle um 1300, Fresken um 1460 | 91717 Schobdach, Kirche 1494, NH-Fresken freigelegt | 92367 Pilsach, Schnitzaltar |
| | | 92421 Kronstetten, Seitenaltar |
| 90562 Kalckreuth, 1300 gebaut, Predella 1516 | 91720 Kalbensteinberg, NH-Tafel um 1530 | 92431 Seebarn, Akanthusaltar |
| | | 92431 Pullenreuth, Seitenaltar mit Bild |
| 90565 Cadolzburg, einst NH-Kapelle „zur Heyde", Bruderschaft | 91734 Hannberg, Wehrkirche 1348, NH-Altarbild | |
| | | 92431 Neunburg, Rokokoaltar |
| 90587 Veitsbronn, Wallfahrtskirche, Flügelaltar NH | 91757 Treuchtlingen, St. Marien NH-Altar 1510 – Feldkapelle – Wallfahrtskapelle 1934 abgerissen | 92521 Schwarzenfeld, Deckenfresko |
| | | 92536 Saltendorf, Altarbild |
| 91301 Forchheim, St. Martin Ölbild NH | | |

193

| | | |
|---|---|---|
| 92536 | Pfreimd, M. Himmelfahrt Seitenaltar – Wallf.kirche Eixelberg 1342 Seitenaltar |
| 92536 | Bruck, Pfarrhof neues NH-Bild |
| 92539 | Schönsee, NH-Kapelle Holztafel |
| 92540 | Altendorf, Seitenaltar um 1720 |
| 92546 | Gösselsdorf, Holzstatuetten |
| 92549 | Dieterskirchen, Seitenaltar |
| 92555 | Trausnitz, Schnitzaltar 1520 |
| 92555 | Söllitz, NH-Altar und Relief im Langhaus |
| 92567 | Velden/Pegitz, evang. NH-Altar um 1500 |
| 92637 | Weiden, St. Konrad Seitenaltar Holzrelief |
| 92655 | Grafenwöhr, Friedhofskirche 1594 Gemälde |
| 92665 | Parkstein, Bildstock |
| 92670 | Windischeschenbach, Feldkapelle 1928, NH-Altar |
| 92681 | Erbendorf, Fresko |
| 92680 | Waldeck, NH |
| 92690 | Pressath, NH-Altar, Altarblatt 1848 |
| 92703 | Thumsenreuth, Akanthusaltar 1750 |
| 92711 | Parkstein, Kapelle 1851, NH-Bild |
| 93000 | Regensburg, Dominikanerkirche ältestes Fresko |
| 93000 | Regensburg, Minoritenkirche Fresko um 1330 – Dom: Glasfenster mit 17 NH – WK „Schöne Maria" Pfeilerrelief mit NH |
| 93047 | Regensburg, St. Emmeram NH-Bild |
| 93080 | Leoprechting, NH-Kapelle 1930 |
| 93400 | Bach-Demling, Marterl 30jähr. Krieg |
| 93133 | Burglengenfeld, Seitenaltar |
| 93133 | Pottenstetten, Deckenfresko mit 10 NH |
| 93149 | Hof am Regen, Burgkapelle Fresken um 1470 |
| 93155 | Eckertshofen, Holzplastik |
| 93176 | Hardt, Altarblatt um 1700 |
| 93182 | Hochdorf, Hochaltar und Deckenfresko |
| 93183 | Kallmünz, Bildstock |
| 93194 | Walderbach, Seitenaltar |
| 93199 | Martinsneukirchen, Seitenaltar |
| 93309 | Perka, Wallfahrtsk. Bild und Predella |
| 93326 | Abensberg, Karmelitenkirche NH-Bild |
| 93333 | Irnsing, steinerne Wandtafel 1460 |
| 93334 | Haselbach, Einstücker-Kapelle Votivbild |
| 93339 | Riedenburg, Klosterkirche, Stuckrelief 17. Jh. |
| 93342 | Reißing, Kapelle mit NH-Bild |
| 93349 | Offendorf, Altarbild |
| 93354 | Altendürnbuch, Altarbild mit Predella |
| 93359 | Wildenberg, Schlosskapelle mit NH-Bild |
| 93413 | Gutmanning, einstige Schlosskapelle Gemälde |
| 93413 | Cham, Spitalkirche NH-Altar |
| 93444 | Sackenried, spätgot. Holzrelief, Schutzmantelchristus |
| 93453 | Neukirchen b. Hl. Blut, Wallfahrtskirche NH |
| 93453 | Mais, NH-Kirche 1954, Fresko |
| 93458 | Eschlkam, Bildstock 1998 |
| 93462 | Lam, Auszugsbild |
| 93491 | Stamsried, Empore mit NH |
| 94026 | Wenig, St. Wolfgang Fresko |
| 94034 | Passau, Galerie auf d.Veste NH-Bild – St. Korona NH-Bild |
| 94081 | Wendelkirchen, NH-Kapelle, Zisterzienser 1497 |
| 94081 | Engertsham, Schnitzrelief 1510 |
| 94081 | Schönsee, Altar mit Vollplastiken |
| 94086 | Karpfham, NH-Kapelle, Fresken und Fenster |
| 94086 | Bad Griesbach, Wallfahrtsk. St. Wolfgang, Fresko 1420 – St. Salvator Pestaltar |
| 94121 | Straßkirchen, Altarbild |
| 94127 | Dobl, alte Wallfahrt |
| 94136 | Kellberg, NH-Gruppe über Eingang |
| 94140 | Ering, Altarbild |
| 94155 | Neuhofen, NH-Kapelle, Hochaltar, Votivbilder |
| 94163 | Saldenberg, ehem. Burgkapelle, Holzbild |
| 94209 | Gottlesried, NH-Kapelle 1872 Altarbild |
| 94209 | Kirchberg-Zell, Kapelle 1733, NH-Bild |
| 94209 | Arnetsried, NH-Kapelle 1985 |
| 94239 | Gotteszell, Seitenaltar 1729, Altarblatt |
| 94239 | Dietzberg, Waldkap. NH, 18. Jh. |
| 94244 | Geierthal, St. Margareta Freskoreste |
| 94252 | Bayr. Eisenstein, Hochaltarbild Rotter 1690 |
| 94253 | Bischofsmais, Bildstock |
| 94256 | Drachselried, St. Ägidius NH-Deckenfresko |
| 94262 | Kollnburg, Altarblatt |
| 94265 | Fratersdorf, NH-Kapelle |
| 94315 | Straubing, St. Vitus NH-Altar |
| 94315 | Sossau, NH-Kapelle Altarblatt |
| 94327 | Bogen, St. Florian m. NH |
| 94330 | Niederharthausen, NH-Bild 1796 gestiftet |
| 94333 | Hainsbach, Seitenaltar, Altarblatt 1667 |
| 94334 | Haselbach, Einstücker-Kapelle NH |
| 94357 | Konzell, Seelenkapelle NH-Altar |
| 94405 | Landau, Friedhofskirche NH-Gemälde 1500 |
| 94419 | Buchholzen, Flurkapelle Altarblatt 1833 |
| 94447 | Plattling, St. Magdalena NH |
| 94469 | Deggendorf, St. Erasmus NH-Altarblatt |
| 94475 | Vilshofen, Stadtkirche NH-Darstellungen |
| 94496 | Blasen bei Ortenburg, alte NH- Wallfahrtsk. abgebrochen |
| 94496 | Steinkirchen, NH-Gemälde über der Sakristei |
| 94496 | Ortenburg, freigelegte Wandmalerei |
| 94542 | Grafling, Seitenaltar 1713 |
| 94542 | Freiling, NH-Verehrung |
| 94545 | Schönbrunn am Lusen, NH |
| 94550 | Künzing, NH-Kapelle Ende 19. Jh. |
| 94562 | Gneiding, Feldkapelle mit NH |
| 94569 | Steinkirchen, Fresken 1484 |
| 94571 | Schaufling, Patrozinium und NH-Bilder |
| 94575 | Neuhofen, Patrozinium, |
| 94577 | Dobl-Engelberg, einst Burgkapelle, NH-Altar um 1700 |
| 94589 | Steinkirchen, Fresken |
| 95336 | Motschenbach, Wallfahrtsbild und zwei Bildstöcke |
| 95346 | Stadtsteinach, Wallfahrtsbild |
| 95349 | Thurnau, NH-Triptychon 1979 |
| 95352 | Marienweiher, Wallfahrtskirche und Wallfahrtsbild |
| 95352 | Marktleugast, Fresken, Wallfahrtsbild |
| 95466 | Kirchenpingarten, Antipendium NH-Gruppe vor 1500 |
| 95473 | Lindenhardt, Flügelaltar Matth. Grünewald |

| | | |
|---|---|---|
| 95478 | Waldeck, NH-Relief, geschnitzte Figuren 1723 |
| 96488 | Tröbersdorf, evang., ehem. Wallfahrtsk. Zu den „14 Gehülf" |
| 95491 | Volsbach, NH-Wallfahrtsbild |
| 95491 | Oberaisfeld, NH-Wallfahrtsbild |
| 95506 | Kastl bei Kemnath, NH-Gemälde |
| 95632 | Wunsiedel, früheste NH-Verehrung, 1404 bezeugt |
| 95632 | Kappel, Altarbild |
| 95671 | Bärnau, lebendige NH-Verehrung, Gemälde |
| 95683 | Ebnath, Wallfahrtsbild |
| 95688 | Friedensfeld, Kapelle 1800, Altarbild |
| 95689 | Fuchsmühl, NH-Verehrung |
| 95701 | Pechbrunn, Privatkapelle 1889, NH-Verehrung |
| 95703 | Plößberg, NH-Verehrung |
| 95704 | Pullenreuth, Seitenaltarbild 1749 |
| 96000 | Bamberg, Dommuseum Missale 1490 |
| 96000 | Bamberg, St. Getreu NH-Figuren – Dominikanerkirche Fresken – Karmeliterkirche Altarbild – Votivbilder privat und im Handel |
| 96049 | Gaustadt, Wallfahrtsbild |
| 96103 | Hallstadt, zwei Wallfahrtsbilder |
| 96103 | Dörfleins, NH-Bild |
| 96106 | Neuses am rauen Eck, Bildstock |
| 96106 | Bischwind, Wallfahrtsbild |
| 96106 | Unterpreppach, Wallfahrtsbild |
| 96108 | Ebern, zwei Wallfahrtsbilder, Bildstock |
| 96110 | Ludwag, Wallfahrtsbild |
| 96110 | Gügel, Wallfahrtsk. Großfiguren 1612 |
| 96110 | Giech, Ölbild und Wallfahrtsbild |
| 96110 | Burgellern, Wallfahrtsbild |
| 96110 | Roschlaub, Bildstock, Wallfahrtsbild |
| 96110 | Schweisdorf, Wallfahrt n. Vierzehnheiligen |
| 96110 | Weichenwasserlos, Wallfahrtsbild, Wallfahrt |
| 96110 | Peulendorf, Wallfahrtsbild |
| 96114 | Hirschaid, Wallfahrtsbild |
| 96117 | Merkendorf, Wallfahrtsbild |
| 96117 | Drosendorf, Wallfahrtsbild |
| 96120 | Bischberg, Wallfahrtsbild |
| 96129 | Amlingstadt, Ölbild |
| 96129 | Wernsdorf, Wallfahrtsbild |
| 96129 | Strullendorf, Statuetten (jetzt Museum Bamberg) |
| 96132 | Schlüsselfeld, Marienkapelle Altar, Wallfahrtsbild |
| 96132 | Eckersbach, Wallfahrtsbild |
| 96132 | Thüngfeld, Wallfahrtsbild |
| 96132 | Wüstenbuch, NH-Kapelle 1948, Bildstock |
| 96135 | Stegaurach, Wallfahrtsbild |
| 96138 | Unterneuses, Wallfahrtsbild |
| 96138 | Mönchsherrnsdorf, Feldkapelle |
| 96138 | Grasmannsdorf, Verehrung |
| 96138 | Burgebrach, St. Vitus, NH-Kapelle |
| 96142 | Hollfeld, Feldkapelle, Wallfahrtsbild |
| 96142 | Steckendorf, Wallfahrtsbild |
| 96145 | Seßlach, zwei Wallfahrtsbilder |
| 96145 | Autenhausen, Wallfahrtsbild |
| 96145 | Rothenberg, Wallfahrtsbild |
| 96145 | Dörrnried, Wallfahrt nach Vierzehnheiligen |
| 96146 | Seußling, Wallfahrtsbild |
| 96148 | Hohengüßbach, Wallfahrtsbild |
| 96148 | Daschendorf, Wallfahrtsbild |
| 96148 | Baunach, Wallfahrtsbild |
| 96148 | Lußberg, Wallfahrtsbild, Bildstock |
| 96148 | Dorgendorf, Wallfahrtsbild |
| 96148 | Arnstein, Wallfahrtsbild |
| 96149 | Deusdorf, Bildstock |
| 96157 | Ebrach, Abtei Altar, Wallfahrtsbild |
| 96158 | Herrnsdorf, Relieftafel 1490, Wallfahrtsbild |
| 96158 | Frensdorf, Wallfahrtsbild |
| 96158 | Reundorf, Wallfahrtsbild |
| 96158 | Birkach-Abtsdorf, Wallfahrtsbild |
| 96161 | Gerach, Bildstock, Wallfahrtsbild |
| 96161 | Reckendorf, Wallfahrt |
| 96163 | Gundelsheim, Wallfahrtsbild |
| 96164 | Kemmern, Wallfahrtsbild |
| 96166 | Kirchlauter, Wallfahrtsbild, Bildstock |
| 96166 | Neubrunn, Wallfahrtsbild |
| 96166 | Breitbrunn, Wallfahrtsbild |
| 96166 | Pettstadt, Wallfahrtsbild |
| 96167 | Königsfeld, Wallfahrtsbild |
| 96170 | Priesendorf, Wallfahrtsbild |
| 96173 | Staffelbach, Wallfahrtsbild |
| 96173 | Oberhaid, Wallfahrtsbild |
| 96173 | Unterhaid, Altarbild |
| 96176 | Pfarrweisach, Wallfahrtsbild |
| 96179 | Mürsbach, Wallfahrtsbild |
| 96179 | Höfen, Wallfahrtsbild |
| 96179 | Ebing, Wallfahrtsbild |
| 96179 | Hilkersdorf, Bildstock |
| 96179 | Medlitz-Birkach, Wallfahrtsbild |
| 96181 | Untersteinbach, NH-Glocke |
| 96181 | Fürnbach, Wallfahrtsbild |
| 96187 | Steinfeld, Wallfahrtsbild |
| 96188 | Stettfeld, zwei Wallfahrtsbilder |
| 96193 | Wachenroth, Wallfahrtsbild |
| 96199 | Zapfendorf, Wallfahrtsbild |
| 96215 | Isling, zwei Wallfahrtsbilder, Statuetten |
| 96215 | Schönreuth, Bildstock 1756, Wallfahrtsbild |
| 96215 | Klosterlangheim, Graduale 1496 |
| 96215 | Weingarten, Bildstock 1750 |
| 96215 | Roth, Wallfahrtsbild |
| 96215 | Mistelfeld, Wallfahrtsbild |
| 96224 | Theissau, Wallfahrtsbild |
| 96224 | Burgkunstadt, Wallfahrtsbild, NH-Altar |
| 96224 | Mainroth, Radler-Wallfahrt |
| 96231 | Staffelstein, NH-Fresko, Wallfahrt |
| 96231 | Uetzing, zwei Wallfahrtsbilder, Figuren, Wallfahrt |
| 96231 | Frauendorf, Wallfahrtsbild, Wallfahrt |
| 96231 | Stublang, Bildstock 1720 |
| 96231 | Kloster Banz, Bildstock mit Frankenthal-Vision |
| 96231 | Unnersdorf, Bildstock 1727, Bildstock „Hofäcker" |
| 96231 | Unterzettlitz, Bildstock 1927 |
| 96231 | Weisbrem, Bildstock 1744 |
| 96231 | Kümmersreuth, Wallfahrtsbild |
| 96231 | Nedensdorf, Bildstock |
| 96231 | Schönbrunn, drei Bildstöcke 1700, 1727, 1730 |
| 96231 | Romansthal, Bildstock um 1750 |
| 96231 | Wolfsdorf, drei Bildstöcke ab 1748 |
| 96231 | Vierzehnheiligen, Basilika Gnadenaltar, Kloster, diverse Figuren und Bilder – Haus Frankenthal Bildstock – Diözesanhaus NH-Fries |
| 96247 | Schwürbitz, Wallfahrtsbild |
| 96250 | Döringstadt, Wallfahrtsbilder |
| 96250 | Birkach, Bildstöcke 1727 und 18. Jh. |
| 96250 | Medlitz, Wallfahrt (mit Birkach) nach Vierzehnheiligen |
| 96250 | Messenfeld, Bildstock um 1750 |
| 96250 | Ebensfeld, Wallfahrt, Wallfahrtsbild, Bildstöcke 1711, 1727 und 1750 |

| PLZ | Ort |
|---|---|
| 96250 | Kleukheim, Bildstöcke um 1700, 18. Jh. |
| 96250 | Kümmel, Bildstock 18.Jh. |
| 96250 | Unterbrunn, Bildstock 18. Jh. |
| 96250 | Pferdsfeld, Bildstöcke um 1700, 1733 und um 1750 |
| 96250 | Prächting, neues Wallfahrtsbild |
| 96250 | Ober/Unterküps, Wallfahrtsbild |
| 96260 | Weismain, Wallfahrtsbild, NH-Altar |
| 96260 | Bojendorf, Wallfahrtsbild |
| 96260 | Arnstein, Wallfahrtsbild |
| 96260 | Erlach, Bildstock 18. Jh. |
| 96260 | Weiden, NH-Altar, Wallfahrtsbild |
| 96264 | Altenkunstadt, Ölbild, Radler-Wallfahrt |
| 96264 | Baiersdorf, Bildstock um 1700 |
| 96264 | Spiesberg, Bildstock 18. Jh. |
| 96264 | Burkheim, Wallfahrtsbild |
| 96264 | Tauschendorf, Bildstock 1724 |
| 96268 | Mitwitz, Schloßkapelle NH-Bild |
| 96272 | Hochstadt/Main, Wallfahrtsbild |
| 96275 | Marktzeuln, neues Wallfahrtsbild |
| 96277 | Schneckenlohe, neues Wallfahrtsbild |
| 96332 | Welitsch, NH-Altar (Baummotiv) |
| 96342 | Stockheim, Votivbild 19. Jh. |
| 96342 | Haig, Wallfahrtsbild |
| 96342 | Neukenroth, Wallfahrtsbild |
| 96342 | Glosberg, Wallfahrtsbild |
| 96342 | Neuengrün, Votivbild 19. Jh. |
| 96349 | Steinwiesen, Wallfahrtsbild, NH-Tafel |
| 96349 | Nurn, barocke NH-Tafel |
| 96352 | Lahm, Ölbild, Deckenfresko |
| 96352 | Steinberg, ehem. Burgkapelle NH-Altar |
| 96352 | Wilhelmsthal, Wallfahrtsbild |
| 97070 | Würzburg, Juliusspital Bildstöcke 1819 und 1836 – Stift Haug Fassade mit Großfiguren |
| 97076 | Lengfeld, ökumen. Zentrum NH-Kranz 1726 – NH-Bildstock 1991 |
| 97080 | Würzburg, Rotkreuzgut Bildstock 18./19. Jh. |
| 97082 | Würzburg, Mainfränkisches Museum Holzrelief 1530 – St. Burkard NH-Kranz |
| 97084 | Heidingsfeld, Nothelferkranz |
| 97199 | Darstadt, Bildstock in der Flur nach Tückelhausen |
| 97199 | Hohestadt, Bildstock 1819, Kinderkranz, Gemälde |
| 97199 | Zeubelried, ältestes Votivbild Vierzehnh. 1781 – 2 Bildstöcke 1787 und 18. Jahrhundert |
| 97199 | Erlach, Bildstock am Friedhof 1798 |
| 97199 | Ochsenfurt, Kapuzinerkiche NH-Bild |
| 97199 | Tückelhausen, Wandbild |
| 97204 | Höchberg, Wallfahrtskirche Wandbild, NH-Kranz |
| 97209 | Veitshöchheim, Schnitzwerk NH-Kranz 1714 |
| 97209 | Gädheim, Bildstock 1889 |
| 97222 | Rimpar, Wallfahrtsbild 1916 |
| 97225 | Retzbach, Wallfahrtskirche Seitenaltar |
| 97225 | Zellingen, Maria-Hilf-Kapelle NH-Büsten mit Reliquien |
| 97228 | Rottendorf, NH-Gemälde, Bildstock 1744, Wallfahrt Vierzehnheiligen |
| 97229 | Zell, Ölbild „Wunder von Frankenthal" |
| 97230 | Estenfeld, Prozessionstafel, Altarbild, Wallfahrt nach Vierzehnheiligen |
| 97230 | Sulzdorf, Bildstock 1760 u. 1860 |
| 97230 | Mühlhausen, „Heiligenstöckle" 1754, „Müllersmarterle" 1849, Sakristeibild |
| 97230 | Eßfeld, Bildstock Halbbüsten mit Kind |
| 97232 | Allersheim, Ölbild, Bildstock 1811 |
| 97232 | Euerhausen, vier Bildstöcke 1730, 1760 |
| 97239 | Baldersheim, Ölbild, barocker Bildstock |
| 97239 | Aub, Bildstock |
| 97239 | Burgerroth, Bildstock in der Flur |
| 97241 | Bergtheim, Bildstock 1777 |
| 97241 | Opferbaum, Prozessionsaltar mit VH-Bildhaus 1754 |
| 97243 | Buch, Bildstöcke Kinderkranz NH-Reihe |
| 97243 | Bieberehren, Kreuzkapelle und Marienkapelle, NH-Figuren, Bildstock Flur und Bildstock 1921 |
| 97244 | Gützingen, Altarbild Onghers 1682, Bildstock |
| 97244 | Gaurettersheim, barocker Bildstock |
| 97244 | Oesfeld, neugotischer Bildstock |
| 97244 | Höttingen, Ölbild, am Ortsrand Bildstock |
| 97244 | Bütthard, Kapelle mit NH-Bild |
| 97246 | Eibelstadt, Ölbild, Figurenkranz |
| 97250 | Erlabrunn, NH-Altar |
| 97252 | Oellingen, am Ortsrand Bildstock |
| 97253 | Eichelsee, gutes Ölbild |
| 97253 | Gaukönigshofen, Bildstock |
| 97253 | Rittershausen, NH-Bild, Bildstock |
| 97253 | Sächsenheim, Bildstock NH, Bildstock Kinderkranz |
| 97253 | Sonderhofen, drei Bildstöcke |
| 97255 | Bolzhausen, Bildstock 1833 |
| 97257 | Gelchsheim, Wallfahrtsbild |
| 97258 | Hemmersheim, neuer Bildstock |
| 97258 | Rodheim, NH-Bild, Wallfahrtsbild, Kinderkanz, Bildstock 1803 |
| 97259 | Creusenheim, NH-Kranz und Bildhaus 1849 |
| 97262 | Güntersleben, nischenartiger Bildstock |
| 97262 | Erbshausen, in Richtung Sulzheim Bildstock |
| 97262 | Hausen, reliefartige Steinplatte |
| 97264 | Helmstadt, NH-Kranz in der Kirche, Torbogen 1769, Flurabt. „Lach" Bildstock 1819, neben Wasserhaus Bildstock 1797 |
| 97264 | Holzkirchhausen, Hochaltarbild (Nazarener), am „Gedrückten Weg" Bildstock 1822 |
| 97264 | Eibelstadt, NH-Kranz und NH-Bild |
| 97264 | Oberleinach, am Zellerberg Bildstock 1891 |
| 97264 | Unterleinach, origineller NH-Kranz |
| 97265 | Hettstadt, in Richtung Zell Bildstock 1708 |
| 97268 | Kirchheim, i. d. Flur Bildstock |
| 97271 | Kleinrinderfeld, Rocaillenkartusche kranzförmig |
| 97271 | Limbachshof, barockes Wallfahrtsbild und Bildstock NH |
| 97273 | Seligenstadt, Bildstock |
| 97273 | Kürnach, NH-Kranz, Bildstock 1855 privat, Richtung Seligenstadt Bildstock |
| 97276 | Margetshöchheim, kunstvoller NH-Kranz |
| 97277 | Böttigheim, NH-Kapelle, |

| | Gemälde 1728, Figuren an Fachwerkhaus 1695 | | helferbild 3. Erscheinung, Bildeiche m. Erscheinungsbild | 97453 | Löffelsterz, Wallfahrtsbild, Bildstock 1799 |
|---|---|---|---|---|---|
| 97277 | Neubrunn, Kapelle mit NH-Kranz | 97348 | Willanzheim, Altarbild, NH-Kapelle, Bildstock | 97453 | Hausen, Bildstock 1760 |
| 97279 | Prosselsheim, Bildhaus im Ort | 97352 | Ebertshausen, Bildstock Kinderkranz | 97453 | Schleerieth, Bildstock |
| 97282 | Retzstadt, Wallfahrtstafel (mit Walldürn-Seite) | 97353 | Untersambach, pyramidenförmiger Bildstock | 97456 | Holzhausen, in der Flur Bildstock |
| 97283 | Stalldorf, Ölbild | | | 97461 | Goßmannsdorf, neues Wallfahrtsbild |
| 97283 | Riedenheim, im Ort Bildstock und Bildstock 1548 | 97353 | Reupelsdorf, stark beschädigter Bildstock | 97461 | Reckertshausen, Bildstock Kinderkranz |
| 97283 | Oberhausen, zwei Bildstöcke | 97355 | Rüdenhausen, Bildstock | 97475 | Zeil, Kreuzkapelle NH, Wallfahrt |
| 97285 | Röttingen, Altarbild und Monstranz, Wallfahrtsbild. Votivbild und Bildstock | 97357 | Neuses am Sand, Bildstock Kinderkranz | 97476 | Oberschwappach, Hochaltar mit Bild und 14 Figuren |
| | | 97357 | Laub, NH-Kranz-Figuren, Bildstock 1717 | 97478 | Knetzgau, Tafel aus Haßfurter Ritterkapelle, Altarblatt (Nazarener), Wallfahrtsbild |
| 97285 | Aufstetten, Ölbild, neugotischer Bildstock | 97424 | Gaurettersheim, Bildstock | | |
| 97285 | Tauberrettersheim, Nothelfertafel | 97434 | Prappach, Altarbild, Relief, Bildstock | 97478 | Westheim, Bildhaus, Wallfahrtsbild |
| 97286 | Hemmersheim, in der Flur Bildstock | 97434 | Haßfurt, Wallfahrtsbild, Wallfahrt | 97478 | Hainert, Wallfahrtsbild, Bildstock |
| 97287 | Strüht, im Ort Bildstock | 97437 | Unterhohenried, Wallfahrtsbild, Bildstock | 97478 | Wohnau, Wallfahrtsbild, Bildstockrelief 18. Jh. |
| 97288 | Theilheim, Bildstock 1956 | | | | |
| 97291 | Thüngersheim, kranzförmige NH-Gruppe | 97437 | Krum, Wallfahrtsbild | 97478 | Zell am Ebersbg., NH-Bild im Pfarramt |
| | | 97437 | Augsfeld, Fresko von J. P. Herrlein | | |
| 97294 | Unterpleichfeld, eingemauertes Sandsteinrelief 1841 | 97437 | Wülflingen, Radlerwallfahrt nach Vierzehnheiligen, Wallfahrtsbild, Bildstock | 97483 | Eltmann, neues Wallfahrtsbild 1998 |
| | | | | 97483 | Eschenbach, neue NH-Kapelle |
| 97294 | Burggrumbach, Bildstock mit Krönung Mariens | | | 97483 | Lembach, Wallfahrtsbild |
| | | 97440 | Eßleben, Prozessionsaltar mit NH 1757, Bildstock 1875 | 97486 | Hofstetten, NH-Kapelle, Relief Frankenthal |
| 97294 | Hilpertshausen, Bildhaus 1834 | | | | |
| | | 97440 | Schnackenwerth, Ortsmitte Bildstock, Seewiesen Bildstock 1729 | 97488 | Stadtlauringen, Wallfahrtsbild, Bildstock 1982, Bronzegüsse Jos. Felkl |
| 97297 | Waldbüttelbrunn, Bildstock 1816 | | | | |
| 97320 | Großlangheim, NH-Bildstock. Im Sockel Kinderkranz | 97440 | Egenhausen, Wallfahrtsbild, Bildstock | 97488 | Wettringen, NH-Säule 1824, Wallfahrtsbild, Wallfahrt, Bildstock 1864 |
| 97325 | Hausen, zerstörter Bildstock | 97440 | Zeuzleben, Wallfahrtsbild | | |
| 97332 | Gaibach, Wallfahrtsbild | 97440 | Mühlhausen, im Dorf Bildstock | 97488 | Ballinghausen, Wallfahrtsbild, Bildstock 1800 |
| 97332 | Astheim, Museum mehrere NH-Exponate, Bildstock | | | | |
| | | 97444 | Frankenwinheim, Wallfahrtsbild, Bildhaus, Bildstock 1992 | 97488 | Fuchsstadt, NH-Bild in der Kirche |
| 97332 | Fahr, Gemälde Vision, Altar mit NH-Kranz, Wallfahrtsbilder, Wallfahrt, Bildstock | | | | |
| | | 97446 | Burgreppach, Wallfahrtsbild | 97488 | Sulzdorf, NH-Säule, Wallfahrtsbild, Bildstock 1800 |
| 97334 | Nordheim, jährl. Wallfahrt, Wallfahrtsbilder, Bildstock 1722 | 97447 | Gerolzhofen, Wallfahrtsbild, Wallfahrt, Bildstock NH Bildstock Kinderkranz – Spital Figuren | 97488 | Birnfeld, kleine NH-Kapelle |
| | | | | 97488 | Leinach, Wallfahrtsbild |
| 97334 | Sommerach, Wallfahrtsbild, zwei Bildstöcke | | | 97490 | Maibach, Bildstock, Torbekrönung |
| 97337 | Euerfeld, drei Bildstöcke 1817, 1844, 1870 | 97450 | Arnstein, Pfarrkirche NH-Bilder an der Empore, Maria Sondheim NH-Altar | 97490 | Kützberg, Bildstock 1724 |
| | | | | 97490 | Kronungen, NH-Kapelle 1890, Bildstock 1766 |
| 97337 | Bibergau, Bildstock 19. Jh. | 97450 | Müdesheim, Wallfahrtsbild | | |
| 97337 | Dettelbach, Heiligenhaus am Bibergauer Weg | 97450 | Neubessingen, im Ort Bildst. | 97490 | Donnersdorf, Bildstock |
| | | 97450 | Gänheim, Bildstock 1887 | 97491 | Aidhausen, Wallfahrtsbild, Bildstock 1801 |
| 97337 | Schnepfenbach, Bildstock 1850 | 97453 | Humprechtshausen, neues Wallfahrtsbild | | |
| | | | | 97491 | Kerbfeld, Wallfahrtsbild |
| 97337 | Neusetz, Bildstock 1743 | 97453 | Reichmannshausen, Wallfahrtsbild, Ortseingang Bildstock | 97491 | Happertshausen, neues Wallfahrtsbild, Wallfahrt, im Ort neuer Bildstock, andere in der Flur |
| 97342 | Tiefenstockheim, Bildstock 1729 | | | | |
| 97342 | Wasserndorf, NH-Bild im Altarraum | 97453 | Waldsachsen, Wallfahrtsbild 1834, Bildstock 1800 | | |
| | | | | 97491 | Friesenhausen, Wallfahrtsbild |
| 97348 | Iphofen, Vituskapelle mit Erscheinungsbild | 97453 | Marktsteinach, neues Wallfahrtsbild | 97493 | Bergrheinfeld, Bildstock 1733, Bildstock 1750 |
| 97348 | Birklingen, Dorfkirche Not- | | | | |

| | | | | | |
|---|---|---|---|---|---|
| 97493 | Garstadt, Bildstock 1757 | 97520 | Heidenfeld, zwei Ölbilder, Bildstock | 97631 | Merkershausen, Wallfahrtsbild |
| 97496 | Gemeinfeld, Seitenaltar NH, Wallfahrtsbild | 97520 | Sand am Main, Bildhaus mit NH-Relief | 97633 | Kleineibstadt, Gemälde, Bildhaus, vor der Kirche Bildstock |
| 97496 | Burgreppach, Wallfahrtsbild | 97522 | Sand, Wallfahrtsbild | | |
| 97496 | Fitzendorf, Wallfahrt, Bildstock | 97522 | Neuschleichach, Wallfahrtsbild | 97633 | Großeibstadt, Wallfahrtsbild |
| 97497 | Bundorf, Wallfahrtsbild | 97523 | Schwanfeld, Bildhaus mit NH, Prozessionsaltar 1925, filigranes Wallfahrtsbild | 97633 | Sulzfeld, NH-Kapelle im Wald 1982, Wallfahrtsbild 1999 |
| 97499 | Hain, Altarbild NH, barockes Bildhaus | | | 97633 | Herbstadt, Wallfahrtsbild |
| 97499 | Kützberg, Bildstock | 97526 | Sennfeld, neues Wallfahrtsbild | 97633 | Großbardorf, Wallfahrtsbild |
| 97499 | Donnersdorf, Bildstock | 97528 | Sternberg, Bildstock | 97633 | Kleinbardorf, Deckenfreko, NH-Figuren |
| 97499 | Traustadt, Wallfahrtsbild | 97529 | Mönchstockheim, NH-Marterl, Prozessionsstange „Frankenthal" | | |
| 97499 | Poppenhausen, NH-Kapelle, Bildstock 1788 | | | 97633 | Breitensee, NH im Rundschild, Figuren |
| 97500 | Ebelsbach, Bildstock | 97531 | Buch, Wegkapelle, Ölbild, Glocke Christophorus | 97633 | Leinach, Wallfahrtsbild |
| 97502 | Sömmersdorf, Bildhaus | | | 97633 | Alsleben, Bildstock |
| 97502 | Kaisten, Bildhaus 1751 | 97532 | Uechtelhausen, Wallfahrtsbild | 97638 | Mellrichstadt, neues Wallfahrtsbild |
| 97503 | Gädhaus, Bildstock 1889 | 97532 | Ebertshausen, Bildstock 18.Jh. | | |
| 97503 | Greßhausen, Torbogen-Relief | | | 97640 | Oberstreu, gestickte NH-Fahne |
| 97503 | Ottendorf, NH-Bild und Figuren | 97534 | Thalheim, Heiligenhäuschen | | |
| | | 97535 | Schwemmelsbach, Bildstock mit Kinderkranz | 97640 | Heustreu, Kapelle und Bildstock |
| 97505 | Geldersheim, Fresken 1692, Wallfahrtsbild, Friedens- kapelle NH-Medaillons, Bild- stock | | | 97640 | Stockheim, Altar (1990 um- gestaltet), Bildstock |
| | | 97535 | Wülfershausen, Bildhaus „Frankenthal" 1754, NH-Kapelle | | |
| 97506 | Grafenrheinfeld, neues Wall- fahrtsbild, drei Bildstöcke 1628, 1724, 1767 | | | 97647 | Nordheim, Altarbild |
| | | 97535 | Brebersdorf, Bildstock 1733 | 97647 | Roth, ovales NH-bild |
| | | 97357 | Wipfeld, in der Flur Bildstock | 97650 | Hendungen, Kapelle 1701, Altarblatt |
| 97506 | Unterspießheim, Bildstock Kinderkranz 19. Jh. | 97555 | Sonderhofen, zwei Bildstöcke | | |
| | | 97563 | Pulfringen, Bildstock | 97650 | Oberfladungen, NH-Bild |
| 97508 | Grettstadt, NH-Bild und Bildstock | 97616 | Bad Neustadt, Karmeliter- kirche Antependium 1460 | 97650 | Fladungen, Altärchen im Museum |
| 97508 | Obereuerheim, Ölbild NH | | | 97650 | Rüdenschwinden, Kinderkranz-Bildstock |
| 87509 | Herlheim, Wallfahrtsbild, Bildstock | 97616 | Salz, Torbekrönung, Rokoko-Figürchen 1779 | | |
| | | | | 97653 | Oberweißenbrunn, Altarbild mit Frankenthal-Vision |
| 97509 | Gernach, Bildstock 1752 | 97616 | Brendlorenzen, NH-Altar | | |
| 97509 | Stammheim, Gemälde, Sandsteinrelief, Bildstock | 97618 | Hollstadt, Tragstange 19/20. Jh. | 97654 | Wechterswinkel, Bildstock |
| | | | | 97656 | Unterelsbach, Wegkapelle mit NH |
| 97509 | Zeilitzheim, Ölbild auf der Empore | 97618 | Strahlungen, Altarbild | | |
| | | 97618 | Reichenbach, in der Flur Bildstock | 97656 | Oberelsbach, Wegkapelle (Figuren gestohlen) |
| 97511 | Schallfeld, Wallfahrtsbild | | | | |
| 97511 | Lülsfeld, Ölbild | 97618 | Wollbach, neues Wallfahrtsbild | 97657 | Schmalwasser, Altarbild, Kinderkranz-Bildstock |
| 97512 | Hundelshausen, Bildstock Kinderkranz 1764 | | | | |
| | | 97618 | Wargolshausen, neues Wallfahrtsbild | 97657 | Sandberg, Kinderkranz-Bildstock |
| 97513 | Prüssberg, Bildstock 1844 | | | | |
| 97513 | Altmannsdorf, Wegkapelle NH | 97618 | Haustreu, Vituskapelle, Bildstock | 97685 | Albertshausen, Bildhaus NH |
| 97513 | Michelau, Wohnhaus mit NH-Fries, Bildstock | 97618 | Hohenroth, Seitenaltar | 97688 | Garitz, NH-Bruderschaft |
| | | 97618 | Wülfershausen, St. Vitus, Wallfahrt nach Vierzehnheiligen | 97688 | Bad Kissingen, Bruderschaft, Bronzefries, Fahne, Bildstock 1719 |
| 97514 | Oberschleichach, Wallfahrtsbild | | | | |
| 97514 | Trossenfurt, Altarbild | 97631 | Althausen, Gemälde, Wallfahrtsbild | 97688 | Kleinbrach, Bildstock |
| 97516 | Breitbach, Bildstock mit Kinderkranz | | | 97688 | Ebenhausen, Bildstock |
| | | 97631 | Gabolshausen, Wallfahrtsbild, Ölgemälde | 97688 | Reiterswiesen, Altarbildstock 1837 |
| 97516 | Siegendorf, Bildstock 1747 | | | | |
| 97516 | Oberschwarzach, Kapelle auf dem „Hörnle", barockes Wallfahrtsbild, Bildstock | 97631 | Bad Königshofen, Altar, Wallfahrtsbild | 97688 | Arnshausen, Altarbildstöcke 1768 und 1795, Kirche H im Auszug |
| | | 97631 | Untereßfeld, Wallfahrtsbild | | |
| 97516 | Schönaich, Bildstock | 97631 | Brünn, Wallfahrtsbild | 97702 | Reichenbach, Bildstock |
| 97517 | Rannungen, Bildstock 1716 | 97631 | Eyershausen, Gemälde, Wallfahrtsbild, Bildstock | 97702 | Wermerichshausen, Wallfahrtsbild, Bildstock |
| 97519 | Kreuzthal, Bild, Bildstock 1831 | | | | |
| | | 97631 | Aub, Wallfahrtsbild | 97702 | Brünn, Wallfahrtsbild |

| | | |
|---|---|---|
| 97702 | Kleinwenkheim, Abteikirche Maria Bildhausen Gemälde, Bildstock | |
| 97702 | Großwenkheim, Deckenfresko, Wallfahrtsbild, Schnitzwerk an Wohnhaus | |
| 97702 | Seubrigshausen, Kinderkranz-Bildstock, Wallfahrtsbild, NH-Hausfassade | |
| 97702 | Maria Bildhausen, Friedhofskapelle Wandfries | |
| 97708 | Aschach, Museum Tischintarsien NH | |
| 97708 | Großenrach, Bildstock | |
| 97711 | Weichtungen, Wallfahrtsbilder alt und neu Bildstock | |
| 97714 | Ebenhausen, Bildstock 1702 | |
| 97714 | Rottershausen, Bildhaus | |
| 97716 | Reichenbach, in der Flur Bildstock | |
| 97717 | Aura, Bildstock | |
| 97720 | Nüdlingen, Wallfahrtsfahne und neuer Bildstock | |
| 97723 | Wittershausen, Nothelferkranz | |
| 97723 | Thulba, Bildstock 1783 | |
| 97724 | Burglauer, Gemälde | |
| 97727 | Elfershausen, Bildhaus 1787 | |
| 97727 | Fuchstadt, NH-Kapelle 1797, Bildstock 1887 (abgegangen) | |
| 97727 | Ramsthal, Bildstock 1727 | |
| 97727 | Sulzthal, Bildstock 1730 (gestohlen?) | |
| 97737 | Massenbuch, Gemälde 1710 | |
| 97753 | Stetten, Kirche NH-Bild, neue Kapelle 1998 | |
| 97753 | Heßlar, Figuren aus Vierzehnheiligen-Kapelle | |
| 97753 | Mühlbach, Patronat, NH-Kranz | |
| 97762 | Hammelburg, Wallfahrtsbild | |
| 97762 | Kloster Altstadt, NH-Verehrung seit ca. 1360, NH-Altar, Figuren mit Reliquien, NH-Gemälde, Stich, Bildstock | |
| 97762 | Diebach, Kapelle 1879 | |
| 97762 | Westheim, Relief (Mauer), Altarbildstock 1606 | |
| 97762 | Hundsfeld, alte NH-Kapelle (2001 neu gebaut) | |
| 97769 | Bad Brückenau, Bildstock „Schutzheilige" | |
| 97772 | Oberbach, Seitenaltar, abgebaut | |
| 97776 | Aschfeld, Gemälde 1830 | |
| 97776 | Eußenheim, Vituskapelle NH-Figuren | |
| 97776 | Münster, NH-Kap. Ende 17. Jh. | |
| 97776 | Obersfeld, Bildstock 1767 | |
| 97776 | Hundsbach, Wallfahrtsbild | |
| 97778 | Wohnrod, Ölbild | |
| 97780 | Sachsenheim, NH-Gemälde | |
| 97786 | Motten, im Wald Bildstock | |
| 97787 | Windheim, NH-Kapelle | |
| 97810 | Lohr am Main, Flügelaltar mit NH, Bild | |
| 97828 | Marktheidenfeld, Feldkapelle | |
| 97837 | Erlenbach, Ölbild v. Herrlein, Flurkapelle | |
| 97837 | Tiefenthal, Ölbild | |
| 97840 | Hafenlohr, Figurengruppe | |
| 97842 | Karbach, NH-Tafel | |
| 97845 | Neustadt/Main, Gemälde | |
| 97849 | Roden, Bildstock | |
| 97855 | Gomburg, Bildstock | |
| 97857 | Urspringen, Bildstock 1770 | |
| 97877 | Reicholzheim, NH-Kranz | |
| 97900 | Uissigheim, Kapelle und Bildstock | |
| 97900 | Hundheim, Bildstock | |
| 97900 | Külsheim, Strahlenkranz | |
| 97904 | Stadtprozelten, Bruderschaft 1904 | |
| 97904 | Dorfprozelten, St. Vitus und NH | |
| 97909 | Steinfurt, Bildstock | |
| 97922 | Heckfeld, Bildstock | |
| 97922 | Schönfeld, Bildstock | |
| 97922 | Lauda, Hl.-Blut-Kapelle mit NH | |
| 97922 | Oberbalbach, Gemälde, Fresken, Kinder | |
| 97922 | Oberlauda, Nothelferkranz, Bildstock | |
| 97922 | Königshofen, Gebetbuch, Wallfahrtsbuch | |
| 97922 | Dittigheim, Bildstöcke 1895 | |
| 97941 | Hof Steinbach, Bildstock | |
| 97941 | Impfingen, Bildstock 1799 | |
| 97941 | Tauberbischofsheim, Bildstöcke 1800 und 1866 | |
| 97941 | Hochhausen, Friedhofskapelle 18. Jh., Holzrelief 1950, zwei Bildstöcke 1856 | |
| 97941 | Distelhausen, Bildhaus | |
| 97941 | Krensheim, Gemälde und Bildstock | |
| 97947 | Külzheim, Bildhaus | |
| 97947 | Kützbrunn, Bildstock | |
| 97947 | Hof Uhlberg, Bildstock | |
| 97947 | Grünsfeld-Hausen, Bildstock | |
| 97947 | Paimar, Bildstock | |
| 97950 | Schönfeld, drei Bildstöcke | |
| 97950 | Ilmspan, Bildstock | |
| 97950 | Großrinderfeld, Bildstock | |
| 97950 | Oberwittighausen, zwei Bildstöcke | |
| 97950 | Vilchband, Bildstock | |
| 97950 | Poppenhausen, Bildstock | |
| 97950 | Gerchsheim, Bildstock | |
| 97953 | Weikerstetten, Bildstock | |
| 97953 | Pulfringen, Bildstock | |
| 97953 | Gissigheim, Bildstock | |
| 97956 | Camberg, Kapelle | |
| 97957 | Wittinghausen, Bildstock 1874 | |
| 97957 | Baiertal, Bildstock | |
| 97957 | Assamstadt, Bildstock | |
| 97980 | Löffelstelzen, Gemälde | |
| 97980 | Markelsheim, Bildstock | |
| 97980 | Bad Mergentheim, Marienk. Fresken – Wolfgangskapelle – Predella | |
| 97980 | Stuppach, Bildstock | |
| 97980 | Harthausen, Gemälde, Bildstock | |
| 97980 | Wachbach, Altarbild | |
| 97999 | Reckerstal, Bildstock | |
| 97999 | Bernsfelden, Bildstock | |
| 97999 | Reisfeld, Bildstock | |
| 97999 | Neuses, Bildstock | |
| 98529 | Suhl-Heinrichs, freigelegte Fresken | |
| 98533 | Schleusingen, ehem. OFM-Kirche Patrozinium | |
| 98646 | Zeilfeld, freigelegte Fresken | |
| 98660 | Kloster Veßra, Bruderschaft 1465 | |
| 99084 | Erfurt, Dom Altar – Anger-Museum mehrere Altäre | |
| 99423 | Weimar-Schloß, Galerie NH-Darstellungen | |
| 99734 | Nordhausen, Dom neues Glasfenster | |
| 99976 | Hüpstadt Eichsfeld, Gemälde und Bildstock | |
| 99976 | Bickenriede Eichsfeld, Bildstock | |
| 99976 | Faulungen Eichsfeld, Nothelfer | |
| 99988 | Katharinenberg Eichsfeld, Wallfahrtsk. NH | |
| 99988 | Heyerode, NH-Verehrung | |
| 99994 | Malterode, Altar 1478 | |

**Gruppendarstellungen in Schlesien**
(alphabetisch sortiert)

Altkuttendorf, Vituskapelle mit NH
Altweistritz, Nothelferkapelle
Bad Reinerz, Pfarrkirche NH-Altar
Baumgarten, NH-Kapelle
Breslau, Dom NH-Altar – Corpus – Meßformular, Handschriften, NH
Frankenberg (stein?), Missale 1487 mit NH-Messe
Gabersdorf, NH-Altar
Glatz, Marienkirche Halbfiguren mit Namen, lebendige NH-Verehrung
Groß-Glogau, Missale 1421 mit Formular NH

Grüssau, („schlesisches Vierzehnheiligen") Kreuzweg 14 Kapellen mit NH
Habelschwerdt, Nothelferkapelle
Heinrichsau, Gebetbuch 1725
Hochkirch, Altar mit NH-Figuren
Leubus, frühes Meßformular
Liegnitz, Gebetbuch OFM mit NH-Gebeten
Landeshut, Skulpturen am Hauptaltar
Leobschütz, Altarbild mit NH
Liebau, Altarbild mit NH
Mednitz, Altarbild mit NH
Namslau, Kirche mit Barockbild NH
Neiße, hervorragendes NH-Bild
Neurode, NH-Kapelle
Niklasdorf, Kirche mit NH
Plass, Deckenfresko mit NH
Patschkau, Hochaltarbild mit NH
Petersdorf, NH-Kapelle
Rosenberg, Holzkirche mit NH-Altar
Sagan, Handschriften NH-Missale 1467 und 1477
Schweidnitz, NH-Gebete im „Josephsbuch"
Sedlec, Kapelle mit NH-Altar und Fresken
Trebnitz, NH-Kirche 1463, Altarblatt
Ullersdorf, „Schlesisches Vierzehnheiligen"
Wohlau, NH-Bild
Zobten, Altar mit NH

## Gruppendarstellungen der Nothelfer in Tschechien, Böhmen und Mähren

Abertham, NH-Patronat, Figuren 1992 gestohlen
Altenstadt, Vitusbild mit NH um 1500
Altvatergebirge, NH-Kapelle
Braunau, NH-Bild im Pfarrhof
Branischau, Wallfahrtskirche, Schnitzwerk der NH
Brüssau, Kirche mit NH
Budweis, Museum, viele Exponate der NH
Brünn, Augustinerkiche, Seitenaltar
Chiesch, Wallfahrtskirche Seitenaltar
Christophsgrund, Seitenaltar, Altarblatt
Dobenec, NH-Bruderschaft seit 1662
Dreihacken, Pfarrk. Zu den 14 NH, 14 Statuen
Frauenberg-Moldau, Galerie mit NH-Relief, 1493
Fülnek-„Kuhländle", lebendige NH-Verehrung
Goldenstein-Branna, Altar mit NH und Altarblatt
Goldenkron, Altarbild
Gossengrün, NH-Altar (Figuren gestohlen)
Graslitz, NH-Kapelle, 1998 renoviert
Grulich, Wallfahrtsk. NH-Bild
Haindor,f Bildstock
Kaćov, 20 m hohe NH-Säule Sandstein
Kaaden, OFM-Klosterkirche Zu den 14 NH, Figuren
Kaplitz, NH-Kapelle
Krompach, NH-Kirche 1772
Klein-Mohrau, NH-Patrozinium
Königsberg-Eger, NH-Patrozinium, NH-Kapelle
Kulm-Maria Kulm, Wallfahrtsort, Seitenaltar NH
Kunzendorf, 14 Steinfiguren vor der Kirche, 1712
Laun, Friedhofskirche mit NH 1714–1718
Leitmeritz, Staatsarchiv Beschreibung Erscheinung v. Frankenthal
Lochotin, Wallfahrtsk. Akanthusaltar, Medaillons
Maria Radschitz, Seitenaltar
Mogolzen, NH-Kapelle
Neuern, Schnitzaltar (in Oberneuern)
Neugarten, Barockaltar, (Figuren gestohlen)
Niklasdorf, Deckengemälde
Nikolsburg, Spitalkapelle
Ossegg, NH-Patrozinium, NH-Gebetbuch
Philippsdorf, NH-Verehrung
Plass, Deckenfresko
Prag, Missale im Dom, NH-Officium 15. Jh. – Nationalgalerie div. Exponate
Radkovitz, NH-Kirche
Römerstadt, NH-Altar
Reichstadt, NH-Säule gemischte Reihe)
Sedlec, Kutná Hora Barockkirche mit NH-Altar, Wappen
Stachenwald, lebendige NH-Verehrung, Familienandachten
Starkstadt, NH-Kapelle 1995 restauriert
Tachau, NH-Kapelle 1496
Tepl, Stiftskirche St.Ägidius, NH-Ölbild
Teplitz, Seitenaltar
Tischnowitz, Altarbild
Troppau, Bildstock
Voitelsbrunn, NH-Altar, Fresko
Wekelsdorf, Dientzenhoferkirche m. NH
Wiesengrund, NH-Kapelle (zerstört)
Winterberg, Friedhofskapelle mit NH
Wistritz, Kirche mit NH
Zuckmantel, NH-Verehrung

# Gruppendarstellungen Ausland

**Gruppendarstellungen in Österreich**

Abkürzungen:
B = Burgenland / K = Kärnten / NÖ = Niederösterreich / OÖ = Oberösterreich / ST = Steiermark / T = Tirol / OT = Osttirol / S = Salzburg / V = Vorarlberg / W = Wien

Abfaltersbach (OT), Seitenaltar NH-Bild
Admont (ST), Stollen „zu den XIV Noth."
Allhartsberg (NÖ), St. Katharina NH-Plastiken
Amstetten (NÖ), NH-Bild 1630
Andorf (OÖ), Pestkirche Altar
Angath (T), NH-Altar (verschwunden)
Anger (ST), „Vierzehnkirche", neuer Bildstock
Anras (OT), Ried Flügelaltar, Predella
Ardagger, (NÖ) Nothelferkapelle, Altar
Arnbach (T), Altar 1693
Arzberg (ST), NH-Bild
Aspersdorf (NÖ), Aufsatz mit NH
Aßling (OT), Oberthal Hochaltar – Oberaßling Kapelle – Bannberg Bildstock
Attersee (OÖ), Brustbild der NH
Aufenstein (T), Burgruine Navis 1330
Ausfern am Plansee (T), NH-Kapelle
Axams (T), NH-Kapelle, Fresken
Baad Kleinwalsertal (V), NH-Bild
Bad Aussee (K), alte Pfarrk. Relief – Spitalkirche got. Altar 1480
Bad Gams (ST), Ölbild
Bad Mehrn (T), Hochaltar
Bad Schönau (T), Wehrkirche Ölbild
Baden bei Wien (W), Leesdorf Keller mit 14 Schächten
Bannberg (OT), Kapelle, Bildstock
Barwies (OT), Seitenaltar
Baumgarten (T), Weiler-Kapelle
Baumkirchen (ST), Tafel 1511, Fresken 1519 – Bergkapelle NH-Bild
Baumkirchen (T), Schlosskapelle Altarbild, Fresko
Berg a. d. Drau (K), Kirchengewölbe um 1480
Benesirwitz (K), Votivtafeln um 1650
Berwang (T), Kapelle
Biberbach (NÖ), Ölbild
Birkfeld (ST), NH-Bild
Bramor bei Tulfes (T), Pichlerkapelle, Medaillons

Breitenwang am Plansee (T), NH-Kapelle
Brennersee bei Gries (T), Bildstock 1530
Bretstein (ST), Hl. Dreifaltigkeit Votivbild
Bruck a. d. Mur (ST), Fresken im Langhaus
Chrysanten b. Lienz (OT), Seitenaltar
Daalas (V), Klostertal Altarbild
Defreggen (T), Gewölbeschlußsteine um 1500
Deutschlandsberg (ST), NH-Altar 1734
Dietmanns (NÖ), NH-Kirche 1460
Döbriach (K), Deckenfresko unf 1500, Relief
Dölsach (T), Empore
Dornbirn (V), NH-Kapelle
Ebbs (T), „Dom" Altarbild um 1450 – Schloßkapelle Patroz., Meßformular
Edelsbach (ST), Paurach NH-Patrozinium
Eggenberg b. Graz (ST), Krh NH-Kirche
Eisenärz (ST), Grube „zu den 14 NH"
Eisenerz (ST), Glasfenster
Elmen (T), NH-Kapelle Martinau
Emberg/Drau (K), NH-Kirche, Triumphbogen
Engertsham (OÖ), NH-Gruppe
Erlach (T), Schützenkapelle NH-Tafel
Falkenstein/Zirl (T), NH-Kapelle und Stollen
Felbernkapelle (S), „Femkirche" Patroz.
Fellern (S), Kapelle Patrozinium
Fernpass (T), NH-Kirche, Brustbilder
Fernstein (T), Zollstätte Kapelle, Wallfahrt, am Fernpass dreimal NH
Fiecht (T), OSB-Abtei Stuhlwangen NH
Fischbach (ST), Deckenfresko, NH-Bilder
Föllin, Wallfahrtskirche Votivbilder
Fohnsdorf (ST), NH-Schrein (im Museum Graz)
Fragenstein/Zirl (T), Burgkapelle (verfallen)
Frauenberg (ST), Altar auf der Empore
Freistadt (OÖ), Münster NH-Altar um 1520
Freistritz (ST), Votivbild
Fritzens (T), neue Kirche NH-Decke
Fügenberg (T), NH-Fresko
Fulpmes (T), Hochaltarbild
Gafrenga (ST), Kapelle, Bildstock

Gaimberg (OT), Flügelaltar
Gampern (OÖ), gotischer Flügelaltar
Gams (ST), barockes NH-Bild
Gattersdorf (K), Wallfahrtskirche mit Flügelaltar
Gnadenwald (T), Altar mit NH
Graz (ST), Museum Johanneum Tafel um 1500 – Schreinaltar aus Fronsdorf – Altarblatt – Altarbild
Graz Diözesanmuseum (ST), versch. NH-Darstellungen
Graz (ST), St. Anton ehem. Kapuzinerkloster NH-Bild – St. Josef Seitenaltar – St. Vinzenz NH
Gries am Brenner (T), Pfarrkirche zwei Holztafeln
Kapelle am Lueg (T), Seitenaltar
Gries (T), am Ortsausgang Bildstock 1530/1956
Göriach (T), Virgental NH-Kapelle
Gossensaß (T), NH als Bergwerkskapelle
Gotschuchen (K), neuer VH-Kelch
Göttweig (NÖ), Stiftsmuseum Tafelbild
Grieseck (T), Kapelle NH-Bild
Gschwandt bei Gmunden (OÖ), Flügelaltar
Gurk (K), Dom M.Himmelfahrt, Krypta NH
Haderlehn (T), NH-Fresko
Hadersdorf am Kamp (NÖ), Altarblatt
Hall (T), Herz-Jesu-Basilika NH-Kapelle
Hallein (S), Stadtpfarrkirche Kufer-Altar
Hartberg (ST), NH-Bild i. d. Sakristei – Schloß Neuberg Ägidius-Kapelle
Haus im Ennstal (ST), Katharinenkap. NH
Heilbrunn (ST), NH-Bild
Heiligenblut (S), am Großglockner Predella
Heinfels (T), Panzendorf NH-Bild
Himmelberg (K), Seitenaltar
Hohenau an der March (NÖ), Akanthusbild
Igls b. Innsbruck (T), Patrozinium, Bruderschaft, Fresko
Imst (T), Marienbild mit NH von Cranach
Imsterau (T), NH-Kirchlein
Innbach (T), Katharinenkap. NH-Bild 1717
Innsbruck (T), Hofkirche NH-Tafel – Kloster der Ewigen Anbetung NH-

201

Altar – Mariahilfkirche Altar – NH 1479 in der Silbergasse – Gebetbuch von P. Phil. Seeböck
Inzing (T), Wegkapelle Toblaten Tafelbild
Ischgl (T), Paznauntal NH-Kapelle
Jochberg (T), Bildstöcke an der Friedhofmauer
Karlstetten (NÖ), Ölbild
Karrösten (T), NH-Bild
Kartisch (T), St. Oswald fragmentarisches Fresko
Kematen (T), Abfalterkapelle
Klagenfurt (K), Nothelferkapelle Altar
Klein (K), St. Paul Altar, im Görschitztal plastische Figuren
Klösterle (V), frühe NH-Kapelle
Köfels im Ötztal (T), Waldkapellchen mit Altar
Konzenberg bei Graz (ST), Flügelaltar
Kössen (T), Decken-Medaillons
Köttmannsdorf (K), Aufsatzbild
Krenstetten (NÖ), Seitenaltar
Krumpfendorf (K), NH-Medaillons
Kundl (T), Schifferollkapelle 1757
Laakirchen (OÖ), spätgot. Fresken
Laas, spätbarockes NH-Bild
Landeck (T), Burschelkirche Halbfig.
Langenlois (NÖ), Haindorf Kapelle mit Ölbild
Lauterbach (S), NH-Patrozinium
Lavant (OT), neuzeitliches NH-Bild
Leoben (ST), im Göß alle NH
Lichtenthal (W), NH-Kirche
Lienz (OT), Karmeliterkirche Fresken um 1470 – Schloß Bruck Fresken – Franziskanerkirche Fresken 15. Jh.
Ludesch (VA), NH-Ölbild
Lug (T), Zollkapelle Seitenaltar
Lungen (S), NH-Altar
Mareit (T), Emporenbrüstung
Maria Elend (K), Flügelaltar 1515
Mariahof (ST), NH-Bild
Maria Plain (S), Wallfahrtsk. NH-Altar
Maria Saal (K), Arnsdorfer Altar, Relief
Maria Wörth (K), Fresken
Markthof (NÖ), NH-Bild
Martinau-Lechtal (T), NH-Kapelle
Matzen (T), Schlosskapelle Predella 1500
Mauern (ST), ehem. Redemptoristenkloster
Mautern b. Leoben (ST), NH-Darst.
Mayrhofen/Tuxertal (T), Gewölbe mit NH
Mehrn b. Brixlegg (T), Zwölf-Boten-Kirche 1357
Michaelbeuren (S), OSB-Abtei, NH-Bild
Micheldorf (OÖ), Stift Kremsmünster Georgiberg
Mieming (T), NH-Kapelle Obermieming
Miesenbach (ST), Seitenaltar
Millstadt (K), ehem. OSB-Abtei
Mils (T), NH-Kapelle Seitenaltar
Mittersill (S), Felberkapelle div. NH-Bilder
Montafon (V), Autobahnkapelle Inn-Bodensee
Motten (V), Predella
Mühl b. Breitenwang (T), NH-Kapelle
Munderfing (OÖ), NH-Bild
Murau (ST), Seitenaltar
Nassereith (T), Fernpasskapelle NH-Büsten – Fernsteinklause NH-Kapelle 1478 – Tarrenz NH-Kapelle 19. Jahrhundert
Navis (T), Burg Aufenstein Katharinenkap.1330
Neuberg-Mürz (ST), freigelegte Fresken mit NH um 1505
Neudorf (NÖ), NH-Kapelle um 1750
Neupölla (NÖ), Zwettl Altarbild
Obdach (ST), Seitenaltar mit NH
Oberau (T), Wildschönau St. Margareten NH 1740
Oberhaus (ST), NH-Hochaltar, Ölbild
Oberhofen-Linz (OÖ), alle NH
Oberhofen-Inntal (T), Nikolauskapelle, NH-Altar
Oberlienz (T), Friedhofskapelle NH-Bild 1712
Obermillstadt (K), Orgelempore 1750
Oberthal (T), Lourdeskapelle mit NH
Obervellach (K), NH-Fresko
Oberwölbling (NÖ), Seitenaltar
Oberwölz (ST), Spitalkirche NH-Bild
Oberwölz (T), Bergkapelle mit NH-Bild
Ötz (T), Seitenaltar 1682 (NH gestohlen)
Orth/Drau (NÖ), Langhaus mit NH
Panzendorf (OT), NH-Tafel
Partenen (V), Montafon Deckenfresko
Passail (ST), NH-Altar
Passdorf (NÖ), Seitenaltar, NH-Bild
Pau im Tällein (T), Bergwerk Grube „14 Nothelfer" 1500
Paurach (ST) NH-Altar, NH-Kapelle
Pfarrwerfen (S), Tennengau St. Cyriak NH-Altar
Pirawarth (NÖ), Altar mit Bild
Plansee (T), NH-Kapelle mit Altar
Platten/Inntal (T), NH-Kapelle
Pöls (ST), St.Anna-Altar mit NH
Polling (T), NH-Kapelle versch. Bilder
Prägraten (OT), Wandmalerei, NH-Bild
Prinzendorf (NÖ), Seitenaltar mit Medaillons
Prumor-Tulfes (T), Weiler zwei große Tafelbilder
Puch-Hallein (S), NH-Altar, spätgot. Halbfiguren
Radstadt (S), Friedhofskapelle = NH-Kapelle 1363
Ranggen (T), Gewölbemalerei mit NH
Ranten (S), Pistrach-Kap. NH-Bilder
Rapottenstein (T), NH-Altarbild
Rauris (S), St. Michaelskap. NH
Reinprechts (T), NH-Bild in Kapelle
Reith-Alpachthal (T), Brunnkapelle NH-Bild
Reuthe (VA), NH-Verehrung
Ried bei Andorf (OÖ), „Frauenaltar" mit NH
Ried Osttirol (OT), kunstvoller NH-Altar
Ried Zillertal (T), großes Votivbild
Rodeneck (T), Blasiuskapelle, NH-Tafeln
Rofen (T), NH-Kapelle auf 2014 m
Ronten (ST), NH-Kapelle
Rosenberg (NÖ), mittelalterliche Burgkapelle
Rudmanns (NÖ), Flachrelief 1530
Sautens (T), Haderlehn Kapelle mit Gemälde
Schagges (NÖ), NH-Kapelle, Altarbild
Scheibs (NÖ), spätgotisches Aufsatzbild
Schifferol-Kundler (T), Knappenkapelle NH-Bild
Schlaiten (T), einst Wallfahrtskirche
Schleimbach (NÖ), Votivbild
Schönau-Wörgl (T), in Oberau NH-Bild
Schönberg (T), Kapelle in Gleins, Holztafeln
Schröder (ST), Kirche mit NH-Bild
Schwannenstadt bei Atzberg (T), NH-Verehrung
Schwendt (T), Bruderschaft 1737 NH-Statuen
Scheifling (T), NH-Altar, Flachrelief gestohlen
Schwaz (T), Schlossberg 7 Kap. mit je 2 NH – Schlosskapelle „Vierzöchen NH" Totenkirche NH-Altar. Lederer Franziskanerkl. Predigtbücher NH
Seckau (ST), Algersdorf Maria mit NH
Selesen (K), Patrozinium
Serfaus (T), M. Himmelfahrt NH-Altar 1796
Siegendorf (B), Ölbild NH
Silbertal, Flügelaltar NH-Reliefs
Sillian (T), Altar mit NH-Bild 1693
Soboth (ST), NH-Altar 1775
Spannberg (NÖ), Altar mit NH-Bild
Spertendorf b. Kirchberg (T), NH-Bild

Spital am Pyhrn (OÖ), Stiftskirche Altar mit NH-Bild
Stainz (ST), Stiftskirche NH-Bild
Stams (T), Thannrain Kapelle mit NH
Stein-Alpachtal (T), Brunnenkapelle NH-Bild
Steinach-Brenner (T), Deckenfresken und Statuen
Steyr (OÖ), Margaretenkapelle NH-Bild 1430
Straden (ST), NH-Bild mit Sebastian
Strassengel (ST), Stift Rein NH-Glasfenster
Strengen (T), Stanzertal NH-Bild
Stubai (T), Grube „14 NH" 1544
Stumm am Ziller (T), NH-Altar 1760
St. Ägydi (S), einst NH-Wallfahrtsort
St. Florian (OÖ), Stiftssammlung NH-Gemälde
St. Georgen am Fillmannsbach (OÖ), NH-Altar 1660
St. Georgen am Langsee (K), NH-Bild
St Johann im Pongau (S), Annakap. NH-Bild
St. Johann i. T., Weitau Deckengem.
St. Johann im Saggautal (ST), Altar und Bild
St. Lambrecht (ST), Bild, Altar, Schrein
St. Lorenzen im Lesachtal (K), NH und Katharina
St. Marein bei Graz (ST), NH-Kirche
St. Marein bei Pickelbach, NH-Verehrung
St. Margarethen am Töllerberg (K), VN-Bild
St. Margarethen zu Vigaun (S), NH-Verehrung
St. Michael b. Wolfsberg (K), NH-Bild
St. Moritzen bei Telfs (T), frühbarocke NH-Bilder
Tannheim (T), „Dom in Tirol" NH-Bilder
Tarrenz (T), Kapelle in Grieseck NH
Telfs (T), Kapelle St. Moritzen Hochaltar – NH-Kapelle in Platten, NH-Bild
Thaur (T), Vigilskirche Fresko, Fassadenbild, Bruderschaft 1435
Thurn bei Lienz (OT), St. Nikolaus barockes NH-Bild
Toblaten (T), NH-Kapelle
Tulfes (T), Pichlerkapelle Freskofries
Untertilliach/Lesachtal (OT), NH-Kapelle
Unterzeiring, Altarbild NH
Villach (K), Kirche mit den NH
Villtrag (T), einst Bergbau „Grube NH"
Virgen (T), Göriach Kapelle 1430, NH-Bild

Virgental (T), Allerheiligenkap. mit NH
Völkermarkt (K), um 1430 NH mit Maria
Völs (T), Wallfahrtskirche Blasienberg NH
Vomp (T), NH-Kapelle
Vorarlberg (T), Landesmuseum Votivtafeln
Wagrein (T), Schlosskapelle der VHN
Waidhofen/Thaya (NÖ), NH-Bild 1510
Waidhofen/Ybbs (NÖ), Flügelaltar um 1500
Walchsee (T), Kapelle bei Öd, NH-Statuen
Waldkirchen/Thaya (NÖ), Emporen-Brüstung, NH-Bild 1650
Weer (T), Fresken im Chor
Weißenstein bei Villach (K), NH-Bild
Weitau (T), Spitalkirche Bild u. Fresko
Weiterfeld (NÖ), Wegkap. m. NH-Bild
Westendorf (T), Waldhäusl-Kapelle Antependium
Wiesbach bei Hallein (S), Schloßkapelle
Wiesen-Lesachtal (K), NH-Kapelle, Patronat
Wildschönau (T), Oberau Altarbild
Winklen-Ötztal (T), Dorfkapelle Altarbild
Witzelsdorf (NÖ), Altarbild 1650
Zell-Pettenfirst (OÖ), Wallfahrtskirche NH-Altar
Wien, Dom „Neustädter Altar" 1447 – Lichtental „Schubert-Kirche" NH – Missale 1510 – Diözesanmuseum versch. NH-Exponate – Kunsthistor. Museum versch. NH-Exponate

## Gruppendarstellungen in Südtirol und Italien

Algund, alte Pfarrkirche Gemälde im Chor – Dominikanerinnenkirche Maria Steinbach NH
Altenburg, St. Vigil, Fresken am Turm 1400
Antholz-Mittertal, Sießl-Kapelle Figuren
Aufhofen bei Bruneck, NH-Kapelle
Bozen, Franziskanerkloster Altarbild Fragment 1700
Bozen-Gries, Alte Mauritiuskirche Fresken 1360/70
Brixen, Missale mit Votivmesse 1511
Dietenheim, Volkskundemuseum Altartafel 18. Jh. – Nothelferkapelle
Enneberg, Seitenaltar (gegenüber „Geduldsheilige")

Eppan, Kapelle St. Peter - Kapelle St. Valentin Flügelaltar 1497
Eppan-Enzlar, Schlosskapelle St. Sebastian Predella
Eppan-Gaid, Nothelferkapelle 1629
Flains bei Sterzing, Fresko
Gais-Pustertal, Friedhof Bronzetafel
Gries, St. Moritz in Moritzburg Altarblatt
Grissian, St. Jakob Fresken 1400
Gummer, St. Valentin im Eggental Relief um 1500
Hofer-Pustertal, Martinskapelle Tafel und Predella
Innerbichlerhof, Maria Heimsuchung „Zufluchten" (Höhe 1530 m)
Innichen, Stiftskirche re. Flügel NH 1594 – Nothelferkapelle Altarbild – ehem. Dominikanerkloster Tafelbild
Kaltern, St. Anton Altarretabel 1903 – Notburga, Kapelle Kampan, Altarblatt 1740
Katharinenberg bei Schnals, Altarblatt 1750
Kastellbell, NH-Bild im Pfarrhof
Kiens, Friedhofskapelle Tafelbild 1715
Kollmann, St. Leonhard Tafelbild 17. Jh (gestohlen) – Kapelle im Zollhaus
Kullmann, Fresken um 1500
Lana, St. Peter Votivtafel 1742 – Deutschordenskirche Ölbild 18. Jh. – Maria Himmelfahrt NH-Bild – St. Martin im Spital NH-Bild – Schloßkapelle Brandis Patrozinium
Latsch, Spitalkirche div NH-Zeugnisse – St. Peter i. Wald NH-Büsten 17. Jh
Mals, St. Michael Freskenspuren – Hl. Dreifaltigkeit Altartafel 1735
Mals im Vinschgau, NH-Kirche 1720
Mareit-Ridnauntal, St. Pankraz Emporebilder
Margen. Triumphbogen und Predella mit NH
Meransen, St. Nikolaus Predella um 1500 – St. Leonhard Tafelbild 1740 – Kapuzinerkiche Seitenkapelle – Maria Trost uralte NH-Fresken
Mitterolang, St. Ägidius NH-Büsten und Fahne
Montan, St. Bartholomäus Tafel 1600
Mühlbach/Taufers, Patrozinium (1500m)
Mühlbach bei Gais/Pustertal, älteste NH-Kirche in Südtirol 1517 konsekriert
Naturns, St. Prokulus Südwand mit NH um 1420
Naven bei Theis, Predella 1503, NH-Bild 1700
Neumarkt, Kapuzinerkirche „in s. XIV Auxiliatorum"

Niederdorf, Spitalkirche Emporenbrüstung
Niedertal, St. Walburg Flügelaltar
Oberbozen, St. Georg und Jakob Seitenaltar
Oberolang, Vierzehn Nothelfer
Oberplanitzing, Predella 1765
Oberplaiken, NH-Kapelle, Hochaltarbild 1842
Oberplars, St. Ulrich Fresko 1410–1430
Oberwielenbach, Kapelle „zu Lerch" Tafelbild
Passaier, St. Martin NH-Gemälde – St. Michael (Friedhof) Predella 1433 – St. Leonhard Tafelbild
Pawigl, St. Oswald Figurengruppe
Percha, St. Kassian Decke mit bemalten Schlußsteinen
Pinzon, St. Stephan Ölbild NH mit Antonius
Plaiken, St. Georg Altarbild
Prad, St. Johann Fresken vor 1450
Pustertal, Nothelferbild Privatbesitz
Radein, St. Wolfgang Gemälde und Brustbilder
Radund in Martell, Hofkapelle mit Altärchen, NH und Antonius
Reichschach, Nothelfertafel
Rodeneck, Burgkapelle St. Blasius, NH-Figuren
Sand in Taufers, Schloß Taufers Tafelbild 1688
Saubach, Flügelaltar
Sauders, St. Moritz Tafelbild
Siebeneich, Cosmas und Damian NH
Schenna, M. Himmelfahrt Joh. Kapelle mit NH-Altar – St. Martin (Friedhof) Freskenreste
Schnals, Wallfahrtsk. U. L. F. NH-Bild 1750
Schnauders, St. Georg Seitenaltar NH 17. Jh.
Seis am Schlern, NH-Bild
St. Georgen bei Bruneck, Friedhofskapelle Fresken um 1430
St. Jakob am Sand, Flügelschrein, Predella
St. Jakob bei Disens, Freskoreste
St. Katharina, Unterperfelhof NH-Kapelle
St. Martin am Passeier, Friedhofskaelle Predella
St. Martin in Sauders, Tafelbild
St. Pankraz in Ulten, Halbreliefs NH um 1890
St. Pauls, Spitalkirche-Altenheim NH
Tarsch im Vinschgau, Friedhofskapelle NH-Bild
Terlan, M. Himmelfahrt NH-Fresken um 1390

Toblach, St. Johann Bapt. NH-Fresken
Truden, St. Blasius NH-Altarblatt
Unterinn, Sebastian auf der Weit, NH-Tafel
Untermais, Maria Trost Chorfresken mit 16 NH 1370
Unterplanitzing, St. Leonhard 1989 Fresken freigelegt
Vezzan, St. Nikolaus ovales NH-Bild
Völlan bei Lana, St. Severin Altarblatt
Winnebach Pustertal, NH-Figuren

**In Italien werden die Nothelfer als die adjutori nei bisogni verehrt**

Brescia: Officium XV.SS.Auxiliatorum 1613 – Fr. Hieronymus de Capella
Palermo: P. Johannes Baptista de Franchis et Spinola: Buch über Orte und Altäre zu Ehren der 15 (!) Nothelfer
Sabiase, Prov. Catanzaro Karmeliterkirche 1628 Kapelle zu den 15 NH
Venedig: Missale mit NH-Messe 1532 (wurde 1617 von der Ritenkongregation gestrichen) – Dominikanermesse zu den VHN 1550

**Gruppendarstellungen in der Schweiz**

Abtswil (Kanton Aargau), Wegkreuz mit NH
Adelwil, (Luzern) Flügelatar
Appenzell (St. Gallen), Kreuzkapelle mit NH – St. Moritz 14 Glasbilder
Baar (Zug), Flügelaltar 1508
Baden, (Aargau) Altarbild
Basel, Museum Holzrelief um 1510, Flügelaltar um 1480
Bertiswil (Luzern), Reliefs, Kartuschen, Bruderschaft
Bisisthal, Wandfresko mit Spruchband
Bremgarten (Aargau), Ex voto 1589, Bild 1601
Brunnen (Schwyz), Bildtafel
Bristal (Schwyz), Wandmalerei
Büsserach (Solothurn), NH-Bild
Disentis, NH-Altar
Engelberg (Oberwalden), 2 NH-Altäre, Hochaltar
Ernen (Wallis), Klappaltar 1480
Gerenschwil, NH-Kapelle
Ginau bei Tuggen, Schloßkapelle NH
Grynau, NH-Kapelle
Hergiswald (Luzern), Wallfahrtskirche NH
Hermetschwil (Aargau), Ölbild

Hoggerswild (Solothurn), NH-Kapelle
Hohdorf (Luzern), NH-Bild
Küssnacht (Vierwalden), Tell-Kapelle mit NH
Mülen, NH-Kapelle
Münster (Wallis), NH-Altar
Müswangen, NH-Bild
Neunkirch (Luzern), NH-Bild
Oberägeri (Zug), NH-Fresken
Oberengadin, Grube zu den 14 Nothelfern, 1481
Oberwil (Basel), Ölbild 1700
St. Pantaleon (Solothurn), Wallfahrt, NH-Altarbild
Oberwinterthur, Fresken
Ritzingen (Wallis), Wegkapelle NH
Reichenberg (Schwyz), NH-Bild
Ruswil (Luzern), NH
Rorschach (St. Gallen), NH-Kirche Schlußsteine
Ruediswil (Luzern), Flügelaltar um 1500
Sachseln-Flüeli, Gebeinskapelle NH-Bild
Sargans (St. Gallen), NH-Kapelle, Bild
Sarnen (Oberwalden), Beinhaus, Tafelbild 1501
Silenen-Obersilenen (Uri), NH-Kapelle NH-Fresken mit Schrift
Stans (Unterwalden), Kapelle, Bild, „Vierzehngebet"
Steinen (Schwyz), Beinhaus Holzdecke
St. Gallen, Annakapelle mit NH (abgerisssen)
St. Margarethen (Thurgau), NH-Kapelle
Schmerikon (St. Gallen), NH-Altar
Solothurn, gedruckte NH-Andacht
Tschütschi (Schwyz), NH-Kapelle
Tänikon (Thurgau), Altarblatt
Triengen (Aargau), NH-Kapelle
Urswill (Luzern), NH-Kapelle Altarbild
Villmergen (Aargau), Beinhaus, NH-Kapelle
Wangen (Zürich), Freskoreste
Weesen (Schwyz), KH-Kirche
Wonnenstein (Appenzell), NH-Kapelle
Wurmsbach, Dionyskapelle Fresken
Zeneggen (Wallis), Kapelle, Figuren, Votivbilder

**Gruppendarstellungen in Frankreich (Elsaß und Lothringen)**
(Elsaß = E / Lothringen = L)

Altkirch (E), NH-Fenster
Ammersweiler (E), NH-Altar
Bartenheim (E), NH-Gemälde 18. Jh.
Baumgarten (E), NH-Kapelle
Bergholtz (E), NH-Gemälde 18. Jh.

Berrwiller (E), NH-Gemälde 18. Jh.
Chalampe (E), NH-Gemälde 19. Jh.
Chateauroux (Centre), NH-Fenster
Chatenois (E), Friedhofsmauer
    14 Bilder
Colmar (E), Altar der NH
Dijon (Burgund), Museum
    2 Flügelaltäre
Ebersmünster (E), NH-Altar
Erstein (E), NH-Bild
Froeningen (E), NH-Altar
Goldbach-Altenb. (E), NH-Altarbild
Gommersdorf (E), NH-Bild
Gueberschwir (E), NH-Bild,
    „Pantelesbrunnen"
Guewenheim (E), NH-Bild
Hindisheim (E), NH-Kapelle mit
    Figuren
Houppach (E), NH-Fenster
Kayserberg (E), Altar mit NH
Kruth (E), NH-Wallfahrt, Altarbild
Launstroff (L), NH-Relief
Leyweiler (L), NH-Wallfahrt Figuren
Magstatt-le-Bas (E), Wallfahrt, NH-
    Gemälde
Manspach (E), Maria mit NH
Marlenheim (E), NH-Figuren
Meistratzheim (E), NH-Bild 1817
Moernach (E), NH-Bild 19. Jh
Mouterhouse (L), NH-Verehrung
Munwiller (E), NH-Bild 19. Jh.
Neunkirch (E), NH-Kapelle
Oberlarg (E), Wallfahrt NH-Gemälde
Obernai (E), NH-Gemälde
Odilienberg (E), NH-Altar
Rheinau (E), NH-Kirche seit 1514
Sand (E), NH-Gemälde 19. Jh.
St. Peter (Barr), NH-Kapelle
Schwobsheim (L), Holzfiguren,
    Reliquien
Triembach im Tal (E), Fenster/Bilder
Waldweisdorf (L), Fenster/Statuen NH
Weiler (E), Wallfahrtskirche NH-Bild
Willgottheim (E), Altarbild, Reliquien
Zetting (L), Figuren und Reliquien

Paris, Musée Marmottan NH-Relief
    16. Jh
Paris, Musee des arts decoratifs NH-
    Altar

### Gruppendarstellungen in Ungarn
(Kult seit 15. Jh. nachweisbar/einige
Orte heute in der Slowakei)

Besztercebanva, Holzbildwerk 1509
Ofener Burg von Budwa, NH-Kapelle
Csegöld, NH-Altar 1494
Garamszentbenedek, NH-Altar 1510
    (Museum Eszt.)
Kelenpatak, NH-Altar 1509
Kosice, NH-Altar 1483 (?)
Liptszentmarton, NH-Tafelbild 1500
Löcse, Predella des Nikolaus-Altares
    1509 (NH-Patrozinium nach der 2.
    Einwanderungswelle im 18. Jh.)

Budapest, Nationalgalerie Predella
    1550
Budapest-Ofen, Kapuzinerkirche
    Altarbild
Dag
Darda in Baraija 1720
Etyek
Gador
Greven, Martyrologium mit NH-Fest
Györ-Ujvaros, Altar
Grösziget, Altar
Hajos, NH-Kapelle (1944 zerstört)
Kisdorokg
Nagytevel, NH-Altar 1747
Pecsvarad, Friedhofskapelle
    NH-Altarbild
Pest 1719
Pilisborosjeno
Pilisvörösvar, Wallfahrt zu den NH
    1756
Sikos, Altar
Sorksár
Zsamkek

### Gruppendarstellungen in der Slowakei

Kassau, NH-Altar 1483
Kaschau, Missale mit NH-Formular
Kosice, NH-Altar 1483 (?)
Leutschau, Zipser Land, gotische
    Jakobskirche mit NH
Levoce, NH-Altar 17. Jh.
Liptoszentmarton, (früh.-ungarisch)
    Tafelbild 1600

### Gruppendarstellungen in Kroatien

Jamnika, Pfarrk. St. Martin NH-
    Seitenaltar NH 1334 dokumentiert

### Gruppendarstellungen in Slowenien

Slinovce, Altarbild von Valentin
    Metzinger

### Gruppendarstellungen in Polen

Allenstein, Nikolaikirche NH-Gemälde
Frauenburg, St. Martin Seitenkap.NH
Krakau, Missale mit NH-Messe 1484
Lubawka, Filialk. Maria Himmelfahrt
    NH-Patrozinium
Warschau, Bilddruck 1880 (in Polen
    weit verbreitet)

### Gruppendarstellungen in den Niederlanden

Lisse, Pfarrkirche Vierzehn Nothelfer
Nieuwegein, St. Nikolaus in Jutphaas,
    NH-Altargemälde 1619 –
    Glasfenster mit Legende von
    Vierzehnheiligen
Utrecht, Missale mit NH-Messe 1514

### Gruppendarstellungen in Belgien

Iveldingen-Montenau, NH-Kapelle
Wallerode, St. Vit NH als Pfarrpatrone
    (St. Pieterskerk de Leuven
    Flügelaltar Erasmus-Folter von
    Dirk Bouts 1415–1475)

### Gruppendarstellungen Dänemark

Ribe, Schreinaltar und Predella der
    NH – Hviding Kirke 15 Schnitz-
    figuren
(21 Orte mit Darstellungen bekannt)

### Gruppendarstellung in Schweden

Västeras, Dom Flügelaltar Ende 15.Jh.
    (Kriegsbeute aus Lübeck?)

### Gruppendarstellung in England

Troro in Cornwall, Gobelin „Fourteen
    Helpers in Need", Wallfahrt nach
    Vierzehnheiligen

### Gruppendarstellungen in den Vereinigten Staaten

Baltimore, NH-Verehrung
Cedarville bei Buffalo, NH-Kirche
Gardenville, NH-Kirche
Maryland, NH-Kirche 1896
New York, Metropolitan-Museum:
    NH-Gruppe von Riemenschneider
West Seneca, NH-Kirche um 1870

# Verbreitung der Nothelferverehrung vor 1445

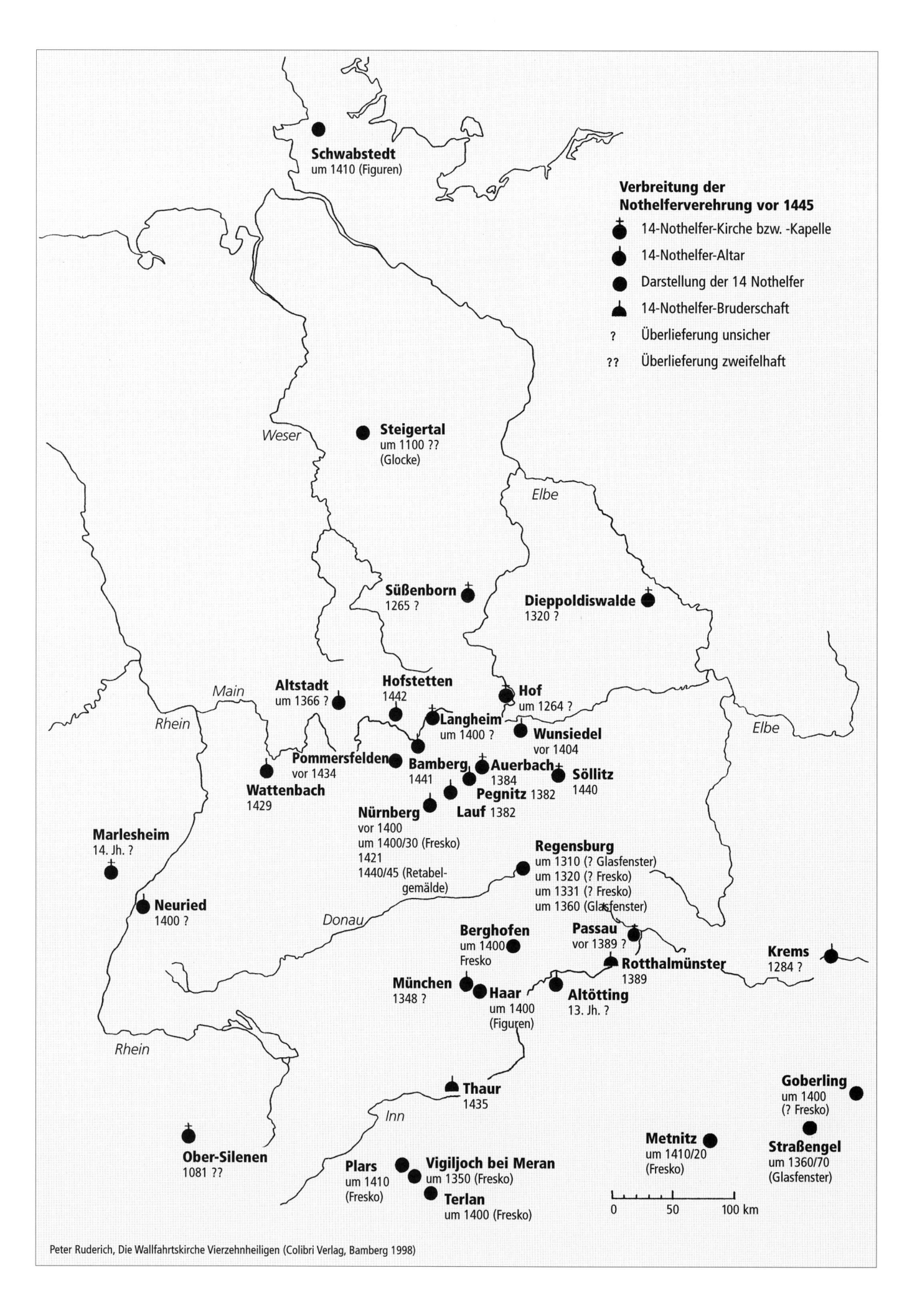

**Legende:**
- 14-Nothelfer-Kirche bzw. -Kapelle
- 14-Nothelfer-Altar
- Darstellung der 14 Nothelfer
- 14-Nothelfer-Bruderschaft
- ? Überlieferung unsicher
- ?? Überlieferung zweifelhaft

**Orte:**

- Schwabstedt, um 1410 (Figuren)
- Steigertal, um 1100 ?? (Glocke)
- Süßenborn, 1265 ?
- Dieppoldiswalde, 1320 ?
- Altstadt, um 1366 ?
- Hofstetten, 1442
- Hof, um 1264 ?
- Langheim, um 1400 ?
- Wunsiedel, vor 1404
- Pommersfelden, vor 1434
- Bamberg, 1441
- Auerbach, 1384
- Söllitz, 1440
- Wattenbach, 1429
- Pegnitz, 1382
- Nürnberg, vor 1400; um 1400/30 (Fresko); 1421; 1440/45 (Retabelgemälde)
- Lauf, 1382
- Marlesheim, 14. Jh. ?
- Neuried, 1400 ?
- Regensburg, um 1310 (? Glasfenster); um 1320 (? Fresko); um 1331 (? Fresko); um 1360 (Glasfenster)
- Berghofen, um 1400 Fresko
- Passau, vor 1389 ?
- Rotthalmünster, 1389
- Krems, 1284 ?
- München, 1348 ?
- Haar, um 1400 (Figuren)
- Altötting, 13. Jh. ?
- Thaur, 1435
- Goberling, um 1400 (? Fresko)
- Ober-Silenen, 1081 ??
- Plars, um 1410 (Fresko)
- Vigiljoch bei Meran, um 1350 (Fresko)
- Terlan, um 1400 (Fresko)
- Metnitz, um 1410/20 (Fresko)
- Straßengel, um 1360/70 (Glasfenster)

Peter Ruderich, Die Wallfahrtskirche Vierzehnheiligen (Colibri Verlag, Bamberg 1998)

# Abbildungsverzeichnis/Fotoliste

Andergassen, Leo, Bozen  Rücktitel

Bayer, Constantin, Weimar  44, 55, 56, 57, 58, 59, 123, 124, 125, 149, 150, 154, 155, 158, 183

Beuroner Kunstverlag  146, 147

Bornschlegel, Andreas, Staffelstein  6, 8, 14, 15, 16, 17, 18, 20, 22, 24, 25, 26, 28, 30, 31, 33, 35, 37, 39, 53, 75, 78, 102, 103, 104, 105, 141, 159

Folger, Walter  21, 143

Fürst, P. Heinrich, Neukirchen b. Hl. Blut  38, 41, 42, 51, 65, 72, 85, 115, 179, 181

Gramer, Kurt, Bietigheim-Bissingen  46, 74, 136, 156

Hehn, Anton  70, 128

Kroupa, Karl, München  90, 92, 156

Lutz, P. Dominik, Bischofsheim-Kreuzberg  11, 29, 34, 43, 51, 65, 68, 69, 81, 82, 83, 87, 88, 95, 108, 116, 117, 122, 126, 127, 133, 152, 153, 157, 159, 176

Pollety, Hildegart  161

Rainer, Konrad, Salzburg  76, 77, 142

Reiter, Erwin, Haslach  19, 26

Ries  118

Saam, Alfred  67

Schröder  Titelbild

Spitta, Wilkin  60

Stepanek, Hildegart  47, 48, 66

Termolen, Rosel, München  10, 32

**Museen**

Bamberg, Diözesanmuseum  97

Breslau, Diözesanmuseum  40

Erfurt, Angermuseum  58

Frankfurt, Schädelsches Kunstinstitut  36

Graz, Landesmuseum Joanneum  13, 112, 113, 114

Innsbruck, Ferdinandeum  109

Weimar, Kunstsammlung der Stadt Weimar  58, 59, 173

Würzburg, Mainfränkisches Museum  107

# Haussegen

Ihr vierzehn Helfer in der Not,
In Unpaß, Fährlichkeit und Tod,
Seid uns ein Schirm, ein Hilf und Wehr
Um eurer heil'gen Marter Ehr,
Seid eine Willfahr uns'ren Bitten,
Nehmt unser Heim in eure Mitten!
Und du, St. Joseph, halte bei uns Haus,
Streck' segnend deine Hände aus
Wohl über unsern kleinen Herd,
Mach' uns des Himmels Gnade wert,
Daß Gottesfurcht uns steh' zur Seit',
Daß Lieb und Eintracht uns begleit'
Und unser Weg zum Himmel geh'
Und, was wir tun, für Gott gescheh'!
Dir sei und deiner reinen Braut
Des Hauses Schlüssel anvertraut:
O schließet sorgsam alles aus,
Was Schaden bringt für Herz und Haus,
Und schließet treulich alles ein
In Jesu Herz — dort mag's beschlossen
  sein!
In Jesu und in eurer Hand
Hat einzig unser Glück Bestand. —
Wohl, wenn uns jeder Tag vergeht
Wie euch im Haus von Nazareth!

**Die vierzehn Nothelfer.**

John